师者从容

——方之武教育札记

方之武 / 著

吉林大学出版社
·长春·

图书在版编目（CIP）数据

师者从容：方之武教育札记 / 方之武著. -- 长春：吉林大学出版社, 2021.3
ISBN 978-7-5692-8113-2

Ⅰ. ①师… Ⅱ. ①方… Ⅲ. ①教育工作—文集 Ⅳ. ①G4-53

中国版本图书馆CIP数据核字(2021)第053117号

书　　名：师者从容——方之武教育札记
SHIZHE CONGRONG——FANG ZHIWU JIAOYU ZHAJI

作　　者：方之武　著
策划编辑：米路晗
责任编辑：周　婷
责任校对：李潇潇
装帧设计：雅硕图文
出版发行：吉林大学出版社
社　　址：长春市人民大街4059号
邮政编码：130021
发行电话：0431-89580028/29/21
网　　址：http://www.jlup.com.cn
电子邮箱：jdcbs@jlu.edu.cn
印　　刷：天津中印联印务有限公司
开　　本：787mm × 1092mm　　1/16
印　　张：21
字　　数：340千字
版　　次：2021年3月　第1版
印　　次：2022年1月　第3次
书　　号：ISBN 978-7-5692-8113-2
定　　价：36.00元

序

方之武校长要出版的这本书，很有自己的个性，书名就能体现出来。书名是他自己起的，叫《师者从容》。“师者”是指当老师的人。“从容”，就是镇定自若，不慌不忙，心中自有主张。方校长就是“师者”，他学的是师范，毕业后当老师，后来当了校长，校长也是老师。因此你能感觉到，“师者从容”是方校长欣赏并追求的一种品性或者修为境界。他希望“师者从容”是对自己的写照。

全书内容用“师者从容”来提领，很契合。因为虽然书中文章内容涉及的方面很多，但确实可以从不同角度折射出方校长式的“师者从容”。我作为本书出版前优先阅读的读者，有以下几点感受：

方校长式的“师者从容”突出体现在他从事的教育工作中。面对教育功利化的社会风气和应试教育强大的惯性，方校长“从容”地坚持“为学生的终身学习和发展奠定坚实的基础”的办学理念，始终把育德放在首位，重视学生良好行为习惯的养成，坚持诚信教育，而不是去片面追求学习成绩和升学率。因为他对教育的真谛有自己的理解——不仅仅是所学的教育理论是怎么说的。深刻影响他对教育规律认知的还有童年时期老师给予的关爱，有他在多年教育实践中的深入思考，以及他眼中的教育家、名师的成长历程给他的启迪。他佩服一位中国人民大学教授提出的生命化教育理念：把对儿童的理解、关爱、信任、成全，在具体的教育过程中体现出来。他欣赏北师大一位博士对什么是良好的教育的诠释：如果一个人从来没有感受过人性光辉的沐浴，从来没有走进过一个丰富而美好的精神世界；如果从来没有读过一本令他（她）激动不已、百读不厌的读物，从来没有苦苦地思索过某一个问题；如果从来没有一个令他（她）乐此不疲、废寝忘食的活动领域，从来没有过一次刻骨铭心的经历和体验；如果从来没有对自然界的多样与和谐产生过深深的敬畏，从来没有对人类创造的灿烂文化发出过由衷的赞叹……那么，他（她）就没有受到过真正的、良好的教育。

这些先进的教育理念在他心中描绘了一个美丽的教育乌托邦。在还不理想的现实环境中，他要用勇气和智慧从容不迫地朝着那个方向不懈努力！

方校长式的“师者从容”的另一个特点是，以开放的思维，广阔的视野，去观察世界，体验生活，品味人生。尽管他热爱教育事业，追求卓越，但是他不赞成过于忙碌而使人成为劳碌机器。人都需要美好的生活，享受生命的过程。教育也需要闲暇来打开心灵，安抚心灵。因此，他在繁忙的工作之余，给自己留那么一点闲暇，去关注时事，回忆往事；读书，追剧，养鱼，观花；赏音乐，听相声，看足球，下围棋；逛超市，品美食，赏风景，考古迹；陪家人，见老师，会同学，结朋友……而且，他不是把这些经历体验仅停留在感官层面，而是把它们放到文化和精神层面去咀嚼、品味、考究，想开去，写下来。由此，他在享受生命的同时，让自己的视野超越教育的小圈子，从纷繁的大千世界中汲取“五谷杂粮”般的知识和精神营养，以深刻自己的教育理念和思想，丰盈生命和职业的动力，助力事业前行的脚步。

方校长式的“师者从容”最令人钦慕的是他的文史功底。他写的那些文稿，凡是涉及中国历史和文学话题的，都那么得心应手，信手拈来，而且还有自己独到的见解。书中集纳的他自己的部分诗词作品，显示出他的文学水准；他对历史上那些性情耿直、命运多舛、有才华的文人给予特别的关注，乃至做了一定研究。比如，他用了较长篇幅来写明代著名文学家杨升庵，还有清代著名词人纳兰性德。还有，从那篇《论王维诗“诗画合一的艺术”》文章可看出，他对诗画相通有比较深入的研究——那是一篇蛮有水平的学术论文。作为中小学校，能有一位有文史底蕴和专长的校长，是幸事。校长的这个优势必然会对学校办学理念，文化和课程建设，学生培养等产生积极深远的影响。

方校长把自己的经历、见闻和想法记录下来，是因为它们对自己来说很珍贵，但是方校长要把它们正式出版则是希望与更多的人分享，也期待“嘤其鸣矣，求其友声”。在此，我愿以此文表达心中“友声”，并相信与本书有缘的读者也会从中获得有益的启迪。

李功毅（中国教育报刊社原副总编辑）写于2020年3月北京

自　序

金秋时节，窗外云淡风轻，桂香飘溢。

趁着国庆长假，终于修订完了《师者从容》的最后一个句号。对于人生也已步入金秋的我来说，能把电脑里的这一篇篇散乱的文字编辑成册，行将付梓，具有非同寻常的意义。

眼前这些文字，大多跟自己的教师职业有关。或许这就是“三句话不离本行”的缘故吧。一件事做得久了，总有一些想法需要表达出来与人分享。如果您有足够的耐心读完这些文字，就会发现：原来教师生活也是可以多姿多彩的。其实在我看来，只要内心宁静，无论打开哪一扇窗户，世界都是那么美丽。

然而，我儿时的梦想并非当老师，而是当一名画家。记得刚上小学的时候，总是缠着父亲给我买七分钱一盒的小蜡笔，一共十二种颜色，每天在课本、练习册及所有能找到的纸张上涂涂抹抹，自得其乐。直到某一天体检时，发现自己有些色弱，才幡然醒悟。

那年中考，我以优异的成绩考上了安徽省四年制重点师范学校——池州师范。之所以选择师范，是因为家里太穷。依然记得当时父亲说的：“儿子，以后你可以自己养活自己了。”

的确，师范生每个月有20元的生活费，常常买完饭票还有些结余，于是我全部拿来买书刊。那时文学热方兴未艾，我和小伙伴们也兴致勃勃地成立了一个文学社。我们想了很多个文学社的名称，经过一番讨论，最后定名为“嘤鸣”文学社。“嘤鸣”一词出自《诗经·小雅》：“嘤其鸣矣，求其友声。”意思是希望有更多志同道合者加入我们的大家庭。我因一篇征文在省里获了奖，被大家推选为文学社社长。后来，我们“出版”了系列手抄报《嘤鸣》，用来刊登文学社成员的文章，定期在校园的橱窗里展出。这些手抄报图文并茂，设计精美，由我独自完成编辑和抄写，1985年还被学校选送参加了“安徽省青少年科技活动成果展览”。

师范毕业后，我被分配到一所乡镇中学，任教两个班的语文，并担任班主任。初为人师，我满怀激情：每天清晨带着学生一起跑步，下雪天也不间断；学生作文被我批改得红彤彤一片……我也因此多次受到校长的表扬。由于我年龄比那些初中的孩子们大不了几岁，就像他们的兄长一样，因此很容易跟班里的学生打成一片。记得当时镇上有些“小痞子”常跑到学校骚扰学生，只要我知道了，一定勇敢地挺身而出，与“小痞子”作斗争，充当起学生的“保护神”。镇上的“小痞子”知道我特别“护犊子”，轻易不敢到我们班级来寻衅滋事，我也因此赢得了同学们的尊敬和喜爱。

山间的野菊花开了又落，落了又开，这样的生活持续了八年。潜藏在内心深处的梦想开始蠢蠢欲动：我不甘心就这样在安于现状中消磨光阴，世界那么大，不妨去看看。

幸运的是，我选择了博实乐（原碧桂园）教育集团。自1996年至今，二十余载弹指一挥间。在这里，我遇到了一位极具教育情怀的老板——杨国强先生，他捐资兴办了国华纪念中学、清远职业学院等多所全免费的慈善学校，并提出“要为中国的教育事业树立光辉的典范”，可谓高瞻远瞩；在这里，我有幸结识了一大批来自全国各地的教育精英，他们才华横溢，永葆激情；在这里，我有机会参加北大、清华、北师大、香港公开大学、英国伦敦大学学院等著名学府的进修培训，开阔了视野，增长了见识；在这里，我多次参加青年教师优质课的评比竞赛，摔打磨砺，在专业领域得到迅速成长；在这里，我荣获碧桂园集团的赠房奖励，成为老板“善教者，奖其屋”这一壮举的受益者；在这里，我曾作为员工代表之一走进美国纽交所，亲眼见证了博实乐教育集团上市敲钟的高光时刻；在这里，我经历了无数次思想的淬炼与裂变，从一名普通教师成长为基础教育管理者、民办学校经营者。

捷克教育家夸美纽斯说过："教师是太阳底下最光辉的职业。"这是对教师的崇高赞美，可是，作为一名教育工作者，我们自己对此要有清醒的认识——如果教师真的成了"最光辉"，那医生是第几光辉？科学家又是第几光辉？还有政治家、企业家呢？其实，教师不过是三百六十行中普普通通的一行而已。我们每天跟孩子们在一起，享受着"得天下英才而教育之"的快乐；同时，也经历着各种各样的琐屑与烦恼。这就是生活，我们必须从容面对。

当然，教师又不同于其他行业，因为我们从事的是教书育人的工作。正如韩愈在《师说》中说的："师者，所以传道、授业、解惑也。"我们的每一次传道、每一次授业、每一次解惑，都可能会影响孩子的一生。

2007年暑假，我和几位朋友一起，到甘肃天水的一所山村小学开展了义教活动。这里交通闭塞，环境恶劣，但民风淳厚，一如厚重的黄土高坡，孩子们求知若渴的眼光令人感动。那段时间，我真正体会到了教师这一职业的神圣和伟大。如今十几年过去了，我们义教时接触的那批孩子，有的后来考上了大学，实现了人生的梦想；有的则接过父辈的锄头，继续耕耘在黄土高原上；有的则远离家乡，到外地打工或谋求发展。偶尔有联系的，他们说起当初的义教，仍旧印象深刻，津津乐道。我想这就够了，尽管义教对他们的影响微不足道。

人生需要从容，教育更需要从容。一个人的成长需要漫长的积累，需要教育的潜移默化、润物无声。这就是为什么有人把教育比作农业而不是工业的道理所在。

最后，想说明一下，书中收录的文稿时间跨度较大，有些写于十多年前，多少会带有时代的烙印。如果您能在阅读中产生一些共鸣，那我无比欣慰；如果对文中的一些观点持不同意见，也真诚地欢迎大家指正。借此机会，感谢所有关心、帮助过我的领导和同事！感谢刘俭国教授对学校"现代成功教育实施方案"所给予的指导和梳理！感谢中国教育报刊社原副总编辑李功毅先生为我作序！同时，还要特别感谢我的妻子，周末她几乎包揽了所有家务，让我有时间完成书稿的整理和修订。

很喜欢曾国藩的一副对联：“好人半自苦中来，莫图便宜；世事多因忙里错，且更从容。”

那么，就让我在教书育人的这条田间小路上，继续从容地走下去。

2019年10月7日初稿

2020年9月17日定稿

目　录

第一辑　师者之魂：立德树人

第二辑　师者之道：大道至简

第三辑 师者之情：诗与远方

附录

第一辑　师者之魂：立德树人

“教师是人类灵魂工程师。”——加里宁

新时期，教育的根本任务是立德树人。教师肩上承载着“培养什么人、怎样培养人、为谁培养人”的历史重任。民族的振兴、文明的赓续、学子的进步、学校的发展镌刻在师者的灵魂深处。

五邑碧桂园中英文学校“现代成功教育”实施方案

五邑碧桂园中英文学校是博实乐教育集团旗下一所个性化、高品质、双语融通的九年一贯制中英文寄宿学校。学校占地面积35907平方米，建筑面积20322平方米。学校具有前瞻的办学理念：相信每一个学生都有成功的愿望，相信每一个学生都有成功的潜能，相信每一个学生都可以在教师的帮助下获得成功。学校具有一流的办学条件、雄厚优质的师资力量，学校全力打造个性化的现代成功教育，将母语基础与英语技能相结合，强调双语环境，培养能够从小融入世界的孩子；将关注群体与发展特长相结合，强调因材施教，培养能够敢于领跑世界的孩子。学校教育努力让每一个孩子都能成长、成功，成为最好的自己。

为了明晰学校特色发展方向，全面提升学校办学品位，结合学校办学历史和现状，在进行充分的理性研究的基础上，经全校干群集思广益，拟把“现代成功教育”作为学校的特色定位和发展方向，特制订“现代成功教育实施方案”如下。

一、背景分析

1. 新的时代为“现代成功教育”明晰了方向

党的十八大以来，“立德树人”已成为教育的核心任务，这是关系到培养什么人、如何培养人的大事。在全国教育大会上，习总书记对教育又提出了“六个下功夫”的任务要求，给各级各类教育发展指明了新的方向。随着《中国中小学生核心素养》报告的发布，培养“个性张扬、适性发展”的学生已被提到重要位置来关注与落实。随着新时代的到来，人们已不再简单满足于物质生活水平的提高，他们渴望的是教育的高水平：让教育回归人性，一切为了人的成长，让学生潜能被充分激发出来。这样的教育可以根据个人喜好和需求定制，可以摆脱教育的同质化，可以让“个性化教育”不再是空谈。对于民办学校，想要打造品牌，扩大影响，就必须建构一套严密科学的、针对孩子个性特质而制订的、符合其自身发展的规律的办学理念和管理策略，这是新时代赋予我们的新要求、新使命。

2. 集团的发展为“现代成功教育”奠定了基础

碧桂园控股有限公司创始人杨国强本着“让社会因我们的存在而更加美好”的意愿，从1994年创办广东碧桂园学校开始，到目前的博实乐教育集团（原碧桂园教育集团），在全国9个省份已拥有78所学校及幼儿园。

特别是自1994年首家碧桂园学校成立至今，碧桂园教育已积累了丰富的办学经验，形成了独特的办学理念，这是我们建构“现代成功教育”思想的现实基础，其核心价值取向就是：希望社会因我们的存在而变得更加美好；明晰了办学使命：为中国的教育事业树立光辉典范，办中国最有影响力的教育；其办学模式强调：保证基础、发展个性、服务社会，并把“通情达理、与众不同”定为培养目标。同时明晰了“一训三风”和学校办学特色。这些呈现的都是拓荒者的足迹，闪烁的是创新、创造的光芒，已经在教育界产生极大影响，并由此而创造出一个个教育奇迹，这正是我们学校实施现代成功教育的宝贵财富和重要基础，我们必须珍重、传承与发展。努力办好人民群众需要的教育，努力促进每一个孩子的成长、成功，从而实现学校又好又快特色化、个性化发展。

3. 学校的十年实践为“现代成功教育”创造了可能

五邑碧桂园学校在江门市蓬江区五邑碧桂园高档社区中，这是一所高品质民办学校，是中国最大的K12教育集团博实乐旗下的优质双语学校。

2008年9月，学校在刚刚建成之际，碧桂园集团公司董事局主席杨国强先生就奉献爱心，欣然接纳了汶川地震灾区桑坪中学的1500名师生来我校异地复课，费用全免，这一善举引起社会的强烈反响。时任广东省委书记的汪洋等领导先后前来看望、慰问灾区同学，在南粤大地体现了血浓于水的民族深情。

2009年9月，桑坪中学返回四川，五邑碧桂园中英文学校开始自主招生。学校占地面积35 907平方米，建筑面积20 322平方米，设备设施超省一级标准，教室、功能室、运动场、宿舍、饭堂一应俱全。经过十年的辛勤耕耘，全校现有41个教学班（其中幼儿园13个班、小学22个班、初中6个班），在校生近1300人。

学校教职工200人，其中一线教师130人。学校教师师德高尚，业务精湛，能吃苦，讲团结，讲奉献，阳光大气。学校面向全国招聘优秀教师，现有全国优秀班主任1人，全国表彰的先进个人3人；省级优秀教师2人，省名师工作室成员4人；市级优秀教师2人，市名师工作室成员1人；区级优秀教师9人，区名师工作室成员3人；校学科带头人5人。

学校坚持融中西文化为一体，拥有先进的国际教育理念和“让您的孩子比您更成功”的办学追求。学校把“培养具有中国灵魂、国际视野和独特个性的未来成功人士”作为培养目标，争创“优美环境、优良教育、优质服务”三优并重的品牌学校。已经开始进行“现代成功教育”研究，在初步构建成功教育课程体系的同时开始进行扎实的教育教学实践，并取得初步成效。

近年来，学校先后获得“中华传统文化教育示范学校”“全国作文教学示范学校”“全国青少年校园网球特色学校”“广东省健康促进学校”“广东省‘职工书屋’”“广东省剑桥英语培训机构”“广东省食品安全‘示范学校食堂’”“广东省少先队红旗大队”“广东省棋类特色学校”“江门市义务教育标准化学校”“江门市绿色学校”“江门市一级幼儿园”“江门市首届国学吟诵大赛特等奖”“蓬江区文明校园”“蓬江区民办教育机构优秀单位”“蓬江区推进广东省教育现代化先进区先进单位”“蓬江区中考优秀成绩‘特别奖’（2014—2019连续六年获得）”等荣誉称号。近十年来，师生参加区级以上竞赛或评比获奖超过3000人次，学生通过剑桥英语考级取得各级证书的累计有1500多人次。

学校立足于“育名生、出名师、创名校”的办学定位，广大教师永葆激情，追求卓越，正在朝着“办中国一流的双语学校”的方向迈进。

以上三点背景分析是我校实施“现代成功教育”最有利的条件和支撑，我们必须认清形势，把握机遇，立足校情，深入研究，让现代成功教育在五邑碧桂园学校开出鲜艳之花，结出丰硕之果。

二、理念定位

办学理念是学校用于指导教育教学行为与管理活动的最高价值标准，是一切办学行为的逻辑起点，是学校文化的灵魂。作为具有十年办学历史的五邑碧桂园中英文学校需要以集团总校等先进学校为榜样，传承和坚守成功的办学经验，更需要站在全新的办学基点上对学校发展方向进行理性思考，特别是对学校办学的特色定位和主要办学理念进行顶层设计与系统建构。为此，我们对集团所提出的办学理念进行了深度研究，力求做到传承、坚守和躬行实践，并在此基础上去关照学校现状、提出自己的特色定位和部分新的理念，并纳入集团的理念体系，努力用前瞻的理念去引领学校个性化办学，现作简要介绍并呈现内涵理解如下。

1. 现代成功教育

现代成功教育是五邑碧桂园中英文学校的特色定位，也是学校的办学个性和办学品格。

简要解读，我们可以从三个角度对现代成功教育作出分析和理解。

（1）现代教育。现代教育是伴随着现代社会的形成而出现的人类历史上一种崭新的教育形式，也是人类社会和教育发展到一定历史阶段的产物。它是迄今为止教育发展的最高阶段，也是人类教育发展的一个十分重要的阶段 。关于现代教育的概念，可从外部条件入手，把现代教育界定为“现代教育是适合现代生产体系、现代经济体系、现代文化体系、现代科学技术、现代社会生活方式的教育概念、形态和特征的教育”。

综合起来看，可以将现代教育表述为：“从资本主义大工业和商品经济发展起，到共产主义完全实现这一历史时期的、致力于与生产劳动相结合、培养全面发展的人的教育。”这一定义揭示了现代教育的共性。

现代教育的特征主要有公共性、生产性、科学性、国际性、终身性和未来性。“培养现代人，即全面发展的个人的理想和理论走向现实世界”是其根本特征。

现代教育的核心是科学教育。教育的内容是科学的，教育的方法也是科学的。没有科学教育就没有现代教育。要培养出现代大机器生产所需要的劳动者和科学技术人才，需要经过学校教育的系统学习和专门培训，特别是20世纪60年代以来，随着电子计算机、“互联网+”、生物工程、光导纤维、激光等新技术的广泛利用，新材料、新能源、信息科学等新一代技术的开发利用，在剧烈的国际竞争中，科学的创造、技术的先进和熟练、劳动者的素质和才能，已成为政治、经济发展的重要因素。

（2）成功教育。

成功教育起始于20世纪80年代中期，上海闸北八中刘京海校长用20多年的丰富实践创立了成功教育的基本理论。

概念界定：成功教育以现代人才学和成功学为基本理论，追求学生潜能的发现、发展，追求学生自我教育能力的提高，为每个学生创造成功机会，是以学生获得学习上的成功为途径，以表扬、鼓励为手段，以全面提高学生素质为目的的素质教育模式。

基本内涵：成功教育以激励全体师生追求并获得成功为价值取向，以培养师生成功心理为突破口，以开发师生主体潜能为着力点，以强调因材施教和主体参与、注重开发学生潜能为教学模式，以激励和引导师生把追求成功的过程与道德养成、知识内化、潜能开发的过程结合起来，通过不断获得成功体验而形成源源不绝的内动力，从而使他们各自都在原有基础上获得多方面的成功，并培养其有利于终身发展的自我增值能力。

教育实质：以发掘人的创造潜能为重点，以尊重人的主体性为前提，以体现人的个性为特色，以提升人的价值为导向。

思想精髓：“三个相信”的学生观，即相信每一个学生都有成功的愿望，相信每一个学生都有成功的潜能，相信每一个学生都可以在教师的帮助下获得成功。

（3）现代成功教育。

现代成功教育是五邑碧桂园学校近几年学校建设、发展和研究的基本方向。学校在对现代教育理论的研究基础上，重点研究了上海闸北八中的成功教育和杭州拱宸桥小学的新成功教育的基本理念、基本思想和主要操作路径，潜力研究如何丰富和创新成功教育内涵，如何让成功教育能在新的时代不断适应现代教育要求，从而培养出能够适应中国现代化建设和参加国际竞争的成功人士。

概念界定：现代成功教育是以现代教育思想为指导，以成功教育的基本理念为支撑，以激励全体师生追求并获得成功为价值取向，以养成师生成功心理为突破口，以开发师生主体潜能为着力点，以因材施教、主体参与为基本教学思想，以促进学生的全面发展、培养未来成功人士为目的的教育。

基本理念：一是每个孩子都重要；二是每个孩子都是天才；三是相信每个孩子都能成功；四是孩子的发展潜能是无限的，需要我们去发掘；五是每天进步一点，进步就是成功；六是知识、能力、人格同步发展才能走向成功。

理论支撑：

（1）现代人才学理论：现代人才学认为，凡是在某方面具有较高才能，可以独立承担一定工作并做出较大贡献的人都是人才，而且每个智力正常的人都可以成才。只要我们确立现代人才观，善于发现培养对象的优点和专长，坚持因材施教，努力开发不同对象身上的潜能，就可以把他们培养成为社会所需要的人才。现代成功教育从“天生其人必有才”这一“现代人才学”理念出发，根据人才的层次性、多样性和可塑性等特点，给予每个学生和教师一视同仁的关心、帮助和指导，就可以为他们日后成才提供良好的条件。

（2）成功学理论：成功学理论认为，每个人，包括每个学生和教师，都有追求成功的欲望，也都有实现成功所赖以存在的潜能。只要建立有利于诱发师生成功心理并为他们实现成功提供保障的育人机制，采取适应人的身心发展规律的教育策略，就能激发起师生追求成功的热情，使他们主动开发自身的潜能，通过努力变成功欲望为成功现实；由此又转化为一种更强的内驱力，推动他们各自在原基础上向更高层次的成功目标奋进。现代成功教育正是体现成功学理念的一种教育模式。

（3）多元智能理论。美国哈佛大学心理学家H. 加德纳（Howard Gardner）教授认为，人类的智力都是多元化的，除了言语——语言智力、逻辑——数理智力两种基本智力以外，还有其他7种智力：视觉——空间关系智力、音乐——节奏智力、身体——运动智力、人际——交往智力、自我内省智力、自然观察者智力和存在智力。

每个学生都在不同程度上拥有上述9种基本智力，智力之间的不同组合表现出个体间的智力差异。每个人都具有自己的智力强项，有自己的学习风格，我们应该认真地对待个别差异。教育的起点不在于一个人有多么聪明，而在于怎样变得聪明，在哪些方面变得聪明。加德纳认为，教育工作者的任务就应该是向学生提供多种多样的智能活动机会，在对学生进行评价的基础上注意发现他们的优势智能领域并加以挖掘和发展，在充分尊重儿童发展独特性的同时，保证学生的全面发展。

2. 办学使命

“为中国教育事业树立光辉典范，希望社会因我们的存在而变得更加美好。”

简要解读：这是集团公司董事会主席杨国强先生为集团总校所题，现已成为集团所有学校的办学使命。这一办学使命可以从四个方面来理解：一是给出了教育者的责任与担当：办好教育，服务社会；二是明确了集团（学校）的办学定位：要把学校办成中国教育战线上示范学校、典型学校、品牌学校；三是强调教育的力量可以改变社会、美好社会；四是体现的是创办者的博大胸怀：要办中国最好的教育、最好的学校。所以，这一办学使命昭示着全体五碧人要登高望远、严格要求、扎实努力、不辱使命，把最美好的学校教育奉献给人民、奉献给社会。

3. 培养目标

培养具有中国灵魂、国际视野和独特个性的未来成功人士。

简要解读：学校的“培养目标”是指依据国家的教育目的和各级各类学校的性质、任务提出的具体培养要求。“培养具有中国灵魂、国际视野和独特个性的未来成功人士。”这一培养目标直接指向“未来成功人士”的培养。这里主要有三个关键词，即中国灵魂、国际视野和独特个性。

“中国灵魂”是指中国人必备的思想、观点和爱国情怀，这是落实“立德树人”根本任务的应然要求，也是“中国中小学生核心素养”的内涵要义之一。现代成功教育就是要站在“国家兴旺、民族振兴”的至高点上去思考教育者的责任，培养学生的爱国情感，树立民族自信，努力为实现中华民族伟大复兴的中国梦而不懈努力，做爱家、爱国、有责任、敢担当的顶天立地的未来成功人士。

“世界眼光”本意是具有广博的知识，能站在全球的高度观察世界、认识世界，并为将来能参与世界事务和国际竞争做好准备。所以现代成功教育就是要教育学生努力学习和实践，掌握走向世界的基础知识和基本能力，用马克思主义的宽广眼界去观察世界、用世界眼光观察分析当代世界，最终成为世界级能在国际竞争中成就自我的国家栋梁之材，不断为社会进步做出应有贡献。

“独特个性”主要体现的是一种“人本思想”，我们需要充分认同儿童本源的差异性，追求个性化教育就是尊重人的差异性，现代成功教育就是要充分遵循孩子成长的规律，充分尊重儿童的天性，关注每一个孩子的个性差异，设计适合不同发展水平学生不同需求的教育，努力培养出个性昂扬、差异发展的成功学子。

4. 教育模式

保证基础，发展个性，服务社会。

简要解读：教育模式是在一定教育理论或教育思想的指导下，在实践中形成的相对稳定的教育活动的结构和方式，或称为“样式”，是学校的核心竞争力之一。

（1）“保证基础”，“基础”是指建筑物的根脚，如墙下之夯土，柱下之石。引申意是指事物发展的根本或起点。“保证基础”就是指采取一切措施把基础知识和基本技能这两个“基础”打牢固。把学生的文化基础放在首位，这与“中国学生发展核心素养”中关于“文化基础”的要求完全一致，重在强调五碧学子要努力习得人文、科学等各领域的知识和技能，掌握和运用人类优秀智慧成果，涵养内在精神，追求真善美的统一，努力成为有宽厚文化基础、有更高精神追求的人。

（2）“发展个性”，个性一般是指个人稳定的心理特征的总和，包括性格、兴趣、爱好等。发展个性就是要根据每一个学生的独特性，强调自主发展，重在强调能有效管理自己的学习和生活，认识和发现自我价值，发掘自身潜力，成为有明确人生方向、有生活品质的人。现代成功教育就是要让学生在自由轻松的学习氛围中去发展兴趣，去寻找最适合自己成长的路，能成为全面发展的成功人士。

（3）“服务社会”，社会性是人的本质属性。我们要处理好自我与社会的关系，按照现代公民所必须遵守和履行的道德准则和行为规范做事，增强社会责任感。现代成功教育就是要明确服务社会的办学宗旨，为促进师生推动社会发展进步，努力把学生培养成为有理想信念、敢于担当之人。碧桂园连锁学校20多年前提出的“保证基础、发展个性、服务社会”的教育模式与当前的“中国学生发展核心素养”提出的“文化基础、自主发展、社会参与”三个方面高度一致，显示出其科学性与前瞻性，我校应该认真践行和发展。

5.“一训三风”

“一训三风”是学校文化系统中的核心文化，是学校核心价值观的具体体现，它本身是一个完整的系统，相互关联，相互依存。其中，“校训”是广大师生共同遵守的基本行为准则和道德规范。它既是一个学校的办学理念，也是学校文化的核心内容，是“校风、教风、学风”的集中体现，是学校的办学灵魂所在。校训是学校诸理念中的高位理念，校训是要有个性的，它内涵丰厚，富有张力，校训需要传承和创造，校训更要通过广大师生的丰富实践而落地生根。

“校风”是学校的办学指导思想和培养目标的集中体现，是培养优良学风、教风的根本保证，它全面地反映出一个学校的教师面貌和办学水平。校风也是一所学校师生员工共同具有的理想、志向、愿望和行为习惯等多因素的综合，是一种精神状态和行为风尚。

“教风”，即教师风范，它是教师世界观、人生观、价值观、道德修养、知识水平、文化水准、精神面貌等的综合表现，是教师法与才的统一，也是学校品牌和校风的象征。

“学风”有两重含义：一是指学校的治学精神、治学态度、治学原则；二是指学生的行为规范和思想道德的集体表现，是学生在学习过程中所表现出来的精神风貌。有时也特指学生的学习态度和学习风气。学风和教风之间是一个互动体：教风不立，学风不树；教风不端，学风不正。反之，没有良好的学风也不能激励良好的校风。从广义上讲，学风又体现在校风上。校风很大程度上是学校这个大环境体现出来的学习风气。总之，校风、教风、学风，这“三风”相互关联、密不可分、相互作用、相互影响，我们要整体建构、综合建设，用心培植，科学实践，最终要让“一训三风”融化于师生的血液中，植根于师生心中，落实在具体的一言一行中。

（1）校训：我自信，我成功，我快乐。

简要解读："我自信，我成功，我快乐"这一校训，用三个主谓式词组联合成一句话，站在儿童的角度，体现的是学生的主体地位，看上去很普通，实际上是回归教育本源，为了儿童，研究儿童，尊重儿童，发展儿童。下面对自信、成功、快乐这三个关键词进行简要解读。

"自信"，自信是指个体对自身成功应付特定情境的能力的估价。原本是描述人在社会适应中的一种自然心境。自信属于心理学概念，是班杜拉（A. aandurad）在社会学习理论中提出的"自我效能感（self-efficacy）"的一个概念，信心只是成功后的良性情绪，自信不是自大、自傲。

自信本身就是一种积极性，自信就是在自我评价上的积极态度，自信是发自内心的自我肯定与相信，自信是对自身力量的确信，深信自己一定能做成某件事，实现所追求的目标，把许多"我能行"的经历归结起来就是自信。

成就事业要有自信，有了自信才能产生勇气、力量和毅力。现代成功教育希望五邑学子要相信自己的力量，要有战胜困难的勇气，要有不达目标不罢休的勇气。要既正视别人也正视自己，要用自信培养自信，要努力做自己能做的事，要在"崇实和自强不息"的基础之上实现自己的梦想。

教者的责任就是要不断地给学生适当的鼓励，让学生得到一种自我满足，即自尊感和成功感，促进学生能呈现出一种完全不一样的新面貌。

成功主要有两层基本意思：一是成就功业、政绩或事业；二是获得预期的结果，达到目的。

对成功我们可以这样理解：第一，要有一个预期的目标；第二，预期的目标必须是达到了才算是成功：第三，成功有明显的个性化特征，标准因人而异（自己的标准，他人的标准，群体的标准，关键是得有自己的标准）；第四，成功是一个中性的概念，不同的价值观会有不同的理解；第五，成功也应该是能够量化的，所有的目标都应该是指能够被量化的目标。许多人常常将目标定义为"更上一层楼""过上幸福生活"等等。这些目标都有一个共同的特征：没有量化，充其量不过是一个想法，或一种愿望而已，而不是真正的目标。所谓"成功说不清楚"，就是因为是"没有量化的"目标。

现代成功教育关注学生的自我认知，关注学生的自我体验和感受。希望五邑学子要能学有目标，敢于挑战自己；要能量化目标，实现自己的成长之路；要能自强不息，不达目的不回头；要既能享受成功的快乐，又要敢于正视失败的考验。这样才能成就自己，超越自我。希望五邑师者，要高度理解成功的意义，要为学生的成功创造一切条件，要用“进步就是成功”的思想来统领教育教学工作，要在教育教学工作中实现和学生同步成长，同步成功。

快乐指欢乐，感到高兴或满意，是人们心情的一种表达方式。快乐是外部事物带给内心的一种愉悦、安详、平和、满足的心理状态。马克思定义快乐：快乐是一种持续时间较长的对生活的满足和感到生活有巨大乐趣并自然而然地希望持续久远的愉快心情。我们的教育就是创造条件让学生快乐。第一，我们要充分地确立“学生是学习的主人”的主体性教学观；第二，要在学习的过程中留有学生自主的时间和空间；第三，要蹲下来看学生，与学生保持平等的互动交流；第四，要相信学生，把所有应该是学生的权利还给学生；第五，要研究学生，解放学生；第六，要学会表扬、鼓励和肯定，多发现学生的闪光点，为学生的进步鼓劲，为学生的失利加油。让学生感受到快乐，享受幸福，这样的学生才生长得快乐、壮实而又充满活力。

自信、成功、快乐有着各自独立的意义，但是它们又相互依存，缺一不可。所以，自信是基础，成功是目标，快乐是状态。我们的现代成功教育就是为孩子将来的成功打好基础，创造条件。让我们矢志不渝地努力吧！

校训：我自信，我成功，我快乐（方之武题写）

（ 2 ）校风：文明有礼，通情达理。

简要解读：“文明有礼”是指学校要创造文明和谐的文化环境，要形成知礼、有礼的文化氛围。五碧学校的教师都是全国聘请的精英教师，学生也都有较好的家庭文化背景。现代成功教育强调以文明礼貌和习惯养成教育为抓手，教师要爱生敬业，学生要明礼诚信。学校倡导“文明礼貌从鞠躬问好开始”，努力营造一个“文明有礼”的校园环境。

“通情达理”是对学校师生提出的学会理解尊重他人的一种公益性要求，属于道德范畴。要想把学校办成培育国际精英的摇篮、通往世界名校的桥梁，五碧学子就必须学会与人沟通交流，做到知书达礼，会做人、会做事、懂得尊重、懂得关爱，努力为中华崛起和世界和平做出贡献。

“文明有礼、通情达理”的校风，应该成为全校师生的追求，同时也展示学校以“现代成功教育”为办学理念的文化内涵，我们要用校风去影响和教化师生，努力创建文雅、自由、和谐、明礼的成功校园。

（3）教风：永葆激情，追求卓越。

简要解读：碧桂园从顺德北滘的乡村起步，逐渐发展成为走向世界的千亿级企业，碧桂园（博实乐）教育集团也从最初的几所社区配套学校发展成为当今中国有影响的K12及国际教育集团之一，背后必定有一种精神作为支撑，这种精神被提炼为“永葆激情、追求卓越”8个字。

碧桂园学校是从企业化办学发展成为企业支撑下的教育家办学。在创办、发展的过程中，也在传承这种企业精神与企业文化。我们认为，教育是一项十年树木、百年树人的伟大工程，我们需要用激情把儿童成长过程中的“积极天性”调动出来。因为“激情”是一种强烈的情感表现形式，往往发生在强烈刺激之后，具有迅猛、激烈、难以抑制等特点。人在“激情”的支配下，常能激发身心的巨大潜力。学校教育就是要培养和引导这种既具有向上精神，又具备个人天性的激烈、激动、激奋、激发之情，有了这种激情，精神才会振奋，创造力才能喷发出来。这里需要特别强调的是：有“激情”更要有“行动”，激情需要落实在具体的学习和工作中。有激情的行动才能产生振奋力和震动感。现代成功教育希望能挖掘孩子内在的潜力，通过激情教育让孩子的学习始终处于一种积极进取的状态，相信这样的学习一定是高效的学习。

“追求卓越”，“卓越”是杰出的、超出一般的意思。多指卓越人才、卓越功勋、卓越的才能等，现代成功教育就是要激发学生能勇争第一，“超群出众，杰出不一般”，争做国之栋梁。必须强调的是，这种卓越的成才标准需要我们勤劳的双手和聪慧的大脑去创造，“创造、创新”是学校发展的不竭源泉，更是学生健康成长的必备品质。当我们的学校、教师、学生拥有了“永葆激情、追求卓越”的这种精神，必然会不断鞭策自己激扬前行；有了这种精神就一定能高品质地实现我们的现代成功教育之发展目标。

（4）学风：聆听、观察、阅读、思考。

简要解读：学风“聆听、观察、阅读、思考”是指学生学习生活中应具备的基本素养。

聆听，就是教会学生尊重他人的表达、理解他人的心理，珍惜他人的劳动，适当记忆、思考、分析他人表达的内容。

观察，学生学会观察就要做到认真观察、仔细观察，还要做到用心观察，观察有序、观察有格、观察有恒，努力培养学生形成优良的观察习惯和观察品质，同时培养学生“实践第一”的世界观，不断开阔视野、增长知识。

阅读，阅读就是读书、学习的意思。学生丰富的内心世界和深厚的人文底蕴从读书开始，学校就是读书的地方。要为学生的读书创设美好、适合的硬环境，办好图书馆、图书阁，再设计一些敞开式的“读书角”“读书长廊”“书吧”等，特别要进一步开展好各种读书活动，努力实现学生读书从“爱读、想读、会读”走向“乐读”的至高境界。

思考，就是“思索、考虑”的意思，也可以理解为“想一想”。思考是思维的一种探索活动，人之思考是自己心智对信息内容的加工过程。是一种进行分析、综合、推理、判断等的思维活动。要培养学生良好的思考习惯，努力做到敢于思考、善于思考、缜密思考、逆向思考、全面思考、辩证思考等，懂得分辨，学会与理性对话。

“聆听、观察、阅读、思考”作为学风是一个完整的系统，学风需要养成，希望老师们要能春风化雨、持之以恒。希望五碧学子能自主学习、自主锻炼、自主养成，让学风能溶于血液，受用一辈子，努力成长为世界级别的精英人才、成功人士。

三、实施项目

在明确了学校的特色定位、办学理念等顶层设计的基础上，为了切实践行现代成功教育的理念，我们需要设定实施现代成功教育的具体项目，落实所实施的项目的具体内容要求，努力让理念成为行动，努力让理念成为现实。现在，拟实施六大项目，即成功育德项目、成功课程建设项目、成功课堂建设项目、成功文化建设项目、成功队伍建设项目、成功社团建设项目。

项目一　成功育德项目

项目理念：

立德树人——未来人才成功的前提。

项目目标：

全面贯彻党的教育方针，坚持“五育并举、德育为首”的素质教育思想，落实好中央提出的立德树人的根本任务，深刻领会“中国学生核心素养”的内涵要义。倡导人人都是德育工作者的全员德育策略。抓好德育干部、心理教师、班主任这三支德育队伍的建设。抓好德育基层组织建设，落实好班集体建设的目标任务。把德育工作与“法制与社会”“品德与社会”的学科教学紧紧结合起来，要抓好传统节日文化活动，要以日常行为规范建设为抓手，抓好学生的常规教育。要抓好励志类、体验类、亲子类的户外教育活动，寓德育工作于丰富的学生的活动之中，这样通过丰富的活动，让思想品德教育能内化于心，努力实现从感知、感悟到成功享受的品质提升。

项目实施：

（1）提高对学校“成功德育”工作重要性的认识，适时进行“我是德育工作者”的主题演讲和主题沙龙活动。

（2）认真制订“学校成功德育工作计划”，切实提高德育工作的实效性。要在德育目标、德育内容、工作分工、序时进度等方面进行科学的安排，保证德育工作能够有序、有效地进行。

（3）要以开展成功德育主题活动为主要抓手，把活动责任落实到相关部门、相关班级、相关时段。

（4）切实抓好班级工作。以班级为德育工作的基本教育阵地，保证把学校的德育工作落实到位。

（5）学校成功德育工作要做到党政工团一起抓。要全方位地调动德育工作的积极性，充分发挥群团组织的作用，要突出抓好少先队工作和共青团的基本建设。要充分发挥家委会的作用，充分发挥社区的教育功能。

（6）要关注德育宣传工作，充分发挥各类媒体的宣传作用。要突出抓好宣传阵地的建设。办好校报校刊，建设好校园广播电视系统，开展丰富多彩的活动。建好相关互联网多媒体平台，努力提高德育工作在“互联网+”的信息技术背景下的工作效率和工作实效。

（7）要不断创新德育工作的路径和方法，充分体现现代教育的思想要求和时代特征，充分体现成功教育的个性特点。要敢于创新，善于创新，绝不穿新鞋走老路，绝不因循守旧，要努力走出一条符合我校实际的、实用的成功德育工作之路。

项目二　成功课程建设项目

项目理念：

课程建设铺就学生成功之路。

项目目标：

明晰课程建设在学校工作中的地位和作用，要把课程建设作为学校的大事、要事首先抓好，抓好课程建设就是为学生的有效学习铺就成功之路。要落实好国家课程、地方课程、校本课程三类课程建设的要求，努力做到国家课程校本化实施，校本课程特色化建设。学校将把现有的80多个课程项目进行科学分类和完善，要把学科类的项目归入国家课程校本化实施，要把校本课程按照必修项目、选修项目、特长生培养项目、跨学科项目进行分类明晰。这样在保证国家课程实施的同时，来做亮我校的校本课程，做亮我校的现代成功教育。通过架构和落实好课程子项目的相关工作要求，做到组织保障、时间保证、经费充足。这样，通过我们的努力实现学校课程建设的扎实有效和“成功”个性，用高品质的学校课程来保证学校教育教学质量的稳步提升。

项目实施：

（1）深度理解现代成功教育的内涵要义，充分彰显现代成功教育的课程个性，要把现代成功教育的思想，全面落实在课程建设上，渗透于课程建设的子项目之中。

（2）科学架构现代成功教育课程体系。主要按照国家课程校本化实施和校本课程特色化建设这两大板块来架构，要特别关注选修和必修课的架构，要充分体现发掘潜能和自主选择的成功课程特性。

（3）要充分关注学校中英文教育的特色个性。要继续做亮英语教育这张名片，要在跨学科课程建设上下功夫，要体现国际化教育的个性特点，落实好相关子项目建设。

（4）要充分认识到课程建设就是保证国家意志在学校的实施。所有的课程项目建设都要特别关注新课程改革当中所提出来的三维目标的相关要求，要做到吃透精神实质，优化内容选择，落实操作要领，切实提高课程实施的实效性。

（5）要根据校情设立课程建设的相关项目，既可以设立周期长的项目，也可以设立“一活动一项目”。

（6）学校成功教育课程设置的主要策略有六条：

一是积极打造“成功生态课堂”，探索“负担轻，质量高”的高效课堂教学模式。

二是培养学生做到两个“学会”，即学会做人：有社会责任感，富有爱心，文明有礼，懂得感恩，遵纪守法，珍爱生命，心理健康，生存能力强；学会做事：有探究精神，敢于尝试，热爱劳动。

三是落实三点“成功要素”：中国灵魂，把母语教学和文化传统教育做到位；国际视野：落实好海外游学教育活动；独特个性：按全面发展要求培养学生才艺。

四是抓好四类校本课程建设。

特色课：游泳、书法、乐器、国学、太极拳、剑桥英语等。

兴趣班：丝网花、水钻贴画、十字绣、编织、烹饪等。

专业队：田径、足球、管乐队、舞蹈、乒乓球、毽球等。

俱乐部：英语剧社、棋社、文学社、轮滑俱乐部、摄影俱乐部等。

五是落实五种艺体技能，即乐器、书法、游泳、象棋、武术。

六是体现六大育人特色：坚持德育为首，沐浴在书香校园里，浸泡在英语环境中，发展个性特长，启发创新潜能，开拓国际视野等。

项目三　成功课堂建设项目

项目理念：

（1）课堂是培养全面发展的未来人才的主阵地。

（2）每天进步一点，进步就是成功。

项目目标：

要树立课堂是素质教育的主战场，课堂是培养全面发展的未来人才的主阵地的基本思想。弄清进步与成功的关系，关注不同学习水平层次的学生的进步，注重启迪智慧，挖掘潜力，充分给予学生在课堂学习中的成功体验。树立“合作共学”思想，优化小组合作学习，提高课堂的参与率。摆正主体与主导的关系，既强调学生的主动学习、自主学习，又关注教师的适当引导、辅导和指导。开展高效课堂教学模式研究，做到科学架构，有效实施，切实提高课堂教学的效率和效益。这样，通过成功课堂的建设，实现三个改变，即改变课堂理念，把培养全面发展的人作为第一要务；改变教师状态，把师生同步成长、同步成功作为课堂追求；改变教学质态，把知识点、训练点、提高点等逐一落实到位。努力呈现活力课堂、魅力课堂、成功课堂的优美姿态。

项目实施：

（1）更新课堂教学思想，进行新课程相关理念、方法的培训。落实现代成功教育的课堂教学思想，关注学生的学习潜力的挖掘，关注学生的自主学习、快乐学习。

（2）建设在成功教育思想引领下的成功教育课堂，进行课堂教学模式的研究，科学架构高效成功课堂教学模式。要对课堂教学思想、教学内容安排、教学流程设计、课堂教学评价等几方面提出具体的操作性要求。努力用成功课堂教学模式来支撑教学质量的提升。

（3）要关注成功课堂教学的师生关系、教学关系。要明确学生的主体地位和教师的主导地位，要创设平等、和谐、自由的课堂教学氛围，让学生感悟学习的意义，释放学习的潜能，体验成功的快乐。

（4）要关注课堂的训练。教师的教学要以问题为主线。落实好知识点、情感点、训练点的教学。倡导精讲多练，倡导精选习题，做到练要练在点子上，讲要讲在关键处，讲在学生需要的地方。

（5）充分发挥教学评价的激励功能。教师在课堂教学中的评价，要注意公平公正，做到多表扬，多激励，讲究教学艺术。从学校的层面重视课堂教学评价，要重点评价学生的学，通过评价学生的“学”来评价教师的“教”。要通过科学评价来充分发挥评价的功能，切实提高课堂的教学质量。

（6）开展各类教学练兵和竞赛活动。要集合“三类教师”的培训培养和学校教学工作的需要，扎实抓好教学大练兵活动，做到人人参加，个个展示，整体提升；要通过各类竞赛活动，切实培养好一批优秀教师、骨干教师、学科带头人。要通过各类练兵和竞赛活动。以及课堂教学模式建设的实践活动，努力把教师的注意力吸引到教学的研究上来，吸引到提高教学的质量上来，从而形成良好的学校课堂教学质态。

项目四　成功文化建设项目

项目理念：

用文化引领学生、教师、学校不断走向成功。

项目目标：

相信文化的力量，立足文化管理，要以现代成功教育为学校文化建设的基本思想，努力建设好学校的精神文化、制度文化和物质文化。要通过开展各种文化活动，努力实现文化的“熏陶、浸润、养成”功能；要让学校现代成功教育文化的思想落地生长，让学校文化不断内化为师生的自觉行为；要通过高品质文化建设，来培养高品质未来接班人。

项目实施：

（1）组织学习现代成功教育的理论，掌握精神实质和基本特征；要以文化的视角，研究现代成功教育实施的内容、路径和方法，努力建构具有现代成功教育特质的学校文化。

（2）按照学校文化三分法的要求，全面整理和架构学校的精神文化、制度文化和物质文化，集思广益写出学校的文化建设方案，方案要做到立位高、看得准，超前设计，分步实施。

（3）建设学校文化建设平台。开展学校文化建设活动。努力做到四个结合：传统文化活动与现代文化活动相结合，学校的文化活动与班级的文化活动相结合，教师专业发展与学生自我成长活动相结合，校内文化活动与校外文化活动相结合，努力建设学校的高品质成功教育文化。

（4）关注学校物质文化建设。要让学校的每一面墙都会说话，都具备教育功能，要按照主体文化、板块文化、连廊文化、功能室文化、提示语文化、绿色文化、管理文化等来进行设计。确保学校处处有文化，人人讲文化，个个都是文化人。

项目五　成功队伍建设项目

项目理念：

没有成功的教师发展就没有成功的学生成长。

项目目标：

坚持用发展教师来发展学校，成就学生的策略思想。坚持把师德建设放在教师发展的首位，努力培养教师的爱心和道德素养。通过教师菜单式的专业培训，实现教师的个性化、全方位、高素质发展。要按照新教师、青年教师和骨干教师三类来进行分层培训和培养。且通过教师的专业发展、专业成功来促进学生的全面发展和高素质成长、成功。

项目实施：

（1）科学编制学校人事计划，确保教师队伍数量足、学科全、质量高。

（2）制订和实施教师分层培养计划。要按照新教师、青年教师、骨干教师三个层次来实行分层培训，“三格”培养，确保新教师在两年内能“入格”，青年教师要在五年内“升格”，工作五年以上的骨干教师要逐步形成自己的教学“风格”。

（3）要搞好教学大比武活动，让教师在教学实践中成长。要科学设计、合理安排、分学科施行，要通过大比武活动，切实提高教师的教学水平和专业能力。

（4）认真组织师带徒活动，制定好师带徒的方案，确保师徒共同研究，取长补短，共同进步。

（5）制定各类奖惩办法，切实调动教师自主学习、自我提高的积极性。对在各类活动中、各项比赛中取得显著成绩的老师、师徒都要进行相关的奖励。

项目六　成功社团建设项目

项目理念：

社团让无限潜力迸发，社团让万千个性昂扬。

项目目标：坚持“我的舞台我做主”的原则，充分体现发掘潜力、尊重天性、尊重自由、发展个性的基本思想，在学校组团的基础上，主要以班级为单位组织好学生社团，要落实好师资，落实好管理和运行组织，全面开展好社团兴趣活动。通过开展好社团活动，让学生的潜力得到开发，让学生的个性得到张扬，让学生在活动中感受到自由和快乐，让学生在活动中享受成功的体验。

项目实施：

（1）做好建设社团的条件分析，主要是师资和场地。

（2）征集社团名称，诱发学生兴趣。

（3）制订社团活动计划，保证项目实施。

（4）组织学生自主选择社团项目，自主开展活动。

（5）评选“十佳社团”，激励先进，激活后进，适当奖励，推动发展。

四、实施策略和保障措施

学校的“现代成功教育建设实施方案”（以下简称“方案”）是一幅宏伟的蓝图，是全校教职员工十年来丰富实践经验的总结和升华，对当下和今后一段时间的学校工作具有一定的指导和引领作用。但方案要能真正落到实处，真正通过几年努力把“方案”变为现实，但这是需要努力的。

（一）实施策略

（1）优化学校常规管理。坚持以人为本，依法治校，充分调动广大教职员工的积极性，锐意改革，民主管理。要完善学期考评制度和常态考核力度；要充分发挥家长委员会的管理、参与作用；要注意人文关怀，尊重信赖每一位老师，老师关爱、服务好每一个学生。狠抓安全工作，建设和谐、安全、文明的校园。

（2）坚持以德育为先的原则。研究“成功德育”规律，抓好全员德育，落实“立德树人”的根本任务。要抓好行为习惯养成教育、心理健康教育，建设德育精品系列活动，丰富文化生活。少先队、共青团组织要加强组织建设，开展丰富并具有特色的活动，充分发挥育人功能。

（3）坚持以教学为中心，以课堂为主渠道实施素质教育。要研究成功特色课堂的价值取向、运作程序、教学评价以及成功教学思想与策略等重要问题。落实好备、教、改、辅、考等教学环节所要完成的任务。坚持课改，大胆创新，优化课堂品质建设，进行课堂教学模式的研究，切实提升课堂教学质量。

（4）做亮校本课程。要在国家课程校本化实施的基础上做亮校本课程。校本课程是基于学校、最能体现学校个性和特色的课程。学校要在“现代成功教育”课程体系统领下，登高望远，从课程、教材、实施、评价等多维度进行研究与实践。努力做到切合实际，步伐稳健，落地生根，做亮校本课程。

（5）坚持把“发展教师”放在学校提升的首位。要通过三至五年时间，努力把教师队伍建设成为师德高尚、理念先进、团结合作、业务精湛、学科配套、锐意改革、个性昂扬的好团队。要关心教师专业化成长，帮助教师做好“职业生涯规划”，继续采取“请进来，走出去”的方法培训培养教师，拓宽教师视野。落实“青蓝工程”计划，要指路子、搭台子、压担子，关心青年教师成长；要抓好校本教研，落实同伴互学；要关心教职工生活，建设好教工之家。

（6）坚持“科研兴校”策略。要把教育科研工作放到学校发展与教师成长的重中之重的位置来抓。抓好课题建设，主动研究，主动申报，实施到位，探索规律，服务发展。要对教师的教学研究、论文撰写进行专家指导，努力把全校教师培养成为爱科研、会科研、能出成果、能快速发展的好老师。

（7）关注特色品牌建设。要整体架构、重点推进、步步为营、件件落实。要邀请专家做“品牌学校建设”的专题报告，具体指导我校“现代成功教育品牌学校”的运作。要建构前瞻的品牌理念，全面的品牌定位，科学的运作方法，师生能接受的价值认同。在校长室直接领导下，调动全体行政人员和全校师生的积极性，把“现代成功教育”这一重大品牌项目不断推向完善与成熟。要通过项目实施实现品牌效应，让地方干群认可，全校师生获益，逐步形成品牌价值，并在区域内外产生影响力和震撼力。

（8）坚持“全校一盘棋”的大局意识。

①要调动党、政、工、团、少、妇、家委会等团队的力量，把注意力集中到学校发展上来，凝心聚力，同舟共济，群策群力。群众组织要在学校党政的领导下独立开展有个性、有创意、体现科学性和参与性的各种活动，要为学校的改革发展献计献策。

②学校后勤要主动服务师生，服务发展。要突出抓好安全、卫生、校产、教具的管理和使用，让有限的资金能用到刀刃上。

③要加强学校、家庭和社区三结合、立体式教育体系的建设，要多联系、多策划、常交流、常进社区、常访家庭。要培养家长的自主意识、社区的合作意识，真正实现现代学校形态的转变。

（二）保障措施

（1）建立组织。要建立以校长为组长的五邑碧桂园学校“现代成功教育”建设和实施工作领导小组，进行合理分工。

（2）培训到位。要组织关于学习落实“实施方案”的专题培训，做好解读、学习、研究，真正让方案深入人心，并且激发教职工的主人翁意识，以保证“方案”的实施到位。

（3）建立责任制。要按照职责分工，将“方案”所要落实的工作排成工作表，安排到人，落实到底。并进行学期、学年的综合考核和项目推进的专项考核，奖勤罚懒，奖优罚劣，重要工作要实行责任传递和责任追究。

（4）资金保障。方案实施要有资金保障，这样才能保证实施有力。实施经费要做到量力而行、按规而行。要主动争取资金，合理使用资金，做到该用就用，不该用的坚决不用，接受监督，接受审计，保证做到安全、规范和效益相一致。

五邑碧桂园中英文学校
2020年4月修订稿

初中学子当自强

很高兴参加今天下午的总结表彰会。刚才看到那么多的同学上台领奖，我真为你们感到骄傲！

记得在开学典礼上，我说过七年级是我校建校史上的第一届初中班。希望七年级的同学能在各方面严格要求自己，为小弟弟小妹妹们树立好榜样。一个多月过去了，七年级的同学给我留下了良好的印象。你们的表现没有让我失望。我举几个例子：第一个例子是，8月31日晚，到校报到的第一天，你们就安安静静地上晚自习。以后每个星期天的晚上，你们都在认认真真地上晚自习，这说明同学们是热爱学习的。第二个例子是，开学以来，吴颜欢、肖杨佩、梁伟敬等多名同学主动找我谈心，向我提出宝贵的建议。我非常感谢他们，这说明同学们是关心学校发展的。第三个例子是，前天晚上班里有位同学身体不太舒服，结果很多同学主动跑过来问长问短，提供帮助，这说明同学们是团结友爱的。我想，一个热爱学习、关心学校、团结友爱的班级，是大有希望的！

同学们，中学生活是人生当中非常重要甚至可以说是最重要的一个阶段。因为这个时候正处在青春期，心理和生理都会发生重要的变化，性格也逐渐形成。这时候最容易出现一些情绪的波动，这是很正常的。我在你们这么大的时候，也跟你们一样，有过快乐和梦想，也有过烦恼和困惑。那么这个时候最需要的是家长和老师的引导。因此，我在这里提几点意见，供同学们参考。

一是要做一个志存高远的人。周恩来总理小时候立下“为中华之崛起而读书”的伟大志向，并为之努力，终于成了一代伟人。南北朝时期有个叫宗悫的人，小时候父亲问他有什么志向，他说：“愿乘长风破万里浪。”他在14岁的时候就成了一个文武全才的人。有一次宗悫的哥哥结婚，结果来了一帮强盗要抢劫。宗悫挺身而出，一个人就把十几个强盗打得落花流水。在座的同学，你们的父母可以说都是成功人士，但是我们要超越父母，做一个比父母更加成功的人，要立志干出一番大事业。

二是要做一个严于律己的人。有这样一副对联："学如逆水行舟不进则退，心似平原跑马易放难收。"上联讲的是学习，要用功，不能松劲。就像逆水行舟一样，不用力划水，就会被水冲走。下联讲的是做人，要踏踏实实，不能放松对自己的要求，否则就像平原上跑马一样难以控制。俗话说："没有规矩，不成方圆。"在远古时代，人们过着一种弱肉强食、非常混乱的生活。后来慢慢建立了国家，有了各项制度，人们的生活才安定而有序起来。人类也完成了由自然的人向社会的人的过渡。作为学生，我们在学习的过程中必须有一些规章制度的约束。刚才卢主任发放的就是校规校纪，这些对同学们养成良好的行为习惯是有帮助的。

三是要做一个心胸开阔的人。我们每天与人相处，有时候难免会被人误解，甚至与别人发生矛盾。如果大家都想不开的话，一定会很痛苦。这里再向同学们介绍一副对联，上联是"退一步天高地阔"，下联是"让三分心平气和"。所以要学会谦让。清朝的时候有个宰相叫张英。有一次老家的邻居在砌围墙的时候侵占了他们家的地盘。家里人赶快写了一封书信，问他怎么办。张英于是回了一封信，是一首诗："千里修书只为墙，让他三尺又何妨。万里长城今犹在，不见当年秦始皇。"家里人按照宰相的吩咐，将自己家的围墙向后退了三尺。结果邻居一看，不好意思了，也把自己家的围墙后退了三尺。双方各退了三尺，形成一道六尺宽的小巷，叫"六尺巷"。"六尺巷"位于我的故乡安徽桐城，现在还在。

好了，我提了三点意见，希望首届初中学子自强自立，奋发向上。最后，我再告诉大家一个好消息：学校现在正在制订初中学生的奖学金制度，等上级领导批准之后就会跟大家见面。希望同学们努力学习，争取获得学校的奖学金。

向抗疫逆行者致敬

五邑碧桂园中英文学校为2020年抗疫一线医务人员子女共颁发奖学金50余万元

各位家长、各位媒体朋友：

今天我们戴着口罩相聚在五邑碧桂园中英文学校，隆重举行抗疫一线医务人员子女奖学金颁奖典礼，欢迎各位的到来！

2020年春节前夕，一场突如其来的新冠肺炎疫情肆虐神州大地。武汉告急，湖北告急。在这危难时刻，广大医务人员挺身而出，迅速集结，奔赴抗疫第一线。从新闻报道中我们可以看到，白衣天使们夜以继日，忘我工作，付出了艰辛的努力，有的脸上被口罩勒出一道道深深的印痕；有的双手磨出了一道道血印；有的防护服一穿就是四小时，不喝水，不上厕所；有的近距离照顾患者，不幸被感染，甚至献出了宝贵的生命。春节本是万家团圆的日子，你们却舍小家为大家，英勇奋战在最危险的地方。在这场没有硝烟的“战疫”中，你们真正体现了医者仁心，救死扶伤，体现了可歌可泣的人间大爱。你们是人民安全的守护神，是最美的逆行者，是新时代最可爱的人！在此，我代表五邑碧桂园中英文学校1500名师生员工，向你们的无畏精神表示崇高的敬意！向你们的无私奉献表示衷心的感谢！

疫情发生以后，碧桂园集团本着“让社会因我们的存在而变得更加美好”的文化愿景，积极捐款捐物，支持“抗疫”。作为碧桂园核心联盟企业，我们博实乐教育集团也积极行动起来，勇敢地承担起教育者应有的社会责任。在2月8日《博实乐五邑碧桂园中英文学校校长致全校师生家长的一封信》中，我们向社会郑重宣布了“暖心助学”计划：凡参与江门本地或驰援湖北抗击新冠肺炎疫情一线工作的医护人员子女，凭有关证明在2020年春季入读我校中小学和幼儿园的，均免收学杂费直至该学段毕业。您守护人民的健康，我们守护您的孩子。

“暖心助学”计划公布后引起了强烈的社会反响，也得到了上级政府和教育部门的大力支持，《江门日报》等多家媒体进行了报道。经家长申报、学校确认、集团审批，本次“暖心助学”计划符合条件的共有7名学生，其中4名为在读旧生，3名为新生，所发放的奖学金共计51.15万元。

对学校来说，疫情是一场灾难。本来今天下午想请孩子们跟家长一起过来的，后来考虑到疫情还没有结束，除了初三，其他年级仍未返校上课，所以只邀请了家长们参加。这里也委托家长们向孩子转达我们的两点希望：

第一，希望通过这次活动让孩子们懂得：“苟利国家生死以，岂因祸福避趋之。”精忠报国，是每一个中华儿女应尽的职责。我们的父母做到了，我们应该为自己的父母感到骄傲和自豪。

第二，希望这次获得奖学金的孩子能珍惜这么好的学习机会，感恩父母，感恩社会，勤奋努力，不断进步，用优异的成绩回报父母、回报社会。

五邑碧桂园中英文学校以“培养具有中国灵魂、国际视野和独特个性的未来成功人士”为办学宗旨。请家长们放心，我们一定用心培养好您的孩子，让孩子们学会做人，学会做事，健康快乐地成长。

家长朋友们，疫情即将过去，春天已经到来。让我们共同祈愿：世界和平，国泰民安。

让爱伴随我们一路成长

——2014年美食节爱心义卖活动启动仪式上的讲话

尊敬的各位家长、各位来宾，敬爱的老师，亲爱的孩子们：

下午好！

相信大家跟我一样，正怀着急切的心情期待着美食节爱心义卖活动的正式开始。这项活动由家委会策划、组织，得到了广大家长的积极响应和全校师生的共同参与。借此机会，我代表五邑碧桂园中英文学校向各位家长、来宾表示热烈的欢迎！向为这次活动做了大量准备工作的家长、老师和同学表示衷心的感谢！

亲爱的同学们，当你每天开开心心地来到学校上学，衣食无忧地享受美好生活的时候，你可知道，在我们身边还有一些同龄人因为遭受家庭的变故或自身的残疾，而处于不幸和苦难当中。他们迫切需要爱心人士的帮助和社会大家庭的温暖。与此同时，他们自强不息的精神也深深感动着周围的人。比如今天我们请来的一对姐弟琪琪和茗茗，他们因先天的听力残疾而失去了很多童年的欢乐，但他们并没有向命运低头，而是积极地面对人生，靠助听器顽强地学习和生活。他们还经常参与义工活动，努力做一个对社会有用的人。从他们身上，我们看到了人性的光辉。

孩子们，送人玫瑰，手留余香，奉献爱心，收获希望。我们的爸爸妈妈为了这次义卖活动付出了很多很多，他们用实际行动告诉我们：要从小做一个善良的人，一个富有爱心和同情心的人，要把爱一代代传递下去。

爱，是春日的芳菲，沁人心脾；爱，是夏日的清风，抚摸面颊；爱，是秋日的雨露，滋润禾苗；爱，是冬日的阳光，温暖大地。让我们一起行动起来吧，用一朵朵爱的浪花，汇聚成心中奔涌的暖流；用无数的小爱，汇聚成人间大爱！同在蓝天下，让爱伴随我们一路成长！

最后，预祝本次美食节爱心义卖活动取得圆满成功！

未名湖畔学与思

作者曾在北大研修班学习

“学而不思则罔，思而不学则殆。”今年暑假，有幸参加了北京大学“中小学校管理能力提升专题研修班”。在为期一周的时间里，领略了未名湖畔清风拂柳的旖旎风光，感受了百年燕园“兼容并包，思想自由”的深邃文化，目睹了北大骄子们勤奋好学、敢于担当的精神风貌，聆听了北大教授们宏论滔滔、各具魅力的精彩讲课。

我们常说：“有一个好校长就有一所好学校。”而要想成为一个好校长，在工作中不断加强学习和思考是十分重要的。对我来说，此次北大培训心情愉快，收获丰赡，七位专家、教授从七个不同侧面带给我们以思考和启迪，如同经历了七次剧烈的“头脑风暴”。以下是学习的收获与感悟。

一、校长要有道义的高度

中央财经大学李志军教授在“领导力与执行力”一课中告诉我们，校长要想提升领导力，关键在于有道义的高度。此处所说的“道义”主要包括三层含义：公正立场、高远观点和变革思维。

作为校长，公正的立场的确非常重要。校长要想赢得广大教职工的支持，必须坚持公平、公正、公开的办事原则，做到一视同仁，拒绝任人唯亲。否则，校长的一切言论将变得苍白无力。

校长是学校的引领者，因此必须站得高、看得远，要有高远的观点，要认真做好学校发展的中长期规划。

学校要发展，必须加大改革的力度，因此校长要有变革的思维。不能故步自封，因循守旧。要与时俱进，吐故纳新。

“铁肩担道义”，这是校长的神圣使命；“大襟怀，大格局”，这是校长的人格魅力。

二、校长要有深厚的人文素养

杨虎教授的《国学经典阅读与人文素养提升》一书带给我们以美的享受，其中有汉字造型之美、国学文化之美。杨教授从国学的基本概念、国学的基本要籍和国学经典的阅读几方面入手，娓娓道来，让人如饮醍醐、如沐春风。《易经》《论语》《四库全书》次第呈现，经史子集、儒墨道法，各有千秋。

杨教授的课犹如一顿国学经典的精神饕餮，特别是他主编的《未名湖畔好读书》一书，收录了不少国学经典篇章。培训班的学员们每天在上课之前恭敬而立，高声诵读，乐在其中，受益无穷。

五邑碧桂园中英文学校的办学宗旨是“培养具有中国灵魂、国际视野和独特个性的未来成功人士”。而“中国灵魂”主要指中华传统美德、优秀传统文化和民族精神。学校一直高度重视传统国学的熏陶。校园里有“古典诗词长廊”“国学文化长廊”，开设了国学经典诵读的校本课程。每天课间操后，各班轮流举行“每日金句”的诵读展示活动。

作为一名校长，要增加点儿“儒雅之气”“书卷之气”，而国学经典的浸润无疑是重要途径。

三、校长要把握时代的脉搏

校长不仅要关心教育，也要常常凝望窗外，关注社会其他方面的发展，如宏观经济的形势等。张延教授的《新常态下宏观经济形势和政策走向与“一带一路”新棋局》就让人大开眼界。

教育的发展与国民经济的发展是密不可分的，尤其是民办教育，受国家宏观经济及当地经济的影响很大。碧桂园教育集团正在酝酿从总公司剥离出来，单独上市。因此，我作为一名碧桂园连锁学校的校长，应该高瞻远瞩，运筹帷幄，懂得经营，善于经营，才能使学校走上良性循环，永远立于不败之地。

四、校长要有忧患意识

孟子云：“生于忧患，死于安乐。”教育者也应具有忧患意识，要看到我们的教育理念和教育方式还有很大的改善空间。听了郑也夫教授的讲课“中国教育危机”，拜读了他的著作《吾国教育病理》，深感教育者肩上的责任重大。中国的教育路在何方？需要我们砥砺前行，不断探索。

另外，面对日益竞争的市场和社会发展的形势，民办学校如何满足家长的需求，如何打造自己的特色品牌，如何在公办义务教育全免费的情况下赢得一席之地？这些问题常萦绕于心。

因此，我时刻警醒自己，要保持一种“如临深渊，如履薄冰”的心态，不容有丝毫懈怠。

五、校长要懂得现代信息技术

信息技术的飞速发展不亚于历史上的“工业革命”，它不但改变了人们的生活，影响了社会的进步与发展，而且对教育的推动作用也日益明显。尚俊杰老师执教的“信息环境下的未来教育”为我们打开了一扇神奇的窗户。透过这扇“窗户”，我们看到未来世界在信息技术环境下，传统的授课方式将遭到彻底颠覆。我们唯一要做的，就是面对之，接受之，掌握之，运用之。

我校高度重视信息技术的构建和应用，目前学校拥有较为完善的监控系统、网络系统、办公系统、电子门禁系统、师生订餐就餐系统、邮件系统、工资系统、学生报名缴费系统等八大信息平台。今后，在信息技术方面学校将加大投入的力度，打造现代信息技术的强校。

六、校长要懂法守法、依法办学、依法执教

法律是社会安定的保障，也是学校安全的重要保障。被誉为“中国立法之父”的著名教授周旺生先生通过“中国法制当前形势下面临的主要问题”一课，向我们剖析了中国法制的新起点、新任务，中国政治体制改革与中国法制建设等敏感问题，使我们认识到中国法制建设的重要性、迫切性和艰巨性。

国有国法，校有校规。作为民办学校的校长，要深入学习《教育法》《教师法》《民办教育促进法》《劳动法》等法律法规，做到懂法守法、依法办学、依法执教，让学校在阳光下运行。

七、校长要注重启发学生的创新潜能

创新能力可以培养吗？如何培养学生的创新能力？北大附中数学特级教师张思明给了我们肯定的答案。他结合自己的亲身经历，谈了如何激发学生创新能力，让人颇受启发。特别是他布置的一些创意作业很值得借鉴，如：电子刷卡管理系统的设计，用自行车测量学校到家的距离，用简单的几何图形拼出N种图画等。孩子们八仙过海，各显神通，诞生出无穷的奇思妙想。

创新是一个民族的灵魂，李克强总理提出要“大众创业，万众创新”。这就对学校教育提出了新的要求——要注重激发学生的潜能，为未来社会培养创新型人才。

“纸上得来终觉浅，绝知此事要躬行。”此次培训学习的间隙，我们还有幸走进北大校史馆、抗战纪念馆和人大附中进行实地考察，增加了感性的认识。

七天的学习时间来去匆匆，留下无限回味。我将学以致用，把先进的理念和知识运用到实践当中，不断超越自己，提升管理能力，带领团队努力打造蓬江区优质的民办教育品牌。我想，这才是此次北大之行真正的意义所在。

但愿人长久，桃李谱新篇

——2014中秋节、教师节联欢晚会致辞

明月当空，秋风送爽。在这个美好的夜晚，我们欢聚一堂，庆祝中华民族的传统节日中秋佳节和属于我们自己的节日——第30个教师节。首先，我谨代表学校董事会和学校领导，向全体教职员工及家属朋友们致以节日的亲切问候和美好祝福！祝大家身体健康，家庭幸福，节日快乐，万事如意！

自五邑碧桂园中英文学校建校至今，已走过了五年的光辉历程。五年来，在学校董事会的正确领导和全体教职工的共同努力下，五邑碧桂园中英文学校取得了令人瞩目的成就。办学规模由当初的几十名学生发展到现在的830多名学生。教育教学的质量不断提升，赢得了社会的广泛认可和家长的良好口碑。特别是今年，在江门市蓬江区民办教育机构年检中，我校中小学和幼儿园双双被评为“优秀单位”。我校首届九年级中考更是一炮打响，总平均分在蓬江区18所学校中名列第一！黄芊莹同学以英语学科满分120分的优异成绩勇夺江门市中考单科状元！今天上午，我代表学校参加了蓬江区教师节表彰大会，领取了由区委、区政府颁发的“中考特别奖”！这是初中部全体老师为建校五周年献上的一份厚礼！更是对我们全校教职工辛勤付出的最好回报！谢谢你们，大家辛苦了！

回首过去，我们倍感荣耀；展望未来，我们豪情满怀！在开学初的工作报告中，我提出我校第二个五年周期的总体目标是：同心协力，再接再厉，打造颇具特色的教育品牌，把五邑碧桂园中英文学校办成五邑地区最有影响力的学校。这是个光荣而又艰巨的任务，让我们一起为了实现自己的教育梦想而努力奋斗！最后，我想为大家朗诵一首自己创作的仿苏轼的《水调歌头》，以表达我对大家的深深敬意：

名校几时有？情系碧桂园。历尽艰苦创业，今夕五周年。我欲举杯邀月，又盼高歌一曲，佳节不胜欢。起舞弄清影，恰似回童年。

捧丹心，洒汗水，夜难眠。不应有爱，何事杏坛执教鞭？家有妻儿老小，校有莘莘学子，忠孝古难全。但愿人长久，桃李谱新篇！

相约中考“云誓师”

2020年注定是不平凡的一年，一场突如其来的新冠肺炎疫情肆虐神州大地，并在世界一百多个国家开始蔓延。我们不得不推迟开学，尽量待在家里。然而，疫情改变了我们的生活方式，却阻挡不了我们求学的决心。自2月17日以来，我们一直坚持线上教学。今晚，我们又在云端相会，举行这场特殊的中考百日“云誓师”大会。目的是提醒大家：中考的脚步已悄然临近，冲锋的号角已经吹响，我们必须振作精神，鼓足干劲，树立信心，迎接挑战。借此机会，我想分别对老师、同学和家长说句话。

初中部的老师们，你们是一支特别能吃苦、特别能战斗、特别有爱心、特别讲奉献的团队，我为你们感到骄傲和自豪。从2014年到2019年六届中考，成绩骄人，连续六年荣获蓬江区中考优秀成绩“特别奖”，老师们也连续多年获得蓬江区中考单科成绩优秀奖，这是非常了不起的！但成绩只代表过去，而今迈步从头越，希望你们以空杯心态重新起航，不自满，不松劲，不懈怠，以更加优异的成绩回报家长和社会的信任，以辛勤的耕耘收获满园桃李。

亲爱的同学们，未来社会是知识的竞争，是能力的竞争，是想象力和创造力的竞争，归根结底是人才的竞争。人才从何而来？当然是靠学习。苹果公司创始人乔布斯生前在斯坦福大学的毕业演讲中有一句著名的话：“求知若渴，虚怀若谷。”这八个字既是他自己的人生写照，也是对青年一代的勉励。希望同学们也能像乔布斯那样，对知识始终保持一种饥饿感，在求知的道路上不懈追求。现在，中考是我们学习生涯中第一次遇到的真正考验。三年磨一剑，正当亮剑时，同学们加油啊！即便是线上学习，也来不得半点含糊。希望同学们克服惰性，排除杂念，只争朝夕，不负韶华，向老师和家长递交一份完美的答卷，努力成为具有中国灵魂、国际视野和独特个性的未来栋梁之材。

家长朋友们，感谢你们一直以来对学校的理解和支持，希望你们继续配合老师们的工作，督促孩子上好网课，当好孩子的坚强后盾，家校携手，形成合力，决战中考，共克时艰。

各位老师，各位同学，各位家长，疫情即将过去，春天已经到来，校园里的黄花风铃木已摇曳生姿，我们已做好了准备，在美丽的五碧校园等候大家的归来！让我们共同期待六月的校园，梦想绽放，凯歌飞扬，预祝我校2020届中考再创辉煌！

"岭南新星奖"书法大赛颁奖典礼致辞

"一年好景君须记，最是橙黄橘绿时。"南国的冬天温暖如春、繁花似锦。在这美好的季节里，我们迎来了"岭南新星奖"第二届广东省中小学生书法大赛江门赛区的颁奖典礼。首先，我代表五邑碧桂园中英文学校对各位的到来表示热烈的欢迎！

书法是中华民族的文化瑰宝，也是人类文明的宝贵财富。世界上很多国家的文字都失传了，而汉字书法却千年不衰，原因就在于汉字书法具有独特的艺术魅力。虽然现在人们更多的是使用电脑打字，但喜爱书法的依然大有人在。因为书法教育对培养学生的书写能力、审美能力和文化品质具有重要作用。你看，很多书法家都是仙风道骨，气度不凡。2013年，教育部颁布了《中小学书法教育指导纲要》，把书法教育提到了十分重要的地位。我在网上看到，河南省有个村庄叫茴村，其被誉为"书法村"，全村5000多人就有1000多名书法爱好者，出了好几十位书法家，练习书法已经成为村民的一种生活方式。

江门市是著名侨乡，这里人文荟萃，源远流长，明代大儒陈白沙先生独创的茅龙笔更是别具一格，在书法史上占有一席之地，这也是咱们江门的骄傲。我注意到，此次"岭南新星奖"书法大赛吸引了不少江门学子参加，获奖的学生近200人，有些已经是连续第二次参加此项活动了。我真诚希望有越来越多的孩子加入到学习书法的行列中来。

此项赛事的颁奖盛典连续两届在五邑碧桂园中英文学校隆重举行，这是我们的荣幸。五邑碧桂园中英文学校是中国有影响力的K12教育集团之一——博实乐旗下优质双语学校，我们心系侨乡，放眼苍穹，融中西文化于一体，以"培养具有中国灵魂、国际视野和独特个性的未来成功人士"为办学宗旨。学校包括幼儿园、小学、初中三个教学实体，2014—2019年，连续六年荣获江门市蓬江区中考优秀成绩“特别奖”。学校历来重视中华优秀传统文化的学习，学校开设了书法课，拥有专用的书法教室和专业的书法老师，相信这次“岭南新星奖”书法大赛对我校的书法教育将起到积极的推动作用。

2020，新的一年已经开启，让我们只争朝夕，不负韶华，挥毫泼墨，再创佳绩。最后，预祝“岭南新星奖”第二届广东省中小学生书法大赛江门赛区颁奖典礼活动圆满成功！

爱眼护眼　从我做起

——2019小学部科普讲座致辞

今天下午，我们在这里举办“爱眼护眼　从我做起”的科普讲座，目的就是要让同学们重视用眼卫生，保护视力，促进身心健康。首先，我代表五邑碧桂园中英文学校向策划此次科普讲座的江门爱尔新希望眼科医院、向关注报道此次活动的媒体朋友们表示热烈的欢迎和衷心的感谢！

青少年正处在视力发育的关键阶段，由于社会环境的改变，科技的进步，对用眼卫生重视不够，方法不当等多种原因，导致青少年近视率居高不下。据世界卫生组织发布的一项研究报告显示：我国的青少年近视率为世界第一！目前我国近视患者有6亿之多，高中生和大学生的近视率均已超过70%并逐年上升，小学生的近视率也接近40%，这是令人担忧的事情。针对这一问题，习近平总书记去年曾作出重要指示，要求“全社会都要行动起来，共同呵护好孩子的眼睛，让他们拥有一个光明的未来”。

我校一直高度重视学生的身心健康，特别是视力健康。各科老师在教学中注意引导学生保持正确的读书、写字的姿势；每天保证至少一小时的户外活动时间；每天坚持做眼保健操；注意教室的采光和照明，保证充足的光亮。2018年6月14日，我校与江门爱尔新希望眼科医院携手建立的江门市首家“青少年近视联合防控基地”正式揭牌。此后，江门爱尔新希望眼科医院每学期派专业医师来校为同学们筛查视力，建立视力档案，跟踪数据变化，提供有效的近视防控措施。对降低我校学生近视率起到了积极的作用。

今天下午的“爱眼护眼　从我做起”科普讲座，相信一定很专业、很精彩，希望同学们能认真倾听，并付诸行动。眼睛是心灵的窗户，希望同学们从小增强爱眼护眼的意识，养成良好的用眼习惯，擦亮自己的心灵之窗，为学习和生活保驾护航。

最后，再次感谢江门爱尔新希望眼科医院给予我校的帮助！感谢大家的共同参与！

从“成功”走向成功

——2015“感动校园·十大成功之星”颁奖典礼上的讲话

校园“成功之星”颁奖盛典

各位家长，各位老师，同学们，今天是一个令人高兴的日子，因为经过一个多月的个人申报、班级推荐、学校考察、网络投票等环节，我校首届“感动校园·十大成功之星”终于诞生了！今天他们将以成功者的姿态登上这个华丽的领奖台。

同学们，当我们每天早晨背着书包走进教学楼的时候，有没有抬头看看一楼大厅横梁上方那句醒目的标语呢？对，上面写的是“让您的孩子比您更成功”。

学校提出要开展“现代成功教育”，“培养具有中国灵魂、国际视野和独特个性的未来成功人士”。那么，什么是“成功”？从广义上讲，成功是逐步实现有价值的理想，得到自己想要的结果。换句话说，成功就是不断超越自我，做最好的自己。期末考试成绩达到了预期目标，这是成功；今天在课堂上勇敢地站起来回答了老师的提问，这也是成功；运动会上跳高比赛越过了一个新的高度，这是成功；今天在学校交到了一个好朋友，这也是成功；参加剑桥英语考级获得了满盾奖，这是成功；外出旅游见到国际友人能大胆用英语交流，这也是成功；升旗仪式上当了一次小主持，这是成功；周末回家给爸妈做了一道美味的菜，这也是成功。

成功其实就这么简单！所以我们提出："每天一点进步，进步就是成功。"

这次"十大成功之星"的评选，首次采用了网络投票的方式。同学们的风采征服了大量的网友和粉丝，得票数不断攀升，最高的有7000多票，可谓人气爆棚，星光灿烂。无论最后当选的是"十大成功之星"还是"年度明星学生"，都非常的优秀。他们有的弘扬中华民族传统美德，具有强烈的集体意识和社会责任感；有的勤奋好学，在各项竞赛活动中取得了突出成绩；有的多才多艺，有着良好的个性特长。相信大家看了他们的事迹，都会由衷地发出赞叹，同时流露出羡慕的眼光。

当然，"与其临渊羡鱼，不如退而织网"。意思是说，与其羡慕别人获得了成功，不如自己也马上付出行动。爱因斯坦说过，"成功=艰苦的劳动+正确的方法+少说空话"。孩子们，成功在向我们每一个人招手。只要你肯努力，下一个成功者就一定是你！

最后，我代表学校领导向成功当选为五邑碧桂园中英文学校2015"感动校园·十大成功之星"和"年度明星学生"的同学表示热烈的祝贺！同时，也希望你们继续努力，从"成功"走向成功！

打造精品学校的“六个力”

五邑碧桂园中英文学校已迈入第三个年头。如何把学校打造成一所精品学校？我觉得找准以下“六个力”至关重要，即教师队伍的战斗力、德育工作的渗透力、教学质量的竞争力、英语特色的影响力、个性发展的内驱力以及总务后勤的保障力。

一、建设一支高素质的教师队伍，提高“战斗力”

办好学校的关键在于教师。碧桂园创办者指出：“碧桂园人要为中国的教育事业树立光辉的典范。”“希望社会因我们的存在而变得更加美好！”这就对教师队伍提出了极高的要求。碧桂园连锁学校要“打造一支特别能吃苦、特别能战斗、特别能协作、特别爱学生、特别讲奉献、特别有激情的学习型干部和教师队伍”。“全力以赴做到最好，绝不找借口，以饱满的激情，诚实的服务态度，扎实的业务能力，高尚的师德，成为有社会责任感的好干部，好老师。”

1. 加强学习，提高师德修养

在庆祝中国共产党成立90周年大会上，胡锦涛提出：要形成以德修身、以德服众、以德领才、以德润才、德才兼备的用人导向。虽然他指的是党员干部，但我觉得这“五德”同样适用于教师。

在我看来，有德无才是君子，有才无德是小人，德才兼备是英才。教师是人类灵魂的工程师，是学生的引路人，理应把德才兼备作为追求的目标，而师德又必须放在首位。有人说：“道德常常能弥补智慧的缺陷，智慧却永远填补不了道德的空白。”我们全体干部、教师、学生要通情达理，做大气之人。大气是成功的基石。

我们要认真学习碧桂园连锁学校的各种规章制度，如《五邑碧桂园中英文学校干部约法八章》《五邑碧桂园中英文学校教师纪律十条》《五邑碧桂园中英文学校教师文明礼貌十条》等，使自己能很快地适应碧桂园连锁学校发展的要求。

同时，我们还要认真学习国家的法律法规，如《中华人民共和国义务教育法》《中华人民共和国教师法》《中小学教师职业道德规范》等。做到知法守法，依法办学，依法执教。

要爱岗敬业，关心爱护每一个学生。尤其是善待后进生和特殊生。坚持正面引导，严禁体罚或变相体罚学生（高压线，不能碰）。

要洁身自爱，不接受家长的红包和宴请，不委托家长购物，不和家长有经济往来。不从事第二职业。

要团结同事，与人为善，懂得合作，乐于奉献，形成良性的竞争氛围。不拉帮结派，不说长道短，不搬弄是非。

要树立正气，作风正派。著名作家魏巍有一副诗联："天地有正气，江山无夕阳。"校监会的领导也多次引用它来教育碧桂园的干部教师。民间还有这样一副对联："静坐常思己过，闲谈莫论人非。"要为人师表，注意言行，当好学生的表率。我愿意与大家共勉。

夸美纽斯说过："凡是在知识上有进展而在道德上没有进展的人，那便不是进步而是退步。"希望在新的学期里，全体老师在师德修养方面能够不断进步。

2. 练好内功，提高业务能力

"业精于勤，荒于嬉。行成于思，毁于随。"业务能力是教师的立足之本。只有虚心学习，不断历练，才能使自己永远立于不败之地。

教师要扎扎实实开展基本功训练。普通话、三笔字（尤其是粉笔字）要过关，要熟练掌握和使用现代化教学手段，要不断提高教学设计和驾驭课堂的能力，要掌握一定的英语通识。

要积极参加教科研活动。在教师的各种能力中，教育科研能力是一种最高能力，也是教师素质提高的最好体现。提高教育科研能力，教师要勤学理论，强化科研意识。教育科研必须要依靠科学的理论进行指导，学习内容应包括教育科学理论、各地成功的教改经验、教科研方法、学科理论等。学习形式要多样化，学校也将积极创造条件，“请进来，走出去”。在学习中应做到三个结合：集体学习与个人学习结合；专家辅导与小组研讨相结合；广泛学习与围绕专题学习相结合。各个教研组要采取多种措施，保证学习的有效性。

为了提升教师的综合素养，我建议大家多读书，读好书。“腹有诗书气自华。”以色列人为什么能涌现出那么多的精英人才？其中一个重要的原因，就是他们这个民族热爱读书。据中国出版科学研究所第四次“全国国民阅读调查”统计，以色列人平均每人每年读书为64本，而中国平均每人每年读书不足5本，差距显而易见。因此，我们要大力营造书香校园，要从老师自身开始崇尚读书。

3. 完善制度，提高管理实效

一所学校要想实现稳定持续的发展，必须建立一套科学、合理的规章制度，做到制度面前人人平等。本学期，学校将着重完善以下几项制度：

会议制度：每周一晚各部门召开教师例会。每周五上午召开学校行政会。年级组和教研组每周召开一次组内会议。

培训制度：教师每周进行一次专业培训，其中英语培训和电脑培训可交替进行。具体时间由各部门根据实际情况自定。

考勤制度：严格执行《五邑碧桂园中英文学校有关教师考勤的基本规定》。各年级组要设立教师签到表，做好考勤记录。

请假制度：每次病假或事假3天以内的，有关老师填写请假条，由主任批准后呈报校长（幼儿园呈报园长）；3天以上的，报学校校长审批。婚嫁、丧假、产假，按连锁学校有关规定处理。

考核制度：学校将进一步完善教师考核机制，推进工资改革，最终实现多劳多得、优质优酬。

物品管理制度：学校办公用品的申购、领用，校车、仓库、食堂、生活区等的管理要规范，做到物尽其用，杜绝浪费。

安全问责制度：要建立五邑碧桂园中英文学校安全事故问责制，增强广大师生的安全意识，保障学生在校安全。做到防微杜渐，共同打造平安校园。

除了以上列举的制度外，各教学实体和职能部门，还要结合各自的工作特点，制订并完善各项规章制度。做到有章可循，有章必依，违章必究。

4. 五个“留人”，提高幸福指数

所谓五个“留人”，就是教育思想留人、改革创新留人、情感关怀留人、福利待遇留人和主人地位留人。然而，比“留人”更重要的是“留心”。我觉得作为一名碧桂园的教师，应该有一种归属感、幸福感、自豪感和使命感。

8月22日，碧桂园集团董事局主席杨国强先生在百忙中给连锁学校的干部们讲话。他再次表达了自己心中的一个梦想，那就是在全国的每一个省会城市都能办一所一流的双语国际学校，让那些想出国留学的孩子有一个很好的条件。希望我们为了民族的复兴、国家的强盛，努力提升自己的素质，提高业务水平，做一个了不起的教育者。他还说，他不靠学校赚钱，只要学校办得好，老师工资比公办学校高出两三倍，他也愿意。在当今物欲横流的社会，有杨总这样矢志办学、回报社会的老板，让我们肃然起敬。

当然，什么是幸福？每个人都有不同的理解。我想，最高境界还应该是内心的宁静与和谐。只有摒弃浮躁，守住内心的宁静，才能真正提高幸福的指数。我希望我们每一位老师都能真正体会到职业的幸福而不是倦怠，都能焕发出满腔的激情而不是意志消沉，都能对未来充满信心而不是迷茫。要做一个快乐的老师。我们不仅自己要快乐，还要把这种快乐的情绪传递给学生，让孩子们感受到在学校上学读书的乐趣。

二、坚持把德育工作放在首位，体现“渗透力”

德育工作要以“学会做人，学会做事”为核心，以良好习惯的培养为主线，以公民教育、礼仪教育、感恩教育、诚信教育、心理健康教育和安全教育为系列，校风、教风、学风互为一体，学校、家庭、社会形成网络，要构建具有我校特色的德育品牌。

春风化雨，润物无声。德育工作要以主题系列教育活动为主要形式，坚持“在活动中体验，在体验中成长”。避免空洞说教。要在各个学科、各个领域加以渗透，达到潜移默化的效果。

1. 培养良好习惯，促进终身发展

幼儿园要注重在生活中进行习惯养成的渗透和体验。中小学要以新颁布的《中小学生守则》《中小学生日常行为规范》为主要内容，建立健全学生学习、生活的规范体系，使教育规范化、序列化、细目化。同时结合部门的实际，重点培养以下良好习惯。

生活习惯——要求“自己的事自己做，自己的事自己能做好”。培养生活自理能力；饭前、便后、游戏后要洗手；吃饭安静、节约、卫生；按时午睡，不影响他人休息；衣着整洁；节假日生活安排科学合理有规律；物品摆放整齐、有序。

行为习惯——强调“遵守秩序，讲究公德”。要求学生见到老师和客人主动问好；乘车排队、安静、有序，在校车上讲文明，有安全意识；上下楼梯轻声慢步靠右行，懂谦让；爱护校园环境，看见垃圾能主动捡起；课间活动时不在走廊上追逐打闹、大声吼叫。

学习习惯——强调“乐学，勤学，会学”，做学习的主人。低年级的同学，要求做到上课前先准备好学习用品；回答问题声音洪亮、大方得体；读书、握笔姿势正确；作业书写字迹工整；等等。对中高年级的同学还应增加自主学习、专心听讲、积极思考、不懂就问、学前预习、及时复习等六项要求。

班主任要充分利用各种教育时机，强化养成教育，抓好各项常规。要在“细”与“实”上下功夫，杜绝流于形式，真正做到“要求明确、指导具体，强化训练、典型引路，全面配合、坚持不懈”。各班要召开一次“良好习惯伴我行”主题班队会，出一期相关的主题黑板报。

2. 确定每月主题，开展系列活动

九月份：文明礼仪教育。利用江门市“创文”契机，树文明之风，促礼仪规范。幼儿园要开展文明有礼的早接活动，中小学分别成立文明礼仪小分队，在校园内进行示范和引导。各班要对学生进行文明礼仪的专项训练，并召开主题班队会。要利用教师节开展尊师重教活动。九月底评选“文明礼仪小标兵”。

十月份：感恩教育。“百善孝为先。”孝敬父母，懂得感恩是当今社会需要大力倡导的良好风尚。幼儿园可根据孩子的年龄特点，开展“我爱爸爸妈妈”等活动；中小学可利用国庆长假，开展“孝心献父母，今天我当家”活动。要开展相关的演讲和征文比赛活动。

十一月份：诚信教育。孔子云：“人而无信，不知其可也。”诚信是中华民族的传统美德，也是广东省现代公民教育四个主要内容（爱国、守法、诚信、知礼）之一，需要大力弘扬。德育处要编印《诚信教育读本》，组织学习，做到人人知诚信，人人讲诚信。要开展诚信签名活动，小学高年级可利用单元检测设立“诚信考场”，进行“无人监考”的尝试。

十二月份：安全教育。要引导学生懂得珍惜生命、热爱生命。要开展消防、地震和紧急疏散的演练活动。

3. 开展心理健康教育，塑造阳光心灵

良好的心理素质是人的全面素质中的重要组成部分。全面提高学生的心理素质和心理品质是适应学生自身发展的需要，也是教育改革深入发展的需要。班主任要高度重视学生的心理健康教育，要为本班学生建立心理档案。

本学期学校将着手筹建心理咨询室，并面向全体学生征集心理咨询室的名称和徽标。心理咨询室建立后要定期向学生开放。

要在小学高年级和初一年级开展青春期讲座活动。

班主任老师要积极参加心理健康教育资格的培训。希望在我校涌现更多的兼职乃至专职的心理咨询员。

4. 重视团队建设，打造德育窗口

小学要成立少先队大队部，初一年级要成立团支部。要吸收优秀的青少年加入团队组织，团队干部要竞聘上岗。

团队要承担起升旗仪式、常规检查、广播电视台等活动任务。要组织开展学生喜闻乐见的文体活动。

团队由小学德育处统管。要把团队建设成学校德育工作一个亮丽的窗口。

5. 加强多元合作，构建德育网络

加强学校教育与家庭教育的沟通，建立校外实践活动基地，着手研究形成校外实践活动的课程体系；高年级本学期可以探索将部分综合实践课程和班、团、队课转移到校外的企业、公司去上，充分运用学生家庭的资源，做好学校的工作。让学生更好地了解社会，同时也加强家校联系，起到宣传学校的效果。

本学期学校将成立第二届家长委员会，引导家长参与学校工作，为学校的发展献计献策。

三、全面提升教学质量，增强“竞争力”

教学质量是学校发展的生命线。各学科要全面实施素质教育，不断深化教学改革，探索“负担轻，质量高”教学模式，加强“有效教学”的研究。在教学中要以人为本，突出学生的主体地位，注重差异，重视“三维目标”的培养，挖掘学生的创造潜能。教师要善于分析教材、分析学生、分析教法与学法，注重教学智慧的积累，提高自身驾驭课堂的能力，实现课堂教学的有效互动。教师要关注学生学习方法的形成，在课堂教学中提供丰富的学习经历，增强学生的学习体验，培养学生自主、合作、探究的学习方法。

1. 落实六个“认真”，抓好教学常规

（1）认真备课。坚持“个人领悟、集体研究、把握重点、整合资源”的原则，制订符合新课程理念的课时计划。（2）认真上课。坚持“体现自主、创设情境、引导探究、注重能力”的原则，教师的教学方式要有效引起学生学习方式的转变。（3）认真练习。坚持“夯实基础、层次清晰、难度适宜、有效训练”的原则，让学生联系实际，有效迁移。（4）认真辅导。坚持“细致耐心、因人而异、及时反馈、科学有效”的原则，让学生在不同程度上有所进步。（5）认真批改。坚持“及时批改、批改结合、评语恰当、讲评到位”的原则。（6）认真评价。坚持“主体多元、形式多样、改进教学、促进发展”的原则，有利于学生个性特长得到发挥。

小学部制定了《教师教学常规30条》。希望继续以此作为准绳，进一步规范课堂教学。

2. 重视教学反思，丰富教学智慧

教学反思是教师专业发展和自我成长的核心因素。要求教师的教学后记要体现反思的力度，善于从课堂上教与学的生命律动中挖掘亮点、寻找瑕疵，从更高层次思考自己的教学行为，改进教学策略。教学反思就是，发起于个人钻研，升华于个人反思的集体备课，使教师始终与思考为伴，不断更新教学观念，丰富教学智慧，提升专业水平。学校计划通过一年的推进教学反思工作后，着手征集和编印优秀的教学反思。

3. 加强课堂教学研究，提高课堂教学质量

我们知道，一套好的教学方案，只是一个美好的蓝图，只有落实到课堂教学中，才能变成鲜活的、富有生机与活力的课程。我们要以教学展示为载体，大力开展“有效教学”的研究活动，促进教师间互相学习、深入研究、共同交流，从而提高课堂教学质量。

本学期，从第二周开始进行随堂课展示活动，到第五周结束，所有老师都要上一节展示课。让教师们在听、评随堂课的过程中，从不同角度观察、了解课堂教学效果，理性分析教学现状，开阔教学思路，调整教学方法，一起探讨如何把新的理念融入教学之中，让课堂焕发出生命的活力，充满智慧和挑战。

本学期，碧桂园连锁学校将开展大型教学交流活动。初定第10周开展数学交流，由凤凰城中英文学校承办；第12周开展英语交流，由长沙威尼斯中英文学校承办；第15周开展语文交流，由华南碧桂园学校承办。我校每个学科将分别选派一名骨干老师参加。希望借这次连锁学校的教学交流活动，促进我校学科教学的整体提升。

4. 开展教学科研，促进教师专业成长

教学管理要构建适合于本校现状而富有实效的校本教科研体系，将教学科研与教师的教学工作紧密结合，真正让先进的教科研理念和成果应用于教学，并在教学中得到验证和发展，让教师在参与教科研活动中深切感受到它的作用。江门市蓬江区教育局提出把“着力推进新课改，加强有效教学研究”作为全区的研究课题，我校要积极响应。同时，我校还确立了自己的课题——五邑碧桂园中英文学校打造双语书香校园的探索与实践研究，共分两个子课题，一个是“五邑碧桂园中英文学校英语环境建设的探索与实践研究”，一个是“五邑碧桂园中英文学校经典文化传承的探索与实践研究”。这两个子课题的研究要延续下去。课题的研究周期为两年（2010年9月至2012年9月），希望届时能顺利结题。

四、用心营建英语特色，扩大“影响力”

什么叫特色？就是说，大家都在做，做得好才叫特色。形成特色了，才有影响力。杨总曾用简单的语言描述过英语教育目标：“学生的英语能力要做到与外国人对答如流。”为了实现这个目标，本学期在英语方面主要做好以下几方面的工作。

1. 进一步提高英语学科的教学质量

幼儿园要注重幼儿早期语言潜能的挖掘，要把英语和幼儿的日常生活紧密结合，做到母语和英语的同步发展。中小学要认真学习并全面实施《全日制义务教育英语课程标准》（修订稿），研究制订我校英语教育中长期奋斗目标，实施目标管理。我校的英语教学质量在江门市蓬江区要处于领先地位。要全面提高学生的英语水平，尤其是英语口语的水平。

2. 营造浓郁的英语环境

一方面，要在校园里创建随处可见、随时可听的外部英语环境。另一方面，要通过开展各种活动，营造“浸泡式”内部英语环境。如每日英语通关、英语歌曲与英文故事、“快乐英语秀”“英语沙龙”“英语手抄报”“英语文化节”系列活动等。要鼓励学生大胆讲英语，最好让孩子晚上说梦话都讲英语。

3. 要重视培优补差工作

要制订具体的培优补差计划。尖子生往往代表着某种高度。英语老师要有意识地培养一批尖子生，让他们在各类英语活动和竞赛中崭露头角，为班级争光，为学校争光。与此同时，要利用一切可以利用的时间对英语后进生或中途转来从未学过英语的学生进行补差，让他们尽快迎头赶上。

4. 加强老师的英语培训

杨总曾提出要让学校扫地的阿姨都会讲英语。可见他对英语的重视程度。作为碧桂园的老师，要有国际的视野，要适应形势发展的需要，因此必须进行英语的培训。教学处要制订具体的培训方案，英语老师进行专业培训，非英语老师进行通识培训。

五、注重因材施教与个性发展，激发“内驱力”

因材施教不仅体现在课堂教学中，还体现在为学生提供个性发展的空间。有人说：“教育者永远无法和孩子一起跑到他人生的终点，因此，最好的选择是站在看台上，为孩子呐喊助威，起到拉拉队的作用。”我相信，我们的呐喊声一定能激发出孩子们的内驱力。

本学期，我们要进行特色课程的研发，让孩子们自主选择兴趣班活动，如乐器、手工、电子小报、电脑绘画、毛笔书法、水彩、剪纸、中国象棋、羽毛球、武术、乒乓球、舞蹈、游泳等。要成立相关专业队，有计划地培养尖子生并参加校外竞赛，力争取得好成绩。

幼儿园继续开展蒙氏教学和奥尔夫活动，继续开展幼儿早操比赛和特色体能观摩活动，树立“体智德美”全面发展的理念。

中小学要继续抓好学生的阅读习惯培养，引导学生“多读书、读好书”。幼儿园开展亲子读书计划，让书香阅读走进幼儿的家庭。中小学开展“阅读经典，润泽人生”活动，让每一个孩子都学会“聆听、观察、阅读、思考”。

学校“蕙风”文学社要继续开展活动。

各年级组要轮流举办学生“才艺展示”和“欢乐周末”活动，丰富学生的校园生活，为学生提供展示的舞台。

十月中下旬，举行家长开放日活动。

十一月下旬，召开“我爱阳光”亲子运动会。

元旦前夕，举办全校性迎新文艺演出活动。

六、抓好总务后勤及工会工作，提供“保障力”

新的学期，总务后勤要全面提升服务质量，为全校师生提供优质服务，为一线教学提供有力的保障。主要工作有：

1. 校车接送及管理工作

开学前要做好中、小、幼学生的接送用车安排。新增的接送线路要确定准确的接送地点。做好司机以及跟车老师的岗位培训，以确保安全、优质地完成每一次接送服务。校车的管理和使用要规范，教师用车要填写用车单，经总务审核，校长审批。

2. 食堂工作

加强从业人员岗位技能及文明礼貌培训，严格遵守《中华人民共和国食品卫生法》等有关法律法规，严防卫生事故。定期检查天然气管道，检查厨具安全，严格按照卫生标准流程操作，认真做好卫生消毒、防鼠、防蝇等工作，做好食物的留样和储存，为师生提供优质安全的餐饮环境。完善膳食工作会议制度，不断改进食堂工作，提高膳食质量水平；物资、食品、蔬菜的采购要保证质量，但也要控制成本。

3. 卫生保健工作

继续做好医务室常规工作和秋冬季传染病的预防工作，掌握常见病、多发病的知识及诊治，不断提高业务素质和综合服务能力，做到思想重视，业务精通，服务到位。定期对全校各功能科室进行卫生消毒，为师生提供优质校园卫生环境。完善“广东省中小学健康体检数据管理系统”的有关数据的采集。做好卫生教育、卫生监督、医务监督、学生健康检查、幼儿园晨检、传染病上报制度和安全卫生大检查等各项工作。

4. 安全保卫工作

保安作为学校窗口的工作人员，要坚持仪表整洁，言谈举止文明有礼，接待来客热情周到，主动向家长和学生问好，树立良好形象，注意保持校门口的畅通和整洁。门岗保安要严格执行来访登记制度、门卫站岗制度，发现可疑人员立即上报，杜绝校园暴力事故的发生。加强对小学、幼儿园上学、放学时间的安全保卫工作。加强夜班的巡逻，做好学校及师生宿舍的安全保卫工作。认真检查学生出入卡，协助学校做好校车接送工作，确保学生出入的安全。

5. 仓库管理工作

全面跟进上学期的物品申购计划，落实各部门的物品到位情况，确保新学年的教学、生活秩序正常；仓管人员要接受专业技能培训，熟练掌握管理系统的操作，实物管理要更为科学、有序和规范；树立主人翁意识和节约意识，做到物品不积压不浪费，并做好防潮、防霉、防盗、防火、防蛀等工作；严格按照制度办事，做好入、出库手续，确保账物相符；每个学期进行两次校产登记及使用情况检查；协助财务人员完成食堂成本核算及其他费用核算；跟进学校各部门的物品申购计划。

6. 工会工作

工会组织要关心教职工生活，认真抓好依法维护教职工合法权益和特殊利益的工作，为教职工办好事、办实事。调动和发挥广大教职工的积极性、创造性，为学校建设努力做出贡献。要酝酿成立教代会，充分发挥教代会体现民意、集中民智、凝聚人心、促进和谐的载体作用。进一步发挥工会组织的特色优势，大力开展教职工喜闻乐见的各类文体活动，不断丰富教职工的精神文明生活，倡导教职工利用业余时间积极锻炼身体。认真组织好教师节、国庆节等庆祝活动。进一步加强工会组织自身的建设，努力把学校工会真正建设成为教职工信赖和欢迎的“教工之家”。

虽然我们的学校现在规模还不大，但我们要志存高远，要把五邑碧桂园中英文学校办成精品学校和“奢侈品”学校。有人说我们学校是五邑地区最贵的学校，我说，我们要努力成为五邑地区最好的学校。

沟通·和谐·发展

——2013学年度第一学期家长开放日讲话稿

春华秋实，岁月峥嵘，不知不觉五邑碧桂园中英文学校已迈进了第五个年头。在广大家长和社会各界人士的关心与支持下，学校不断发展壮大。截至目前，全校学生总数已接近700人，其中幼儿园近320人，小学部近300人，初中部近80人，小学一年级学位已经爆满。

经过几年来的拼搏和积累，我校取得了可喜的成绩。我校幼儿园现为江门市一级幼儿园，且连续三年被评为蓬江区民办教育机构年检优秀单位。中小学先后成功举办了广东省剑桥英语考官培训，中央电视台“希望之星”英语风采大赛江门市选拔赛，蓬江区中小学艺术节，蓬江区中小学德育工作现场会等多项大型活动。在“创建广东省推进教育现代化先进区”活动中，我校荣获蓬江区先进单位。今年的9月10日教师节，江门市委副书记、市长庞国梅等领导莅临我校，对我校教师进行了亲切慰问，对学校的发展给予了高度评价，并勉励我校要乘势而上，相信我校有实力打造成江门市“民办教育的典范”。

成绩只能代表过去，而今迈步从头越。2013—2014学年度是我校走向快速发展的关键时期。为此我们提出，本学年度的工作重点是，继续探索以“成功教师、成功学生、成功家长”为培养目标的“成功”教育，争创以“优美环境、优质教育、优良服务”为发展内涵的“三优”学校，努力打造具有一定影响力的特色品牌，以优异的成绩向建校五周年献礼。

其中，重点要做好以下四个方面的工作。

一、全面实施素质教育，推进“六大特色”工程，打造优质的教育品牌

素质教育是以人为本的重要体现。学校有特色，学生有特长，也是基础教育发展的必然趋势。为此，我校牢固树立“文化引领、特色立校、特色强校、特色兴校”的办学思路，强力推进“六大特色”工程。

特色之一：坚持德育为首。

我校的德育工作以“学会做人，学会做事”为核心，以良好习惯的培养为主线，以主题系列教育为主要形式，开展丰富多样的德育活动，春风化雨，润物无声，让孩子们“在活动中体验，在体验中成长”。并根据学校的实际情况，每月开展一项主题教育，同时评选每月的“成功之星”。

九月份：文明礼仪教育。大力推广“你好、请、谢谢、对不起、再见”这十字文明用语；从细节入手，强化学生良好的行为习惯、学习习惯和生活习惯。

十月份：感恩教育。利用国庆长假，开展了“孝心献父母，今天我当家”活动。

十一月份：诚信教育。组织学习校本教材《五邑碧桂园中英文学校诚信教育读本》，做到“人人知诚信，人人讲诚信”。

十二月份：安全教育。组织观看安全教育视频；举办安全教育讲座，特别是女生防止性骚扰教育；开展紧急疏散的演练活动。

此外，学校高度重视心理健康教育，促进学生身心的和谐发展。

特色之二：营造书香校园。

“腹有诗书气自华。”“一个人的精神发育史就是一个人的阅读史。”我校积极引导学生要无限相信书籍的力量，让浓浓的书香润泽孩子们的生命成长。

各年级认真上好每周一节的经典诵读课。每天课间操后各班坚持进行“每日金句”的展示。每天下午上课前和晚饭后有专门的读书时间，班级图书角、学校图书室、电子阅览区、自助阅览区按时向学生开放。

语文组还着手编印了传统国学校本教材，从一年级到九年级共计7本、32

万字的国学经典教材，其中包括《三字经》《弟子规》《千字文》《论语》《增广贤文》等国学典籍及上百首（篇）诗词歌赋、上千句醒世名言。

特色之三：凸显英语优势。

我校是中英文学校，从幼儿园开始即开设英语课。学校除了使用江门本地的《开心学英语》教材外，还同时使用英国版的《剑桥少儿英语》。每年组织学生参加剑桥考级，目前已有300多人次拿到了英国剑桥大学颁发的国际承认的考级证书，而且我校现已成为江门地区为数不多的剑桥英语考点之一。

学校聘请专业的外籍教师担任口语教学，鼓励学生大胆开口说英语，用英语。英语学科采用全英语教学，非英语学科的日常用语也尽可能使用英语。通过举办每日英语、每周通关、英语快乐购、英语快乐秀、英语文化节、英语日等丰富多彩的活动，创设“浸泡式”英语环境。

特色之四：发展个性特长。

艺术体育是学生发挥个性特长的重要舞台，也是促进身心健康、为幸福人生奠基的重要方面。为了更好地发展个性特长，学校认真实施“五个一”计划，即：每个学生至少掌握一样健身的本领，至少学会一门乐器，至少懂得欣赏一种艺术，至少参加一个小社团，至少上台表演一次。

本学期继续推进游泳、武术、书法、器乐、象棋等特色课程，丰富孩子们的校园生活。

11月2日、3日，蓬江区第九届艺术节在我校隆重举行。我校叶紫同学荣获小学组乐器比赛一等奖，邱文思同学荣获小学组声乐比赛二等奖。本学期，我校还将举行每年一度的体育节盛会，期待同学们届时能给各位家长带来新的惊喜。

特色之五：培养动手能力。

动手能力是创新的起点，也是素质教育的重要体现之一。学校为学生提供各种机会，培养学生组织活动的能力和动手操作的能力。升旗仪式、文艺演出、年级集会等大型活动，都由学生轮流主持。科学课、生物课、物理课、化学课，让同学们自己动手参与各种实验操作。

德育处结合实际情况，组织开展了形式多样的社会实践活动，如周末郊游踏青，到社区义务演出，到敬老院慰问老人等。

特色之六：开拓国际视野。

为培养未来的国际化人才，我校通过多种途径开拓学生的国际视野。今年暑假再次组织了美国夏令营活动，活动期间，孩子们住进美国家庭，领略地道的美国文化，体验“读万卷书，行万里路”的快乐。本学期，英语组还将开展新西兰英语文化节。如果条件允许的话，学校还计划利用寒假开展澳洲冬令营活动。

二、进一步深化教学改革，提高课堂实效，力争首届初三中考一炮打响

教学是学校的中心工作，教学质量是学校发展的生命线。我校虽然是民办学校，但与其他公办学校一样，要参加教育部门组织的中考、小考和各类检测。本学年度，主要采取以下措施确保教学成绩的提高。

1. 狠抓教学常规，认真把好教学“六关”

所谓教学“六关”是指：认真备课，认真上课，认真练习，认真辅导，认真批改和认真评价。中小学各教研组每月至少进行一次教学的常规检查，老师们全员参与，互相学习，共同提高。

各教研组每月进行一次学科检测，随时掌握学生的学业状况。充分发挥小班制教学的优势，实行动态跟踪，做好培优和辅差的工作。

2. 积极探索高效课堂，切实提高学科成绩

中小学各教研组认真钻研新课标，研究新教法，学习新理念。积极参加校内外教研活动，开展课题研究，通过观摩课、比武课、推门课、新教师见面课等多种形式，互相学习，共同提高。努力打造高效课堂，探索“负担轻，质量高”的教学模式，使学生乐学、爱学、会学。

3. 以中考为龙头，打造成功的“出海口”

明年我校将迎来首届初三毕业班。为了便于管理，提高效率，本学期学校将初中与小学分离出来，单独成为一个部门。初中部全体老师正全力以赴，力争一炮打响。

初中部在教学中坚持做到“四清”，即堂堂清、天天清、周周清、月月清。对学生实行“导师制”管理，合理地分配人力资源，追求实效，充分体现

我校超强的“加工”能力。

三、搞好后勤服务，构建平安校园，提高师生的幸福指数

为广大师生和家长提供优良的服务和保障，是我校总务后勤部门的神圣职责。目前我校拥有教辅及后勤员工共计40余人，涉及衣食住行等方方面面。学校对后勤员工进行专业的培训，制定完善的制度，并提出严格的纪律要求。

1. 保安工作

保安是学校安全的第一道防线，要一丝不苟地站好岗，放好哨，看好门，把好关。保安要以整齐的着装，热情的态度，规范的礼节赢得家长、来宾的赞许。

2. 校车工作

校车接送始终把安全放在首位，学校与校车司机签订了相关的安全责任书。跟车老师要全程维护好行车秩序，并与家长搞好交接。

3. 食堂工作

民以食为天。食堂的膳食关系到广大师生的身体健康，学校对此高度重视，定期召开膳食会议，不断改进工作。学校食堂向师生做出三点承诺：第一，保证食品的卫生安全。严把食品安全关，由碧桂园连锁学校采购部统一采购食品原料，若食品原料不合要求则坚决予以退货。为此学校在食堂仓库安装了摄像头，对食品原料的验收进行全程监控。食堂对所有食品坚持72小时留样。第二，保证营养的均衡。由营养师进行膳食的配置，做到膳食结构合理，搭配均衡，并提前一周公布菜谱。第三，保证饭菜数量的充足，让学生吃饱肚子。现在高年级的学生实行网上订餐，选择自己喜欢的菜式。饭菜不够，可以随时添加。此外，食堂每餐还额外准备了一些辣椒、蒸蛋等加菜，供学生选择，每月还开设一次自助餐，让孩子们吃饱、吃好。

本学期，中小学德育处联合开展了“光盘”行动，一来培养学生勤俭节约的良好品质，二来可以让孩子改掉挑食的习惯。此项活动也得到了家长们的广泛支持与配合，效果显著。当然，在具体操作的过程中我们也会不断处理好细节，稳妥推进，把好事办好。

4. 宿舍区工作

宿舍区是学校的大后方，生活指导老师要为孩子们提供贴心的服务，让孩子们有一个舒心的休息场所。同时，还要培养学生良好的生活习惯和自理能力，要把宿舍区建成孩子们第二个温馨的家。

四、练好内功，建设一支师德高尚、业务精良的专业化教师队伍

我校教师一部分从碧桂园连锁学校抽调，一部分面向全国招聘。中小学目前共有一线教师80多名，其中不乏全国优秀班主任和省、市、区级骨干教师。

“碧桂园人要为中国的教育事业树立光辉典范！”这是碧桂园教师矢志不渝的追求。“师德高尚，业务精良，特别能吃苦，特别能战斗，特别讲团结，特别讲奉献，不接受家长宴请，不接受家长红包，不委托家长购物。”这是碧桂园教师的光荣传统。“用我们的爱心和操心换取家长的放心，用我们的辛勤付出换取孩子的点滴进步。”这是我校教师的庄重承诺。

为了调动教师的积极性，学校除了不断提高工资待遇外，还制定了科学的评价策略，从“学生喜爱，家长满意，领导放心，同行敬佩，自我认同”这五个维度来评价教师。每学期开学初，学校都要进行师德培训和新教师的岗位培训。每周星期一晚召开全体教师工作会议。通过举办教师论坛、艺术欣赏活动、三笔字比赛、德育经验交流会、教学经验交流会，评选学科带头人，邀请专家讲座，外出培训学习等途径，不断提高教师素质。

为了稳定教师队伍，学校推出了“五个留人”的政策，即：教育思想留人，改革创新留人，福利待遇留人，情感关怀留人和主人地位留人。

尊敬的各位家长，父母是孩子的第一任老师。教育孩子需要学校、家庭和社会的共同担当。今天我们将邀请部分家长代表上台发言，分享一下自己的育儿心得，希望对大家有所启发。也正因如此，我们将本次家长开放日的主题定为“沟通·和谐·发展”。相信通过真诚的交流和沟通，一定能增进彼此的友情，创建和谐的育人环境，促进学校的健康发展，让五邑碧桂园中英文学校真正成为孩子们的智慧学园、成长乐园和幸福家园！

好风凭借力，扬帆正当时

五邑碧桂园中英文学校已走过五年的历程。五年对一所学校来说才刚刚起步，我们无暇感慨和回味，也来不及等待和沉醉。唯有拒绝平庸，追求卓越，才能破茧成蝶，书写辉煌。为此，我们提出第二个五年规划的整体目标：倾力打造特色品牌，把五邑碧桂园中英文学校办成五邑地区最有影响力的学校。

一、提升理念的影响力：做到以人为本，与时俱进，全面推行素质教育

什么是素质教育？

按照国家教委原主任朱开轩先生的说法："素质教育从本质上说，是以提高全民族素质为宗旨的教育。素质教育是为实现教育方针规定的目标，着眼于受教育者群体和社会长远发展的要求，以面向全体学生、全面提高学生的基本素质为根本目的，以注重开发受教育者的潜能、促进受教育者德智体诸方面生动活泼地发展为基本特征的教育。也就是说，素质教育要面向全体学生，而不是面向少数学生，要促进学生全面发展，而不是单纯应付考试，要培养学生的自主学习能力和自我发展能力，而不是让学生被动地、机械地接受知识。"

《中共中央国务院关于深化教育改革全面推进素质教育的决定》指出："实施素质教育，就是全面贯彻党的教育方针，以提高国民素质为根本宗旨，以培养学生的创新精神和实践能力为重点，造就'有理想、有道德、有文化、有纪律'的、德智体美等全面发展的社会主义事业建设者和接班人。全面推进素质教育，要面向现代化、面向世界、面向未来，使受教育者坚持学习科学文化与加强思想修养的统一，坚持学习书本知识与投身社会实践的统一，坚持

实现自身价值与服务祖国人民的统一，坚持树立远大理想与进行艰苦奋斗的统一。全面推进素质教育，要坚持面向全体学生，为学生的全面发展创造相应的条件，依法保障适龄儿童和青少年学习的基本权利，尊重学生身心发展特点和教育规律，使学生生动活泼、积极主动地得到发展。”

联合国教科文组织的专家则认为，素质教育的目的是培养具有高素质的现代人。而现代人应该具有以下三个层次的基本素质：其一，从基础层次上，要具有健康的体能和情感，要具有学习技能、外语技能、交流与交际技能，还要具有终身学习的能力，批判与综合思维能力，发现、应变与解决问题能力，团队工作和国际理解与合作能力；其二，从智力层次上，要学会和善于收集、整理与利用信息，知识面要宽，适应性要强，更要具有利用技能、能力和知识解决实际问题的智慧；其三，从伦理道德层次上，要有正确的人生方向、精神力量和道德勇气。

就我校来说，素质教育的目标是“培养具有中国灵魂、国际视野和独特个性的未来成功人士”。

那么，如何实施素质教育？

近年来，我校着力打造“六大育人特色”工程，推出了全新的素质课程，这些正是落实素质教育的具体体现，本学期要继续坚持，毫不松懈。

1. 继续打造“六大育人特色”工程

特色之一：坚持德育为首。

德育工作要以“学会做人，学会做事”为核心，以良好习惯的培养为主线，以主题系列教育为主要形式，开展丰富多样的德育活动，春风化雨，润物无声，让孩子们“在活动中体验，在体验中成长”，争做“小绅士”、“小淑女”和“国际小公民”。

各部门可根据学生的年龄特点制定相应的德育主题活动。

例如，幼儿园可重点进行文明就餐、良好生活规律、生活中的基本礼仪、自己背书包、自我保护意识、课堂注意力等方面的教育。

小学部可在德育处和少先队大队的组织下开展丰富的主题活动，狠抓一日常规，培养学生良好的行为习惯、生活习惯和学习习惯。结合传统节日和重大活动分别进行养成教育、生命安全教育、心理健康教育、感恩教育、诚信教育等主题系列教育活动。

初中部可充分发挥团委学生会的作用，开展“六自”教育（即自尊、自爱、自强、自信、自理、自律），培养学生自我管理的能力。认真落实好“导师制”，开展好青春期心理健康教育，强化课堂常规、课间活动和宿舍区管理，营造良好的学风、校风。

特色之二：营造书香校园。

上学期末，学校图书馆新增了一批图书。要充分发挥这些书籍的作用，无限相信书籍的力量，在师生中大力倡导“多读书、读好书、好读书”。

每年的4月23日为世界读书日。本学期各部门要围绕世界读书日开展相关活动，评选“小藏书家”和“读书大王”，在全校掀起一股读书的热潮。

特色之三：凸显英语优势。

各部门要立足于中英文学校的优势，大力营造“浸泡式”英语环境。尤其是要高度重视英语的运用，训练学生的口语表达能力，引导学生在校园、在家里、在校外都能大胆自如地说英语。

幼儿园可通过全方位语言环境，让幼儿自然习得英语。通过各类英语展示及西方节日活动提高幼儿的口语表达能力。同时，不断提升幼儿园教师的英语水平，做到“幼儿教师英语化，英语教师幼儿化”。

小学部要不断丰富、完善“英语日”的活动内容，每月评选“英语小明星”。继续坚持开展常规性英语活动，如每日英语、每周通关、英语快乐购、英语快乐秀、英语文化节等。本学期继续举办“美国文化节”，包括学唱美国歌曲，了解美国政治、经济、文化、宗教、风俗民情和生活点滴，创作“美国文化节”英语手抄报，开展“我向家人介绍美国”活动等。认真做好2015年3月的剑桥考级备战工作，制订各年级的考级目标和培训计划，合理安排剑桥考试的各项培训，确保本学期的剑桥考试再创佳绩！

初中部要在英语教材的使用上进行积极探索，科学合理地使用好剑桥英语。要通过英语演讲比赛等途径，培养一批英语口语的尖子生。

特色之四：发展个性特长。

幼儿园要注意尊重幼儿的天性，因势利导培养幼儿的兴趣与好奇心。积极开展三浴锻炼，要在区域活动中多给孩子选择的权利。

中小学要继续认真落实“五个一”，即：每个学生至少掌握一样健身的本领，至少学会一门乐器，至少懂得欣赏一种艺术，至少参加一个小社团，至少上台表演一次。

本学期，根据区教育局政体股领导的口头承诺，计划在“江门文化城”为我校师生举办一次书画摄影展，希望各部门早做准备。

“六一”前夕，建议中小学开展“年度十大明星学生”的评选活动。届时可参照“感动中国”年度人物颁奖典礼的思路，举办一次隆重而热烈的颁奖活动。

特色之五：启发创新潜能。

创新是时代的要求。现代教育不仅要使学生掌握知识，发展智力，更应培养学生创新意识、创新精神和初步的创新能力。因此，我们要不断启发学生的创新潜能。

美国心理学家吉尔福特说过：“创造性再也不必假设为仅存于少数天才，它潜在地分布在整个人口中间。”也就是说，每个学生都蕴藏着无限的创新意识。香港的黄启鸿博士曾为碧桂园连锁学校的干部和部分骨干教师做过一个关于“启发创新潜能”的专题报告，黄博士指出，启发潜能教育的五个基本信念是：尊重、信任、乐观、关怀和刻意安排。这也说明启发创新潜能是可以操作的。

各科教学，在课堂上都要注重学生创新思维的培养，引导学生敢于质疑问难，敢于大胆想象，敢于挑战权威。

本学期学校将举办第三届科技节。请各部门根据实际情况制订相应的活动方案。

特色之六：开拓国际视野。

教育的国际化，是碧桂园连锁学校发展的大趋势，我校要紧跟步伐，未雨绸缪，为将来有可能发生的教育转型做好准备。

学校将创造各种机会，开展国际化教育交流活动。截至目前，我校已成功开辟了美国、英欧、澳洲、日韩四条国际夏令营或冬令营的航线，参加外出活动的师生近60人次。今年暑假，学校将继续开展类似活动，让更多的师生走出国门，开阔视野。

2. 继续开展好“素质课程”

我校推出“素质课程”已一年有余，整体来说效果不错。这种类似于“自助餐”式的活动课深受孩子们的欢迎。部分“素质课程”已开始脱颖而出，在全校性展示活动中成为一大亮点，如谢珊老师指导的“创意丝网花”就是其中的佼佼者。

本学期各部门要进一步完善“素质课程”。“素质课程”的推进要坚持两个原则：一是优化课程体系，二是引导学生自主参与。目前，我校的“素质课程”分为兴趣班、专业队和小社团三种形式，教师可根据自己的专长开设“素质课程”，认真确定“素质课程”的项目和内容。各部门要严格把关，避免素质课程陷入简单化、平庸化和低效化。班主任要引导学生积极报名参与“素质课程”的活动。每位老师至少要开设一门“素质课程”，每位学生至少要参加一门“素质课程”，做到师生参与率100%。

要大力开展阳光体育和艺术教育。幼儿园要保证每天两小时的户外活动时间；中小学每天要保证一小时的户外活动时间。要进一步丰富大课间活动的内容，增加活动的趣味性。认真做好广播操和眼保健操，提高两操的质量，建议小学部本学期举办一次广播操比赛。音乐、舞蹈、美术、信息技术等课程要加强学生基本功的训练，并适当增加艺术欣赏课的内容，以提高学生的艺术素养。

二、提升课堂的影响力：打造最适合孩子发展的“生态课堂”，探索负担最轻、效果最好的教学模式，不断提高教学质量

1. 把课堂还给学生，让课堂充满生机、活力与挑战

课堂教学是学习的主阵地，也是提高教学质量的关键所在。“生态课堂”作为一种新的教学模式，体现了对学生生命成长的关怀。经过近一年的积极探索，老师们对“生态课堂”的特点有了一定的认识，教学观念也在悄然发生着变化。大家初步达成了共识：所谓“生态课堂”，就是以学生为主体，强调每一个学生的需求、欲望和意识，兼顾学生的个性发展，通过现代课堂教学手段，实现教学与学生发展的真正统一。

“生态课堂”的核心理念在于尊重、唤醒和激励生命。“生态课堂”追

求有序、有情、有效、有趣，是生活化的课堂。“生态课堂”的特点体现在民主平等、自然和谐、自主与合作、探究与生成、开放与选择、多元的评价方式与个性发展等六个方面。生态课堂并不是传统课堂的满堂灌，要按照学生的认知水平确定教学方案，做到先学后教，能学不教，以学促教。在教学过程中，教师要对学生进行正面评价，以鼓励为主，让学生树立信心，勇于表现自己。

本学期各部门要继续围绕“生态课堂”的全面推进制订具体的教学计划，各教研组要开展“生态课堂”的教研活动，相互交流，共同提高。

2. 用成绩说话，期待第二届中考再创辉煌

在当前形势下，中考成绩仍是学校教学质量的集中体现，也是家长和社会关注的焦点。因此，把初中部打造成成功的“出海口”，对全校发展具有重要的战略意义。

2014年，在初中部全体老师的辛勤努力下，我校首届中考一炮打响，取得了骄人的成绩。今年是第二届中考，学校将继续在人力、物力和财力上给予初中毕业班以大力支持，期待初中部再创辉煌，给我们带来新的惊喜。为此，本学期初中部要重点做好以下几点工作。

（1）扎扎实实把好教学质量关，尤其是注重课堂教学的扎实高效，切实做到“堂堂清、天天清、周周清、月月清”。

（2）从细处入手搞好培优辅差的工作，抓两头，带中间，提高毕业班的整体实力。

（3）注重营造初中部的整体风气，激发内驱力，调动学生的学习主动性，调整好学生的心理状态。

（4）科学合理地安排好复习时间，规划好复习流程，追求复习效益的最大化。

本学期，学校将积极为初中部创造条件，与周边兄弟学校包括景贤中学在内开展校际教学交流，取他山之石，攻自己之玉。

三、提升文化的影响力：坚持内涵发展，塑造最有活力和最有魅力的文化名片

从广义上讲，文化是人类在社会发展过程中所创造出来的物质和精神财

富的总和。而校园文化则是学校所具有的特定的精神环境和文化气氛，它包括校园建筑设计、校园景观、绿化美化这种物化形态的内容，也包括学校的传统、校风、学风、人际关系、集体舆论、心理氛围以及学校的各种规章制度和学校成员在共同活动交往中形成的非明文规范的行为准则。校园文化建设通常由物质文化建设、精神文化建设和制度文化建设三部分组成。

通俗点说，所谓校园文化，就是师生平常过日子的方法。上学期，全校师生在校庆期间高唱校歌，这就是一种文化；下午放学后，运动场定时举行教工排球联赛，观众围观呐喊，这也是一种文化。

校园文化的形成需要一个长期的过程，要不断挖掘并丰富学校的内涵发展，不断形成积淀，直至深入人心。就我校来说，内涵发展主要包括以下四个层面。

1. 传承碧桂园企业文化

碧桂园集团经过20多年的发展，形成了深厚而独特的企业文化。“碧桂园，给您一个五星级的家。”“对人好，对社会好。”“让社会因我们的存在而变得更加美好。”“做世界上最有影响力的企业。”等等，这些我们早已耳熟能详。

2. 遵循碧桂园集团主席杨国强先生的办学思想

杨国强先生提出：“碧桂园人要为中国的教育事业树立光辉的典范。”这是碧桂园连锁学校的共同追求。

“学会做人，学会做事”是杨国强先生的教育观，我们要认真领会。

3. 落实连锁学校董事会梁校监的办学要求

碧桂园连锁学校董事会梁炽娟校监的办学要求涉及方方面面，总的来说是要办“三优”学校，即“优美环境、优良教育、优质服务”。

“追求卓越，永葆激情”是梁校监提出的良好教风，我们要认真恪守。

4. 打造我校的特色文化

“让您的孩子比您更成功”是我校的核心办学理念。

“培养具有中国灵魂、国际视野和独特个性的未来成功人士”是我校的办学宗旨。

“坚持德育为首，营造书香校园，凸显英语优势，发展个性特长，启发创新潜能，开拓国际视野”是我校的育人特色。

“成功教育”是我校实施素质教育、打造特色学校的重要抓手。

只要我们坚持从以上四个层面去精耕细作，假以时日，学校的文化品牌自然水到渠成。

四、提升科研的影响力：形成浓郁的科研氛围，构建颇具特色的校本课程体系

有人说：“没有科研，教师永远只能是教书匠；有了科研，教师才有可能成为教育家。”这话不无道理。一所学校要想成为“名校”，就必须走“科研兴校”的道路，培养出一批“名师”。

首先，教育科研能推动教育的改革和发展。纵观各地的特级教师、优秀教师的事迹，他们精湛的教学技巧、独特的教学方法，无一不是教育科研成果的结晶和再现。大量事实证明：不搞教育科研就没有出路，以研促教，能有效地提高教师的教育教学水平，使教师从高消耗、低效益的误区中走出来，找出提高质量、减轻学生过重课业负担的规律，对学生全面实施素质教育，提高教育质量和效益。

其次，教育科研是今后教育发展对教师的必然要求，是势在必行、刻不容缓的一项长期任务。我校鼓励教师主动参与到科研活动中，逐渐步入“学理论——搞科研——提质量——增效率”的良性循环轨道。

各部门特别是各教研组要结合自身情况确立相应的科研课题，形成浓郁的科研氛围。如：幼儿园的“一教三研”、奥尔夫教学和蒙氏区域教育的研究，中小学的“成功教育”研究，“生态课堂”研究，“校本课程”研究等。

学校积极倡导教师要爱读书，勤动笔，多投稿，尝试撰写教学论文、教学反思、教育随笔、教育叙事等各类文体，一经发表，学校将按照报刊的稿酬标准给予同等的奖励，并纳入年终考核。

五、提升团队的影响力，建设一支师德高尚、业务精良、最具战斗力、最有幸福感的教师队伍

学校的发展关键在于教师。因此，教师队伍的建设是一个永恒的课题。

本学期，在队伍建设方面要重点做好以下工作。

1. 加强学习，练好内功

一是师德修养的学习。要认真学习领会杨总的办学思想和梁校监的讲话精神，牢记碧桂园人的教育使命。认真学习国家的法律法规以及学校的各项规章制度，做到依法办学，依法执教，爱岗敬业，为人师表。几乎每个学期，我们都要特别强调学校的四条禁令：（1）严禁体罚或变相体罚学生；（2）严禁接受家长的红包、贵重礼品或宴请；（3）严禁从事有偿家教或第二职业；（4）严禁对异性学生有越轨行为。

二是业务能力的学习。上学期，学校本着“走出去，请进来，上讲台”的原则，开展了大量的教师培训活动，本学期将继续坚持。各部门要高度重视教师的业务培训，包括班主任工作培训、英语培训、国际教育培训、信息技术培训、奥尔夫培训、蒙氏区域活动培训、教师论坛、艺术欣赏等。各学科组要开展师徒结对活动，以老带新，让青年教师尽快成长起来。本学期，将开展一次全校性教学经验交流会，让学科带头人和教学骨干分享他们的宝贵经验。此外，希望老师们树立终身学习的理念，积极参加继续教育，进行学历进修和职称评定，为未来发展奠定基础。

2. 继续开展“学科带头人”的评选活动

目前，我校已连续两年开展了“学科带头人”的评选活动，共评选出九名校级“学科带头人”。这九名“学科带头人”在各自的学科发挥了重要的示范和引领作用。本学期，将继续开展第三届“学科带头人”的评选。

同时，已经当选的“学科带头人”要在承担课题、指导青年教师、举办讲座、上示范课等方面认真履行职责，发挥更大的作用。

3. 召开教工代表大会，完善工会组织

为体现民主治校，本学期将召开我校第三届教职工代表大会，充分发挥众人的智慧，为如何实现学校发展的第二个五年计划献计献策。同时，进一步完善学校工会的组织机构。

本学期，学校工会将继续开展丰富多彩的教工活动，如教工排球联赛、三八节庆祝活动、教工生日礼物的发放等。认真组织好教工短途游和暑假旅游活动。继续实施碧桂园“员工幸福计划”（每位员工每年可免费入住碧桂园五星级酒店4人次），为老师们释放心情提供便利。

认真落实“五个留人”（即：教育思想留人，改革创新留人，福利待遇留人，情感关怀留人，主人地位留人），稳定教师队伍。

4. 规范考核评价，调动教职工的工作积极性

目前，我校采用每月考核与年终考核相结合的方式对教职工进行评价，并与工资、年终奖直接挂钩。各部门要本着公平、公正、公开的原则，完善考核评价的内容，规范考核评价的过程，有效调动广大教职工的积极性，真正实现“多劳多得，优质优酬”。

特别是年终考核，要采用自评和他评相结合的方式，逐层考评，最后报校监会审批。每位教职工在学年末要围绕德、能、勤、绩、廉五个方面认真进行述职，并将述职材料上交学校存档。

六、提升管理的影响力，制定科学化、精细化管理机制，营建平安校园、和谐校园，为学生和家长提供最优质的服务

1. 建立健全各项制度，以“法制”代替“人治”

2015年是蓬江区教育管理年，提高管理的水平是摆在各校面前的重要任务。

学校管理是一种社会职能，主要是指对人、财、物、事、时间、空间、信息七大要素的管理。学校的管理是一种动态性的管理，不可能一成不变。因此，要不断完善学校的决策机制、用人机制、奖励机制和监督机制。可以说，学校管理没有最好，只有更好。

当前，制度建设仍是学校管理的重要一环，是实现学校规范化管理的捷径，是管理科学化的重要方式。没有规矩，无以成方圆。制度就是立规矩，它对事不对人，制度面前人人平等。

目前我校在管理模块上共分为幼儿园、小学、初中三个教学实体以及校办、总务后勤、生活区三个职能部门。本学期各教学实体和职能部门要结合实际，建立健全各项规章制度，包括会议制度、培训制度、考勤制度、请假制度、考评制度、奖惩制度、教学管理制度、班级管理制度、物品管理制度、财务制度、门卫制度、宿舍区管理制度、医务室管理制度、食堂管理制度、安全

问责制度、招生制度、校车管理制度、图书管理制度、电脑电教设施管理制度等等。

当然，各项制度的关键不在于上墙，而在于上心，在于落到实处。

2. 打造平安校园、和谐校园

校园安全，重于泰山。平安和谐校园是培养学生个性全面发展的前提和基础，校园平安和谐，学校才能长足发展。“学校、家庭、社会”三位一体的安全管理模式，横向到边、纵向到底的安全管理网络，无缝隙、无死角的安全管理体系，逐步培养学生安全意识，是当前学校安全管理的发展方向。

学校安全的关键在于以防为主，防患未然。做到人防、物防、技防三防并重。本学期要重点从以下十个方面入手，做好校园安全工作。

（1）建立健全学校安全管理制度，层层签订安全责任书，形成安全责任人人担、安全工作人人抓的良好局面。

（2）强化安全教育。本着“教育在先，预防在前”的原则，扎实开展安全教育活动，对安全知识进行集中宣讲，把学校安全管理制度、行为规范等要求告知学生，使他们牢固树立“安全第一”的意识。

（3）坚持开展安全演练活动，提升学生在紧急情况下的逃生本领。

（4）勤抓安全排查，消除安全隐患。总务后勤要组织人员定期和不定期地开展安全隐患排查，对排查出来的安全隐患逐一整改，为师生构筑安全“防火墙”。

（5）切实加强内保工作。完善门卫制度，坚持人车出入登记，货物运出要检查，辨别并阻止闲散人员进入学校。学校保安要24小时坚守岗位，尤其是夜间巡逻丝毫不能懈怠。值日老师要尽职尽责，加强巡视。信息中心要做好校园电子监控系统的维护维修，确保数据的真实有效。

（6）做好教育教学安全工作。加强师生联系，尊重学生人格和个体差异，严防因体罚、变相体罚学生引起的学生思想包袱甚至危及自身生命的事件发生。建立集体活动的安全责任制。加强学生住宿区的安全管理。楼梯间、走道等地要张贴警示标语，严防踩踏等意外伤害事故的发生。

（7）做好食品安全及卫生防病工作。要充分发挥广东省食品安全“示范学校食堂”的示范作用。每周组织食堂有关人员依据《广东省食品安全示范学校食堂建设标准（城市）》条例，对食品安全及食堂管理工作进行自查自纠，确保食堂设备设施、就餐环境、阳光厨房、资料档案等创新管理模式符合要求。学校要经常开展爱国卫生运动，加强全校的卫生工作。学校医务室要积极开展健康教育，宣传卫生知识，随时掌握春季流行性疾病、食源性疾病和饮水安全等情况。

（8）加强学校交通安全工作。完善对校车的使用管理制度，做到按时对校车进行“体检”，发现问题及时处理；加强对校车司机驾驶资质的审核和安全教育观念的强化，做到安全驾驶。小学生严禁骑自行车上下学，初中生骑车上学的要与家长签订安全协议。上下学高峰期要做好校门口的交通疏导工作。

（9）抓好学校的消防安全工作。制定消防安全制度，签订消防安全责任书，落实消防责任制，并设置符合国家规定的消防安全疏散标志。定期对学校消防设施、线路等进行检查，发现问题及时整改。

（10）加强普法宣传教育。积极开展“法律进校园”活动，定期邀请法制副校长来校进行法制安全讲座。坚持多措并举，增强法制观念。

通过平安校园建设，使广大师生的安全素质得到提高，树立人人讲究安全，时时重视安全，事事注意安全，处处不忘安全的思想，让校园处处盛开“安全花”，时时奏响“和谐曲”。

3. 服务育人，家校共建

为广大学生和家长提供优质的服务是我校的不懈追求，这也是民办学校的优势所在。

一线老师要懂得换位思考，多替学生着想，多替家长着想，耐心倾听家长们的意见和建议，不断改进工作。要勤于和家长沟通，善于和家长沟通，乐于和家长沟通，班主任每月至少与家长通一次电话。

校办、总务后勤和生活区等职能部门更应牢记“为师生提供优质服务，为一线教学提供保障”的宗旨。希望食堂、保安、校车、宿舍、绿化清洁、水电维修、文印速印、图书阅览、医务室、仓库、财务等具体负责人都能以主人翁的姿态投入工作当中，在平凡的岗位上发光发热。

教育是一项系统性的工程，需要学校、家庭、社会多方面的共同合作才能完成，良好的家校关系能够使家长以积极主动的态度与学校、教师合作，从而形成强大的教育合力，对于学生的教育有着不可估量的作用。

上学期，中小学以班级成立了家委会，家长们利用周三无作业日或周末时间，把班级亲子活动开展得有声有色。幼儿园也很有创意地开展了“运动爸爸”“家长合唱团”等活动。本学期，各部门要再接再厉，不断拓宽家校沟通的渠道，充分利用好家长的教育资源，激发出家长的正能量，形成家校共建的良好格局。

4. 做好两个衔接和招生宣传工作，促进学校的可持续发展

所谓两个衔接，是指幼小衔接和中小衔接。搞好两个衔接，一方面让孩子们能早日适应高一级学段的学习生活，实现无缝对接和无痕过渡；另一方面让更多大班的孩子能留在我校就读小学，让更多六年级的孩子能留在我校就读初中，为家长们选择学校提供便利条件。

本学期分别成立两个衔接工作小组，幼小衔接工作由刘敏助理具体牵头，中小衔接工作由邹秀花主任具体牵头，小学部一年级和六年级分别配合两个衔接小组开展工作，校外的衔接工作由招生办负责牵头，中小幼配合落实。

本学期，要进一步利用好微信平台、校园网、微博、校讯通、班级Q群等新兴媒体，积极主动宣传学校，让更多的人了解学校。

当然，在招收新生的同时，更重要的是要稳定旧生，使其进得来，学得好，留得住。“让每一个孩子都有进步，不让一个孩子掉队”应该成为我们的共同目标。

近期，从中央到地方，先后出台了一系列对民办教育十分利好的政策与举措。2014年12月31日，江门市政府办公室转发了市教育局《关于促进江门市民办教育发展的实施意见》，意见指出：民办教育是我市教育事业的重要组成部分。各级政府要把发展民办教育作为重要工作职责，要将民办教育作为教育事业发展的重要增长点和促进教育改革的重要力量，纳入我市经济社会发展规划。并从鼓励民办教育体制机制改革、落实扶持民办教育发展政策、依法保障民办学校教师待遇、促进民办教育特色优质发展等多方面对促进民办教育的发展做出了具体规定。通过几年的努力，我校已成为蓬江区民办教育的一个窗口。

2015年1月7日，李克强主持召开国务院常务会议，按照深化教育领域综

合改革的需要，会议通过对教育法、民办教育促进法等法律法规进行一揽子修改的修正案草案，决定提请全国人大常委会审议。草案明确对民办学校实行分类管理，允许兴办营利性民办学校。几乎与此同时，碧桂园集团高瞻远瞩，已成立了下属“碧桂园教育投资管理有限公司”，并着手酝酿在适当的时候上市。另外，周边经济的快速发展，尤其是江门大道的即将贯通，也必将为我校的腾飞迎来大好契机。

好风凭借力，扬帆正当时。春天的脚步越来越近了，让我们同心协力，脚踏实地，追逐梦想，再创辉煌！

教师节快乐

尊敬的各位老师，各位朋友：

晚上好！在第28个教师节即将来临之际，我谨代表学校董事会和学校领导，向全体教职员工致以节日的美好祝福！

今天，我们欢聚一堂，庆祝属于自己的节日，心情无比激动。古往今来，教师一直是平凡而又崇高的职业。我们用语言播种，用粉笔耕耘，用汗水浇灌，用心血滋润，用无私的爱去哺育一棵棵幼苗，使之长成参天大树。正因为有了教师，人类的文明才得以传承，社会的进步才得以延续。

曾几何时，我们怀揣着梦想，走进了美丽的南粤大地。如今，人生的缘分又使我们相聚在五邑碧桂园中英文学校这个大家庭里。我们彼此应当珍惜，应当厚爱，应当心存感激。三年来，我们五邑碧桂园中英文学校从无到有，从小到大，就像一个蹒跚学步的婴儿一天天成长。学校办学质量不断提升，办学规模不断扩大，家长的满意度越来越高，社会的口碑越来越好。

今晚，我们将对上学年度做出突出成绩的部分教职工给予表彰和奖励。其实，学校的发展，离不开在座的每一位教职工乃至家属们的辛勤付出。借此机会，我要向所有为学校发展做出贡献的同志道一声：你们辛苦了，谢谢你们！

人生是短暂的，但生命的质量在于宽度而不在于长度。耿耿银河，恒星闪耀。等到将来有一天，我们看见自己的学生成了社会的栋梁，看见自己的学校成了真正的品牌学校，我想，我们一定会感到无比的欣慰。孟子云："得天下英才而教育之，三乐也。"我觉得人生的幸福莫过如此！我相信，有学校董事会的正确领导和潘校监的具体督导，有全体教职员工的共同努力，我们五邑碧桂园中英文学校的明天一定会更加灿烂辉煌！

最后，我编了几句打油诗献给大家，希望大家做一个快乐的教师，成功的教师，幸福的教师！

三尺讲台写春秋，
也无风雨也无愁。
碧桂园中育桃李，
喜看硕果满神州。

自信·自强·自律

——2020届初中九年级毕业典礼讲话

大家下午好！今天，我们顺利结束了中考。在此，我代表五邑碧桂园中英文学校，向圆满完成初中三年学业的九年级全体同学表示热烈的祝贺！向一直以来支持学校工作、充当孩子坚强后盾的家长朋友们表示崇高的敬意！向辛勤耕耘、无私奉献的初中部全体老师表示衷心的感谢！

“年年岁岁花相似，岁岁年年人不同。”又一批孩子即将离开校园，心里多少有些不舍。但看见你们从美丽的五碧校园展翅高飞，在理想的天空自由翱翔，我又由衷地为你们感到高兴。

临别之际，按照惯例，校长总要给同学们提几点希望。今天，我想跟同学们聊一聊初中部德育特色“六自”教育。所谓“六自”，就是自尊、自爱、自强、自理、自信、自律。因时间关系，我想谈谈其中的三个“自”。

首先是自信。自信是指自己相信自己一定行，自信是成功的前提。我们的校训就是“我自信，我成功，我快乐”。自信能给人以力量，让生活处处是舞台，让人生越来越精彩。毛泽东主席年轻的时候曾写下“自信人生二百年，会当水击三千里”的豪迈诗篇。所以，请同学们注意，任何时候都不要妄自菲薄，相信“天生我材必有用”，别人能做到的，你也一定能做到。如果失去自信，你将失去很多机会。希望五邑碧桂园中英文学校的学生，将来无论走到哪里，都能展现“自信阳光，与众不同”的精神风貌。

其次是自强。“天行健，君子以自强不息；地势坤，君子以厚德载物。”这是《易经》上的两句话。清华大学因此把“自强不息，厚德载物”这八个字作为校训。自强不息，意味着我们要永远保持一颗进取心，要不断丰富自己的知识，锻炼自己的能力，让自己变得强大起来。“少年强，则国强。”

国家的未来寄托在你们身上，你们强大了，国家才强盛。初中毕业只是万里长征迈出的第一步，今后的人生道路还很漫长，更加严峻的考验还在后面。这次中考，我们跟崇文学校的孩子都安排在了培英初中。大家有没有留意到，这几天在一楼大厅候场时，坐在我们旁边的就是崇文的学生。他们大多是外来工子女，家庭条件相对比较艰苦。但我也特别留意到，崇文的学生并没有自暴自弃。他们一来到考场，就整整齐齐地坐在楼下大厅，每人拿出复习资料安静地复习。这给我留下了深刻的印象。跟他们相比，我们的家庭条件要优越得多，但我相信没有哪个父母希望自己的孩子坐享其成，而是期待你们通过自己的努力，将来比父母更加成功。因此，同学们在学习上切不可松劲，而要把初中毕业当作新的起点，再接再厉，朝着新的目标努力进取。正如我上次中考30天倒计时动员会上所讲的，我们今天的所有付出，明天都会得到应有的回报。

再次，我想特别强调的是自律。这次中考的作文题，恰恰就是以《自律的乐趣》为内容写一封信。不知道同学们写得怎样？自律，就是自我约束。自律的人，可以享受更多的乐趣，拥有更大的自由，得到意外的收获。自律和他律，是对立统一的关系。他律是通过国家法律、社会公德、学校纪律、老师的要求等来约束我们的行为。而自律则是在无人监管的情况下，靠自我约束，我觉得这点至关重要。古今中外很多成功人士，都是非常自律的。著名投资家巴菲特说过："如果你在小事上没办法约束自己，你在大的事情上也很可能不约束自己。"法国思想家蒙田说过："真正的自由是在所有时候都能控制自己。"越王勾践被吴国俘虏后，为了报仇雪耻，每天卧薪尝胆，最后终于灭掉了吴国；鲁迅先生小时候在三味书屋读书时，为了不让自己上学迟到，在课桌上刻了一个"早"字，时时提醒自己。这些都是耳熟能详的例子。今年网课期间，是最能检验同学们自律能力的。大部分孩子都比较自律，能按照老师的要求进行线上学习。但也有个别同学拿到手机和电脑不是用来学习，而是上网玩游戏。结果可想而知，懂得自律的孩子线上学习同样收获满满，而不懂得自律的孩子则成绩一落千丈。生活中很多时候、很多地方都需要自律。比如在公众场合要遵守公德，不大声喧哗、不随地吐痰、不乱扔垃圾；寒暑假在家的时候要按时起床、按部就班地学习；当你遇到不开心的事情时要控制住自己的情绪，不要那么冲动，等等。自律总是伴随着我们的一言一行，体现着我们的文明和修养的程度。所以，希望同学们做一个懂得自律的人。

自信，自强，自律，就像一辆三驾马车，如果你驾驭得好，那么它将载着你奔赴更加美好的前程。今天，方校长就把这三驾马车送给同学们！

我知道咱们这批孩子当中，有不少是一建校就过来就读了。你们见证了母校的发展壮大，同时也在母校的怀抱里茁壮成长，你们的童年和少年时代在五碧校园留下了很多美好的记忆。虽然明天即将离开母校了，但母校对你们的关注不会停止，老师们对你们的牵挂也不会改变。云山苍苍，江水泱泱，师生之情，山高水长！欢迎同学们常回来看看母校，看看老师。

最后，我真心地祝福同学们前程似锦、不负韶华，祝家长朋友们身体健康、阖家幸福，祝老师们工作顺利，事业有成！

沐浴书香，润泽生命

——首届校园读书节开幕式讲话

今天是4月23日，第十七个世界读书日。今天，也是我校首届读书节开幕的日子。首先，我代表学校向百忙之中前来参加读书节开幕式的各位家长和来宾表示热烈的欢迎和衷心的感谢！

本届读书节的主题为“沐浴书香，润泽生命”。旨在希望全体师生与好书为友，徜徉书海，沉浸阅读，真正让读书成为我们生命的一部分。阅读一本好书，能够丰富我们的知识，陶冶我们的情操，启迪我们的智慧，点燃我们实现理想的希望之火。手捧书籍，就是手捧希望；开卷读书，就是打开精神之窗。

古人说得好：“布衣暖，菜根香，读书滋味长。”著名文学家莎士比亚说过：“书籍是全世界的营养品。”是呀，书是有味道的，它们的味道各不相同，都是作者精心烹制的“精神大餐”，我们该去好好地咀嚼，细细地回味，让那浓浓的书香流过我们的舌尖，让那丰富的营养滋润我们的心田。

本学期，为了培养同学们的人文素养，营造书香校园，学校创设了各种条件让同学们多读书，读好书。学校阅览室成了同学们最爱光顾的地方之一，班级图书角是教室里最美的一角。每天中午起床后，同学们都争分夺秒，利用10分钟的阅读时间与心爱的书籍进行无声的交流，那一刻格外安静，也格外专注。

为迎接本届读书节，语文组的老师们编印了以经典诵读为主的系列校本课程；各个班级编印了独具特色的优秀作文集；举办了妙趣横生的故事会；制作了精美的手抄报；召开了读书主题队会。接下来，我们还将开展“小书虫”跳蚤书市活动，举办成语竞赛、歇后语竞赛和古诗词竞赛，评选“读书大王”

和“书香班级”。

同学们，热爱读书吧！让我们在安徒生童话里陶醉，在唐诗宋词中穿行，与爱因斯坦、杨利伟等科技名人对话，与哈利波特、孙悟空等神话英雄交朋友。“最是书香能致远，腹有诗书气自华”，衷心地希望每一位同学都能在今年的读书节活动中快乐阅读、幸福成长！让我们共同预祝五邑碧桂园中英文学校“沐浴书香，润泽生命”首届读书节活动取得圆满成功！

您的参与是学校发展的重要保证

——2011—2012学年度第一学期中小学家长开放日讲话

在座的家长大部分是第一次见面，先自我介绍一下。我1996年加盟广东碧桂园学校，亲眼见证了广东碧桂园学校在民办教育中最初的崛起；2001年华南碧桂园学校创办的时候被调过去分管德育工作，亲身经历了华南碧桂园学校从几十名学生发展到两千多名学生；今年八月份，校监会调我到五邑碧桂园中英文学校。在碧桂园连锁学校工作的这15年里，我最深的感受就是，碧桂园人是真正办教育的。碧桂园老板杨国强先生多次在干部和教师会上讲，他办教育是为了回报社会，他不靠学校赚钱。学校如果有盈利，会用来不断改善办学条件和提高教师的福利待遇，其中国华纪念中学和国良职业培训学校是两所纯免费的学校。正因为有杨老板这样的胸怀和气度，碧桂园连锁学校才由最初的1所发展到现在的13所，而且还会越来越多。

记得开学初的时候，有的家长朋友听说五邑碧桂园中英文学校换了校长（和园长），产生了一丝疑虑：更换了学校领导之后会不会影响办学的目标和办学质量呢？今天借此机会我也想给大家一个承诺：五邑碧桂园中英文学校不会因为领导的更换而改变原有的办学目标和办学特色，只会比原来提出更高的要求，付出更多的努力。实际上，碧桂园连锁学校由校监会统筹管理，各个学校在办学目标和特色要求上是一脉相承的。碧桂园学校从1994年创办至今已经走过了17年的历程，形成了相对稳定的办学模式和教育品牌。碧桂园学校的定位是很高的，杨总提出“要把碧桂园学校办成经济大潮中的黄埔军校”。因此，碧桂园连锁学校的发展肯定会越来越好。这一点也请家长们放心。

那么，我们五邑碧桂园中英文学校的办学宗旨和育人目标是什么呢？

学校的办学宗旨是一句话：打造具有世界眼光的值得我们骄傲的人才。

学校的育人目标共三句话：将传统文化与现代理念相结合，强调人文修养，培养能够逐步读懂世界的孩子；将母语基础与英语技能相结合，强调双语环境，培养能够从小融入世界的孩子；将关注群体与发展特长相结合，强调因材施教，培养能够敢于领跑世界的孩子。

古希腊有位大哲学家叫苏格拉底。有人问苏格拉底是哪里人，他不说“是雅典人”，而回答“是世界人”。我希望我们五邑碧桂园中英文学校的学生将来都能成为一个“世界人。”作为“世界人”，应该具有国际视野和人文情怀，具有现代公民的综合素养和良好技能，具有独特的个性和人格的魅力，具有开拓的精神和创造性才能。

办学宗旨和育人目标是建校初就确立的。本学年度我们在原有的基础上又提出了新的要求，那就是：进一步丰富办学宗旨的内涵，进一步实现育人的目标，把五邑碧桂园中英文学校打造成一所知名的精品学校。

如何创办精品学校呢？我们提出了六项措施，简称“六个力”。一是建设一支高素质的教师队伍，提高战斗力；二是坚持把德育工作放在首位，体现渗透力；三是全面提升教学质量，增强竞争力；四是用心营建英语特色，扩大影响力；五是注重因材施教与个性发展，激发内驱力；六是抓好总务后勤及工会工作，提供保障力。

下面分别对这“六个力”作简要阐述。

在教师队伍建设方面，杨国强先生提出：“碧桂园人要为中国的教育事业树立光辉的典范。”学校的一部分老师从连锁学校抽调，一部分老师从全国各地招聘。从筛选材料到面试到试用到转正，我们有一套完整的教师招聘和考核制度。每个星期我们都要组织教师的学习和培训，不断提高教师的专业水平和服务意识。要求教师为人师表，关爱每一个学生，要“用我们的爱心和操心换取家长的放心”，“用我们的辛勤付出换取学生的点滴进步”。学校高度重视教师的稳定，提出“五个留人”，即“教育思想留人、改革创新留人、情感关怀留人、福利待遇留人和主人地位留人”。校监会制定了《连锁学校教师待遇条例》，每年提高教师的福利待遇，今年教师工资平均增长20%。当然，作为民办学校，教师队伍通常会“相对稳定，合理流动”。有个别老师因家庭等原因主动离开，也有个别老师因不适应学校的发展要求而被迫更换，还有学校内部小循环而导致更换老师。实际上，孩子长期跟着某一位老师，对性格的养成是有一定局限性的；相反，接触不同的老师，体验不同的风格，未必是一件坏事。这一点也希望家长朋友们能够理解。

在德育方面，我们引导孩子“学会做人，学会做事”。注重良好习惯的培养。在生活习惯方面，要求“自己的事自己做，自己的事自己能做好”，培养生活自理的能力；饭前、便后、游戏后洗手；吃饭安静、节约、卫生；按时午睡，不影响他人休息；衣着整洁；节假日生活安排科学合理有规律；物品摆放整齐、有序。在行为习惯方面，要求“遵守秩序，讲究公德”。见到老师和客人主动问好；乘车排队、安静、有序，在校车上讲文明，有安全意识；上下楼梯轻声慢步靠右行，懂谦让；爱护校园环境，看见垃圾能主动捡起；课间活动时不在走廊追逐打闹、大声吼叫。在学习习惯方面，强调“乐学，勤学，会学”，做学习的主人。低年级的同学，要求做到上课前先准备好学习用品；回答问题声音洪亮、大方得体；读书、握笔姿势正确；作业书写字迹工整等。对中高年级的同学还增加了自主学习、专心听讲、积极思考、不懂就问、学前预习、及时复习等六项要求。（幼儿园小朋友主要是学习兴趣以及好奇心的培养）我们认为，从人的终身发展这个角度来说，幼儿和少年时期学习的文化知识对今后的影响并不大，而良好的习惯却能影响人的一辈子。所以我们把良好习惯的培养作为德育工作的重中之重。除了习惯培养之外，本学期我们还开展了军训活动，教师节“我为老师献祝福”活动，国庆节“孝心献父母，今天我当家”活动，重阳节到敬老院慰问演出活动，到碧桂园社区开展社会实践活动等，磨砺意志，培养爱心，锻炼能力。学校还成立了心理咨询室，塑造孩子们的阳光心灵。

在教学方面，学校狠抓课堂教学实效，探索“负担轻，质量高”教学模式。教学中做到以人为本，突出学生的主体地位。老师们利用各种时间培优补差，力争让每一个孩子都有所发展。为了对成绩优秀的同学进行鼓励，学校最近还面向小学六年级以及初中的学生制定了奖学金制度。奖金额最低3000元，最高可达1万元，具体方案待校监会批准之后即颁布施行。

在英语特色方面，学校努力创建随处可见、随时可听的外部英语环境；同时通过开展各种活动，营造“浸泡式”内部英语环境，如每日英语通关、英语歌曲与英文故事、“快乐英语秀”“英语沙龙”“英语手抄报”“英语文化节”系列活动等（今天下午就有快乐英语秀活动）。校园里师生之间用英语问候，升旗仪式用双语进行。在教材的使用上，除了江门市教材《开心英语》外，还使用《剑桥少儿英语》及学校开发的校本课程，组织学生参加剑桥英语考级，注重学生英语交际能力的全面提升。

在学生个性发展方面，我们要求学生至少有一种兴趣爱好，并学会一样健身的本领。学校因地制宜，开设了游泳课，保证每个孩子都能学会游泳。本学期还招聘了专业的书法老师，开设了书法课，让每个孩子都会写毛笔字，接受传统文化的熏陶。学校坚持开展大课间活动，确保每天一小时的户外锻炼。乒乓球室、阅览室、心理咨询室（发泄区）定时开放。田径队、武术队、合唱队坚持训练。为迎接11月底举行的亲子运动会，最近在进行大型团体操的排练。运动会结束后，兴趣班活动将全面铺开。

在总务后勤方面，牢固树立为广大师生服务、为教学一线服务的思想。校车接送进行岗位培训，确保安全快捷，万无一失。宿舍区实行量化管理，保证孩子们的睡眠质量。食堂由专业营养师配置菜谱，连锁学校统一采购，保证食品的营养均衡和安全卫生，食堂饭菜每餐留样。每学期分别召开学生和教师膳食工作会议，听取意见，不断改进。当然，伙食问题往往众口难调。有的家长说尽量少喝牛奶，因为容易上火，建议喝些冰红茶、王老吉什么的；也有的家长提出不能喝冰红茶，怕有塑化剂。大家的建议都很好，学校尽可能兼顾不同的需求，也希望家长们能够体谅。我在顺德碧桂园、华南碧桂园都一直在食堂就餐，感觉我们的伙食丝毫不比那边逊色，甚至更实惠一些，因为我们的学生每个月都有自助餐，华南碧桂园一学期才一次。

家长朋友们，在您的关心支持下，开学以来学校各项工作正稳步向前推进，呈现出良好的发展势头。截至目前，全校从幼儿园、小学到初中一年级共有19个班，学生总数已接近400人。虽然目前的办学规模还略小了一点，但我跟老师们说，我们要志存高远，要走精品化道路。前不久媒体发布了2011—2012年度世界大学排名，美国的加州理工学院力压哈佛大学等名校，坐上了头把交椅。我暑假带学生去参加夏令营的时候刚好参观过加州理工学院，校园并不大，在校学生也就2000多人。但是建校以来，却有32人次获得了诺贝尔奖，可见办学水平之高。我们学校现在学生人数也不算太多，实行小班教学制，这也为精品教育提供了便利条件。因此，规模小也有规模小的好处。您看，您的孩子花同样的钱享受更多的教育资源，何乐而不为呢?

当然，我也很清楚，我们在工作中还有很多地方做得不够，正在努力地加以改进和完善。等一会儿，也欢迎大家把宝贵意见和建议写在反馈表上。

各位家长，各位来宾，孩子的成长除了内因之外，还需要学校、家庭和社会等外部因素的共同作用，形成合力。所以，您的参与是学校发展的重要保证。让我们同心协力，共谋发展，把五邑碧桂园中英文学校打造成一所真正的精品学校，让您的孩子比您更成功!

让爱的教育永驻校园

——2015年德育工作经验交流会上的讲话

今晚，八位老师结合自身的工作，围绕“爱的教育”这一历久弥新的话题，畅谈了各自的体会，分享了各自的宝贵经验。

林苑嫦老师是本学期加盟我校的新老师，她在初中部这个充满爱的大家庭里快乐工作，在短短时间内就激发出了践行爱、传递爱的正能量。郭晓滨老师是一位富有激情的老师，他用“责任、宽容、放手、激励”这四个关键词很好地诠释了“爱学生”的含义。小学部的谢珊老师是一位很有爱心的班主任，从她的发言“给爱一点调味料让爱色香味俱全”中，我们可以感受到她的教育情怀和教育智慧。程娟老师很善于做家长工作，她在发言中提到要与家长建立起“良性沟通”，这点很重要。本学期“家长最满意的老师”评选中，她是唯一“最满意率”达到100%的老师，很不容易。张娴玲老师也是一位新老师，她以自己的实际行动告诉我们，要努力成为一名“心中有关爱、脸上有微笑，时时刻刻为学生着想的好老师”。幼儿园蒋双双老师面对特殊的班级，特殊的孩子，从细节入手，给了孩子们以母亲般无微不至的关爱。李青兰老师注重为孩子们营造一种充满爱的环境，让孩子们从小在爱的环境中学会关爱别人，形成健康的人格。生活区的冯炳权老师用朴实无华的语言，表达了他对学生的热爱和对工作的热爱。

我想，八位老师的精彩发言对在座的每一位都很有启发。让我们再一次以热烈的掌声感谢他们的分享！

大家都知道，今晚经验交流的主题“爱的教育”源自一本书的名字。意大利作家亚米契斯在《爱的教育》这本日记体小说中，记录了一个个感人至深的教育故事。其实，我们的教育活动又何尝不是由这些充满爱的故事构成的呢？苏联教育家苏霍姆林斯基曾提出“没有爱就没有教育”。此后，这句名言被无数教育工作者所引用。温家宝在参观北京三十五中时就曾强调：“没有爱就没有教育，没有爱就没有一切。”著名的诺贝尔和平奖获得者德兰修女一生都在传播人间大爱。她的传记——《在爱中行走》一书中，有这样一句话：“我们常常无法做伟大的事情，但我们可以用伟大的爱做好每件小事。”

师爱是人类最美好、最神圣的一种爱，是沟通师生心灵的桥梁。多给学生一分关爱，也就多一分收获。一个教师必须热爱学生才能教育好学生，唯有心里时刻装着学生，学生的心里才有老师。教师的一言一行，一举一动，都对学生产生潜移默化的作用。教师一定要用实际行动来告诉学生，老师是爱他们的，是非常关怀他们的。唯有如此，我们才能用爱创造出教育的奇迹。

当然，我们倡导爱的教育，并不是说教育仅仅需要爱就足够了，也不是追求毫无原则的、一味迁就的爱。孔子云：爱之，能勿劳乎？忠焉，能勿诲乎？意思是说，因为我爱他，所以要用劳动来砥砺他；因为我爱他，所以要对他进行严格的教育！不纵容、不放弃、不放在温室中，这才是真正的爱。爱是一门艺术，爱的教育与严格要求并不矛盾，相反，它们相辅相成、相得益彰。因此，老师们在教育教学中不要瞻前顾后，缩手缩脚。

希望老师们在工作中真正懂得爱的重要，掌握爱的艺术，践行爱的教育，做一名富有爱心和责任心的好老师。让爱的教育永驻校园！

中小衔接中的德育工作

《中共中央关于改革和加强中小学德育工作的通知》中指出："中小学教育阶段是青少年儿童长身体、长知识的时期，是对他们进行道德情操、心理品质和行为习惯养成教育的最佳时期。"从小学升入初中是学生时期的一个重要转折，他们正处于从少年期向青年期的转化过程中。学生品德发展的各个相邻学段，既是互相区别，又是互相联系的，它们之间不是截然分开的，而是逐渐过渡的。因此，所谓中小学德育衔接，主要是指小学六年级至初中一年级的德育工作，从目标、内容、方法上能够形成一个有机结合的整体，使之既要体现中小学德育的整体性、系统性、层次性，又要体现连续性和发展性，充分发挥我校"九年一贯制"教育的优势，增强德育工作的实效性。

一、当前我校中小学德育衔接中存在的主要问题

自建校以来，我校初中和小学的学生就一直在同一个校园里学习、生活。近年来在学校领导的重视下，中小学在德育衔接方面也做过一些大胆尝试，如组织小学六年级与初中一年级的学生共同参加野外拓展训练（春秋游），共同参观番禺区戒毒所，共同听文明礼仪讲座，联合举办拔河比赛等。然而，由于种种原因，中小学德育工作在目标、内容、方法、途径、管理等方面都存在着不同程度的脱节现象。这也严重困扰着学校德育工作的持续开展，影响了学校德育工作的整体功效。具体说来表现在以下几个方面。

（一）小学六年级学生毕业后，一部分到外校就读初中，一部分留在我校就读初中。对于留下来的学生，初中部的老师通常把他们跟外面进来的初一新生混在一起，统一进行考试，并以此作为依据对学生重新分班。这样我校升入初一的学生就打破了过去的"班级"界限，来到一个完全陌生的"班级"，

一切又从头开始。于是，“心理适应期”被人为形成。

（二）初一年级的老师虽然通过与六年级老师进行座谈、对六年级学生进行家访等途径了解学生的情况，但毕竟所获有限，造成对学生的品行、个性、特长、家庭背景情况的掌握磨合期太长，一般需要一个学期才能基本掌握。从而使很多本来可以避免的事情发生了。

（三）中小学德育处在制订德育工作计划时缺少必要的沟通和协商，常常“各走各的道，各唱各的调”，没有形成一个有机的整体。

（四）郭校长提出，我校德育工作的核心内容是培养良好的习惯。但在具体内容和操作上，中小学也是各行其是，缺少良好习惯培养的序列规划。这对“分阶段推进，螺旋式上升”的实施策略和整体效果无疑会大打折扣。

由于我校对中小学德育衔接问题注意不够，往往是因时、因势、因地、因人而异，缺乏一贯性和一致性，造成学生从小学到初中，出现许多不适现象，诸如学习困难，与他人和集体交往的不适应，对学校和老师的不适应，对初中教育教学方式的不适应等，“掉队生”再度分化，出现“问题学生”，甚至出现辍学失学现象以及其他严重违纪现象。

二、科学合理地确定中小学德育衔接的主要内容

我校实行“九年一贯制”教育模式，中小学处于相同的学习、生活空间，作息时间也基本一致。更重要的是，中小学拥有相同的教育理念，并由郭校长统一领导。这些为中小学德育衔接工作提供了有利的条件。下面分别从德育体系、德育目标和德育内容三个方面阐述中小学德育衔接的主要内容。

（一）加强中小学部门之间的沟通，构建一体化的德育体系

青少年在不同年龄阶段的认知能力、生理心理状况和社会适应能力各有特点。这就决定了包括德育在内的教育是分阶段进行的，不同教育阶段应有各自的教育内容。但学校德育是一个系统，是由小学德育、中学德育、大学德育等子层次系统组成的一个统一整体。系统论告诉我们：当各个部分以有序、合理、优化的结构形成整体时，整体的功能就会大于各个部分功能之和；而当部分以无序、欠佳的状态及结构形成整体时，各部分原有的性能得不到发挥，力量削弱，甚至相互抵消，这时整体功能只会小于各部分功能之和。这就要求我

校德育工作要对不同阶段的德育进行全面的规划，各阶段的德育既有适合青少年成长规律的相对独立的内容，又要考虑到中小学部门之间的相互衔接，防止简单重复或脱节，以便发挥德育系统的整体功能，不断提高德育的整体效果。改变过去那种“你敲你的锣，我擂我的鼓”的现象，加强初中部与小学部之间的沟通，建立中小学一体化的德育教育模式。

（二）系统设计德育目标，实现中小学德育目标的有效衔接

德育目标是培养青少年政治、思想、道德、心理诸方面素质的规格、标准，是德育的核心部分，是德育工作的出发点和归宿，因而制约着德育各方面的工作。我校初中部和小学部是各具独立性又密切联系的教育整体，可以根据整体性原则对德育目标进行优化组合。建立一体化的德育目标，大体从三个方面入手，即思想政治素质、道德法纪素质、健康心理素质方面，在实施中需明确中小学各应达到的程度。在政治思想教育方面，以“我是中国人”为内容的爱国主义教育为例：小学以培养小学生爱自己、爱他人、爱集体、爱国家的一代小公民为目标，分低、中、高三个层次进行；中学以培养中学生成为肩负历史使命又有民族意识和为国效劳好思想的一代新人为目标，分四个阶段实施。这样爱国主义教育从小学爱的情感逐步升华到中学的民族意识、历史使命、祖国前途上来，形成爱国主义教育的一体化。在道德法纪教育方面，小学以养成教育为主，让学生养成良好的习惯，中学则偏重于认知和评价，懂得为什么要这样做，这样做有什么好处，培养学生具备辨别是非、对错、美丑、善恶等方面的能力。在心理教育方面，着重从悦已、焦虑、交往和情感四个方面开展探索，让学生以崭新的自我，迎接新世纪的挑战。

（三）整体设计德育内容，实现德育内容的有机衔接

德育内容是为实现德育目标而在德育实施过程中确定和安排的教育内容，是特定社会对双向互动的教育者和受教育者提出的有关德行的具体规定性要求。在一定的社会历史条件下，选择和确定学校德育的直接依据是该社会的教育目标和德育目标、学生品德形成发展的规律和年龄特征，以及当前形势任务和学生思想品德的实际。

我们根据《小学德育纲要》和《中学德育大纲》，依据中、小学德育衔接的目标和渐进成长的学生身心发展特点，并结合我校的实际，确定了以“五爱”教育为基本内容，以爱国主义、社会主义、集体主义教育为主线，以基础道德、基础文明和良好习惯培养教育为基础的有“衔”有“接”的德育内容。见下表。

	小学六年级	初中一年级
政治教育	热爱祖国教育	热爱祖国教育； 社会主义教育
思想教育	热爱学校教育； 热爱老师、热爱父母教育； 良好的伙伴关系教育； 科学启蒙教育	集体主义教育； 公民意识教育； 科学态度教育
道德、法制和纪律教育	文明礼貌教育； 卫生环保教育； 遵守秩序教育； 民主与法制启蒙教育	环境道德教育； 社会公德教育； 劳动教育与职业教育； 社会主义民主遵纪守法教育
心理教育	小学生活的适应； 情绪、行为的调控； 学习动机、兴趣、习惯的养成； 注意力、观察力、表达力、想象力等智能的开发	学习动机、兴趣、方法和习惯的养成； 青春期心理卫生、人际交往的教育

按照重点性、层次性、阶段循环性、整体性的原则，应配置各分段的德育内容重点。如小学六年级的重点是：在坚持进行《小学生守则》《小学生日常行为规范》和《华南碧桂园学校学生文明礼仪常规》的教育及意志品格教育的基础上，进行劳动教育、纪律教育、法制与民主教育、国情教育、环境教育和热爱科学教育，以热爱祖国为动力的学习理想及做合格的小学毕业生的教育。初中一年级重点为：进行《中学生守则》《中学生日常行为规范》《华南碧桂园学校学生文明礼仪常规》的教育和健康心理品质教育，进行爱国主义、集体主义、社会主义教育，加强劳动教育和艰苦朴素教育，做好中小衔接，进一步奠定以集体主义为核心的道德品质基础。

三、做好中小学德育衔接工作应注意方式方法

根据我校的特点和以往的经验，中小学德育衔接工作是有章可循的，也是可以操作的。但要转变观念，讲求方法，不能操之过急。

（一）遵循学生发展特点，改进德育方法

中小学各有自己的一套管理模式。小学阶段，教师扶持较多，而初中则强调学生的自我管理。“渐进”是事物正常发展的普遍规律，是儿童成长的重要保证，应根据渐进性原则，以学生现状为起点，从实际出发来进行管理。

初一老师不能让学生一入校就接受全新的管理模式，放手过多，要做好与小学高年级管理方式的衔接。同时，少年学生的独立性、自觉性又在不断增强，教师应转变观念和角色，逐步增加德育工作中的民主性。教师不应再以道德教育权威者身份出现，而是一位顾问，一位帮助儿童发现问题的引导者，一位讨论问题的参与者，主动帮助儿童消除对教师的依赖思想，变盲目、被动接受为主动接受，让学生认识到自己是个人道德生活的主体；以一种积极进取、自觉成长的生活观，与教师相互探讨、共同思考，学会道德判断和道德选择。初一学生既像大人又像小孩，这就要求教育者要用很大的机智来对待少年的这些特点，既要尊重他们，又要适当地引导、监督他们。可采用主题讨论法、心理活动法、民主对话法、比较鉴别法等，让学生在班会、家庭、社会上获得、印证道德认知；体验、深化道德情感；培养、巩固道德意志；训练养成道德行为，强调由他律内化为自律的全过程。与此同时，小学六年级随着年级的升高，应逐渐减弱学生的依赖性，以学生为主组织设计队会教育活动，其理性成分要逐步上升，以适应中学的教育活动。

中小学教师应改进德育方法，增强德育的民主性；应相互走访，相互介绍，而达到相互了解，相互配合。

（二）改进学校管理，保证中小学德育衔接

初中学习的科目、内容、深度、矛盾及评价与小学有很大不同，大量全新的信息输入与学生原有的心理结构不相符合，这是学生进入初中感到不适应的重要原因之一，由此就可能发展为“问题”学生，甚至可能出现“乱班”。同时，德育工作不仅仅是班主任、团、队的事，课堂教学也是德育工作的主渠

道，是培养学生良好个性品质的最经常性途径。为此，各科教师应充分认识到，必须改进自己的教学方法，提高教学质量，不仅在知识传授上要注意中小学衔接，而且在学生的行为习惯培养上也要注意中小学的衔接，作为小学，随着年级的升高应逐渐放手弱化学生的依赖性，以学生为主来组织教学。在各分段的成绩考核中强化严格性，只有对学生进行竞争意识的培养，才能使他们具有适应中学严峻学业成绩评价的承受能力。中学则要通过课堂教学，注意“接”点。注意中小学知识衔接，精讲多练，防止学生“走神”，立足课堂，对学生进行思维品质的培养，在课堂活动方式及作业批改的方式上仍需实行多样化。少年儿童多需要成功的激励，因此在教学活动中应注重培养学生兴趣，创设成功机遇，充分体现激励性原则，使各层次的学生达到不同的目标，在自己的发展区尽快成长。

当然我们深知，衔接问题是复杂的，要真正解决诸多问题还有待进一步研究和探讨。但我相信只要我们把初中和小学作为一个整体，从德育的系统性、教师工作风格的差异性、教育教学手段和方法的连续性、班队会活动设计的对应性考虑“衔接”，大家互相交流合作，定能有效实现小学—初中德育工作的顺利开展，亦能全面地促进学生的可持续性发展。

让科技引领我们走向未来

科技节上学生自制的“简易电话”

“科学启迪智慧，科技创造未来。”为全面推进素质教育，启发创新潜能，在校园内掀起“学科学、爱科学、用科学”的热潮，2016年五邑碧桂园中英文学校第四届科技节系列活动今天正式开幕了！

今天的活动，我们非常荣幸地邀请到了江门市蓬江区科技局雷梓超局长、黄为良副局长以及五邑碧桂园社区邝主任莅临指导。等一会儿，几位领导和嘉宾还将分别向我校赠送一批科技图书，包括《地震科普知识宣传手册》《科普小常识》《防灾减灾应急避险手册》等，让我们用热烈掌声对他们的大力支持和无私帮助表示衷心的感谢！

本届科技节的主题是“未来小创客，快乐新体验”。学校为同学们精心准备了寓教于乐、丰富多彩的科技“盛宴”：有科普电影的视觉享受，有科普农业基地的参观和实践活动，有机器人的展示，有筷子搭桥和“鸡蛋撞地球”

比赛，有科技大篷车的体验，有科普知识及科技作品的展示，有师生与家长们共同参与的科技大游园活动，到时还有奖品拿哦。同学们，你们喜欢吗？

为了让大家更好地参与科技节活动，并有所收获，我向同学们提出三点希望：

第一，要敢于体验。希望同学们对科技怀有好奇之心，探究之心，大胆去尝试，积极去体验。“纸上得来终觉浅，绝知此事要躬行。”只有亲身体验了，亲手操作了，才会有更真切的感受。

第二，要善于创造。法国文学家罗曼·罗兰说过：“唯有创造才是快乐的。”希望同学们能在生活中多产生一些奇思妙想，更期待同学们能有一些小发明，小制作，小创造。今天，我们是校园小“创客”，明天，也许我们当中就会诞生像爱迪生一样的伟大发明家。

第三，要乐于分享。分享与交流是创客教育的重要理念之一，希望同学们在科技节活动中，主动把自己的想法、体会和收获跟小伙伴们进行交流，如果有了自己的科技作品，更要拿出来与大家分享，哪怕你的作品是“丑小鸭”也没关系。

同学们，心动不如行动！让我们用热情去点燃科技的圣火，用智慧去创造精彩的生活！让科技引领我们走向未来！

如何教学生“学会做人”

在广东碧桂园学校素质教育模式中，“学会做人”是核心。如何教学生“学会做人”呢？下面是本人的几点思考。

一、教学生学会做人，是德育工作的根本任务，也是教师的根本职责

多年前，有人谈到全面发展时就形象地说：“智育不好是次品，体育不好是废品，德育不好会成为危险品。”作为人才培养基地的学校，不应该出次品，也不应该出废品，更不应该出危险品。德育工作作为学校的首位工作，就是要解决不出危险品而多出优质品的问题。德育，即品德教育，在不同历史时期、不同社会制度下具有不同的内涵。作为中国社会主义学校的德育，包括政治教育、思想教育和道德教育等三个方面。其实，归根结底一句话，德育就是要解决教会学生做人的问题。换言之，教会学生做人是德育工作的根本任务。

唐代韩愈有篇著名的《师说》。他把教师的职责明确为“传道授业解惑”。“传道”可以理解为道德教育，“授业”可以理解为文化教育，“解惑”所要“解”的“惑”显然既包括“传道”中的，也包括“授业”中的。可见他也是把德育放在首位。小学是学生接受启蒙教育的重要阶段，其世界观、人生观、价值观尚未形成，他们幼小的心灵好像一张白纸，如何在这张白纸上描绘出美丽的图画就成了我们小学教师不可推卸的责任。

二、教会学生做人，要求教师首先应成为学生的表率和楷模

人们常把当教师称为“为人师表”；师范学校校名的含义表现为八个字的校训：“学高为师，身正为范”；古圣先贤历来强调“身教重于言教”“其

身正，不令而行；其身不正，虽令不从”。这些都充分说明了教师表率作用的极端重要性。儿童是在不断模仿成人的过程中长大的。有个成语叫“近朱者赤，近墨者黑”，在所“近”者并不一定有意对其施加影响的条件下影响尚且如此巨大，那么，作为直接肩负着教育培养其成长责任的教师对学生将产生怎样的影响，是不言而喻的。正因为如此，能否拥有一批既有精深的专业知识和高超的教育教学艺术，又能对学生充分发挥表率作用的优秀教师被视为一所学校兴衰的关键因素之一；正因为如此，许多学生把学习阶段能否师从几位品德高尚、学识渊博、教育得法的好老师作为自己人生发展如何的关键因素之一；正因为如此，许多学生家长不惜代价把孩子送到碧桂园学校，他们除了看中这里一流的教育设施以外，更看中的是这里来自全国各地的优秀教师。

认识到教师的表率作用何等重要，作为教师就要在发挥怎样的表率作用和如何发挥表率作用上提高认识，并身体力行。

应该树立怎样的教师形象呢？首先，教师应该是具有以唯物辩证为基本内容的科学世界观，具有以为人民、为社会服务为重大特征的革命人生观的人。有了这样的世界观、人生观，才有可能对学生实施科学的成功的教育。否则，如果其世界观是唯心主义、形而上学的，如果其人生观是享乐主义、厌世主义、实用主义、权力意志主义、极端个人主义的，则只能对学生施加消极、负面的影响。其次，教师还应该是具有良好的社会公德、职业道德、思想品德的人，要有高度的正义感，强烈的是非观念，忠于职守，严于律己，言行一致，以身作则。唯有如此，才能形成强大的人格力量，感染、引导学生不断达到道德的较高层次。反之，如果教师不能保持思想品德的较高品位，甚至不能恪守职业道德、违背起码的社会公德，带出来的学生也只能等而下之。最后，教师还应该是学识渊博、意志坚强、勇于进取、善于合作、身体健康、仪态大方，并且尽可能多才多艺的人，这样才有可能给学生以多方面深刻而有益的影响，使学生亲其师而信其道，逐步成长为全面发展的优秀人才。

三、教会学生做人，教师还必须熟练掌握和运用德育的原则和方法

有了良好的愿望、正确的认识，如果不能遵循正确的原则和运用正确的

方法，仍然难以达到预期的目的。古语说：“工欲善其事，必先利其器。”这些都是在讲方法的重要性。那么，我们在教会学生做人的德育工作中，应该遵循哪些原则和采取哪些方法呢？

先说德育原则。小学目前普遍运用的德育原则主要有：（一）知行统一原则。让学生懂得、接受了正确的思想后，就要使他们能身体力行地去做，不仅因为在做的过程中可以加深其所知，而且只有付诸行动，其所知才有实际意义和价值。（二）正面教育与纪律约束相结合的原则。正面教育永远是主要的，但纪律约束也是永远不应被削弱的，两者必须结合起来。一些班级、学校的管理之所以成功，就在于此。（三）严格要求与尊重信任相结合的原则。片面强调“严师出高徒”，以致走向刻薄寡情，很难说是对学生的教育；而放弃了严格要求的民主管理，则会变成放任自流。（四）发扬优点克服缺点原则，或称发扬积极因素克服消极因素原则。任何个人都是优点缺点、积极因素和消极因素共存的统一体，学生当然也是这样。人的进步过程，也就是积极因素不断增长、消极因素不断削弱的过程。所以教师应十分珍惜并努力发扬学生身上的任何积极因素，逐步以正祛邪。（五）在集体中进行教育的原则。集体本身是一种强大的教育力量。本人曾在班级管理中用这样一句话作为班训：“我的形象就是班级的形象。”这句话对学生激励很大，对班级良好风气的形成起到了十分重要的作用。（六）教育影响的连续性和一致性原则。德育工作中要力戒朝三暮四、朝令夕改的现象。因为教育的作用是潜移默化、循序渐进的，多数情况下，如春园之草，不见其长，日有所增。朝令夕改就会使学生无所适从，从教育者方面说也是自己乱了自己。（七）注意学生年龄特征和个性差异原则。不同学段有别，同一学段的学生性别、年龄也不相同，同一年龄、性别的学生个性也有很大差异，正是一树之花，花花各异；一花之瓣，瓣瓣不同。统一要求是重要的，有针对性地个别指导、谈心更是不可或缺的。严格来讲，没有经过个别指导的学生很难说与你是真正意义上的师生关系。

再说德育的方法。方法问题往往因人而异，所谓“戏法人人会变，各有巧妙不同”就是这个意思。但任何事物总有其共性。当前中小学常用的行之有效的德育方法有：说服教育法、榜样示范法、情感陶冶法、行为实践法、自我教育法、个别感化法、品质评价法、知识启迪法、学科渗透法、量化管理法等等。带一个班，教一门课，甚至教育某一个学生，有时要用不止一种方法。教师要充分运用育人智慧，相机而教，对症下药，以期收到预期的教育效果。

民办学校德育工作面临着许多新鲜的课题，亟待进行广泛深入的理论探讨和实践探索。《中共中央关于进一步加强和改进学校德育工作的若干意见》《爱国主义教育实施纲要》和“广东碧桂园学校素质教育模式”为我们明确了努力的方向。我相信，通过老师们的共同努力，我校的德育工作一定可以迈上一个新台阶，培养出更多品学兼优的“名生”；与此同时，在德育工作领域内也必将涌现出一大批“名师”。

让明天作证

——2020年秋季学期校长“思政第一课”

经过一个相对比较短暂的暑假，同学们又回到熟悉的校园，开始了新学年的学习。刚才同学们以精彩的武术表演以及军训会操展示，为开学典礼增添了生机与活力。在此，我代表学校领导向全体师生致以新学期的美好祝福！向刚刚加入五邑碧桂园中英文学校这个大家庭的新老师、新同学表示热烈的欢迎！

由于受新冠肺炎疫情、极端天气（比如洪水、台风）、国际关系变化（比如中美关系）等影响，使得2020年成为极不平凡的一年。但也让我们看见了许多感人的事情，更加坚定了自己内心的信仰。无论遇到什么样的困难和考验，人民对美好生活的向往永远不会改变。新的学年，同学们都升了一个年级，有了新的起点。最近，碧桂园董事局主席杨国强先生再次强调，要让博实乐旗下所有的中学生手写一篇作文《20年后的我——让明天作证》，要求学校档案室要保管手稿，将来校庆时可以复印给校友。还要求老师们都要阅读学生手稿，了解学生志向。

不知道同学们有没有想过这个问题：20年后的自己会是什么样的呢？这个问题不但适合中学生去思考，也适合小学生去思考。20年后，即便现在小学一年级的同学也已大学毕业，而初中的同学们已年过而立，事业有成。我想，无论同学们将来从事什么职业，有一点希望大家一定要记住，那就是做一个有社会责任感的人。要把个人的发展和民族的振兴结合起来。我们提出要“培养具有中国灵魂、国际视野和独特个性的未来成功人士”，中国灵魂是前提，是根本。中华民族的优秀传统文化、传统美德、民族精神，我们一定要传承并弘扬。

有了理想，接下来就要付诸行动。初中教学楼一楼大厅的墙上张贴着杨国强先生的亲笔题词：聆听，观察，阅读，思考。这八个字为我们的行动指明了方向。聆听，意味着我们在课堂上要专心听讲，要虚心听取老师和长辈的教诲。与此同时，“风声、雨声、读书声声声入耳，家事、国事、天下事事事关心”。观察，需要我们多走多看，多参加拓展和研学活动，具有开阔的视野。阅读，比较好理解，就是多读书、读好书，“腹有诗书气自华”。思考，就是善于开动脑筋，有自己的思想，不要人云亦云，随波逐流。

同学们，有大德者必有大志，有大志者必有大作为。现在，你们来到了新时代的关键时刻，国家正处在世界的不太平之中，希望你们心之所向必以天下为先，日新其德，自强不息，为中华民族的伟大复兴而读书。并通过聆听、观察、阅读、思考，真正做到“每天一点进步，进步就是成功”。

最后有两点温馨提示：

第一，疫情并未结束，安全防控不可掉以轻心。现在全球累计确诊人数已超过2530万人，“外防输入、内防反弹”的压力依然很大。学校也将按照上级要求继续做好疫情防控各项工作，请大家认真配合。

第二，爱惜粮食，杜绝浪费。古人云：“一粥一饭当思来之不易，半丝半缕恒念物力维艰。”上学期末，学校推出了自助餐，这学期将继续采用自助餐模式，让同学们吃饱、吃好。但是希望同学们吃多少，拿多少，不剩饭，不剩菜，“我光盘，我光荣”。

祝同学们在新的学期学习进步，再创佳绩！祝老师们身体健康，工作顺利！

送给首届初三毕业生的三句话

今天我们欢聚一堂，为2014届初中九年级的同学举行隆重的毕业典礼。这也是我校首届初三的毕业典礼，意义非凡，我的心情也特别激动。首先，请允许我代表五邑碧桂园中英文学校，向经过三年的努力，圆满完成初中阶段学习任务的九年级全体同学表示热烈的祝贺！向辛勤培育孩子们健康成长的老师和家长朋友们表示衷心的感谢和崇高的敬意！

同学们，三年前你们怀揣着梦想走进了我校初中部。花样年华，光阴荏苒，弹指之间紧张而有意义的初中生活即将画上圆满的句号。在逝去的一千多个日子里，你们茁壮成长，从稚气未脱的少年变成了日渐成熟的青年。美丽的校园里留下了你们青春的风采，执着的追求，拼搏的激情和成功的喜悦。在老师的帮助和家长的关怀下，你们懂得了做人的道理，学到了丰富的知识，诠释了生命的意义。九年级（1）班也成为一个文明、团结、活泼、向上的优秀班集体，班级同学人才济济，全面发展。尤其是在刚刚结束的中考中，你们以优异的成绩向家长和老师递交了一份完美的答卷——最高分772分，总平均分在蓬江区18所学校中名列第一！黄芊莹同学英语以满分120分的优异成绩勇夺江门市中考单科状元！首届中考一炮打响，为学校发展开了个好头。我知道成绩的背后凝聚了老师、同学和家长们的心血和汗水，在此我要真心地道一声：谢谢你们！你们辛苦了！

同学们，初中毕业只是意味着义务教育告一段落，但是对你们来说学习的生涯还远远没有结束，高中和大学在向你们召唤，知识的殿堂将为你们打开一扇扇更加厚重而神秘的大门。因此，经过短暂的停歇之后，你们又将踏上新的征程。离别之际，我想送给同学们三句话：

第一句话：“让社会因我们的存在而变得更加美好。”这是碧桂园集团创始人杨国强先生提出的美好愿景。在座的同学家庭条件都不错，我相信将来绝大多数同学都能成为社会的精英人才。希望同学们长大后能增强社会责任感，在成就个人事业的同时，也为社会创造更多的物质财富和精神财富，把个人的理想与民族的复兴、社会的进步紧密相连，做大气之人。古人尚且懂得要“修身、齐家、治国、平天下”，我们更应胸怀祖国，放眼世界。

第二句话：“独立思考和独立判断的一般能力，应当始终放在首位，而不应当把获得专业知识放在首位。”这是伟大的物理学家爱因斯坦的一句名言。同学们，我们现在所处的社会是一个纷繁复杂、变幻莫测的社会，真可谓“乱花渐欲迷人眼”。只有具备了独立思考和独立判断的能力，才不至于迷失自我或人云亦云，才能树立正确的人生观和价值观，成就最好的自己。

第三句话：“没有比脚更远的路，没有比人更高的山。”这是当代著名诗人汪国真的一句诗。在你们未来的学习和生活中，可能会遇到各种各样的困难。但是，只要你们有坚定的信念，有顽强的意志，有明确的目标，任何困难都能战胜。你们像羽翼渐丰的雏鹰，有足够的实力去挑战新的高度。一览众山，风景就在自己的脚下；张开双翼，自会迎来更加广阔的天空。

飞吧，孩子们，飞过广袤的原野，飞向缤纷的彼岸。飞吧，孩子们，无论你飞到哪里，母校都有一双双深情的眼睛在注视着你们。母校的大门随时为你们敞开，欢迎你们常回来走走、看看。当你成功之际，母校会为你喝彩；即便你遇到了挫折，母校也会为你加油！

孩子们，操场的塑胶跑道上还闪烁着你们晨练的汗珠，教室的门把手上还保留着你们手掌的余温，宿舍走廊里还回荡着你们爽朗的笑声……然而，今天你们真的就要离开母校了。说心里话，我舍不得你们。借此机会，我真心地祝福你们，祝你们在今后的学习和生活中一帆风顺，不断进步！

诚信教育探索

诚信是中华民族的传统美德。孔子云："人而无信，不知其可也。"著名教育家陶行知也说过："千教万教，教人求真；千学万学，学做真人。"华南碧桂园学校自建校伊始，就把诚信教育列为德育工作的重点内容之一，并将"诚信"二字纳入了校训，力求使我校学生做到"人人知诚信、人人讲诚信"，做一个诚实守信的好公民。

一、开展诚信教育的现实意义

随着市场经济的发展，各种道德观和价值观如泥沙俱下。一些不法分子在金钱与利益的驱使下，逐渐丧失了基本的道德底线，社会上不诚信的现象可谓层出不穷，如"三鹿奶粉"事件、"周老虎"事件、"躲猫猫"事件、"钓鱼执法"事件、"地沟油"现象、学历造假现象、高考泄题现象、高考冒名顶替现象等等。

这些社会不良现象也侵蚀着校园，给中小学生健康成长带来了不利的影响。在一些地区和学校，少数学生考试作弊、言行不一、欺骗他人的情况时有发生。

面对社会发展变化对中小学生思想道德教育的新要求，各级教育行政部门和中小学校必须充分认识加强中小学诚信教育、建设诚信社会的重要性；充分认识诚实守信的品德是立身之本、做人之道，必须从小培养，贯穿于教育的全过程；充分认识诚信教育是摆在我们面前的一项重要任务，必须将其作为学校工作的一件大事，认真抓紧抓好。

二、明确诚信教育的具体内容

根据教育部《关于进一步加强中小学生诚信教育的通知》精神以及学校

的实际情况，我校提出了以下诚信教育的具体内容：

在诚实教育方面：培养学生诚实待人，以真诚的言行对待他人、关心他人，对他人富有同情心，乐于助人。严格要求自己，言行一致，不说谎话，作业和考试追求真实，不拖拉、不抄袭、不作弊。

在守信教育方面：培养学生守时、守信、有责任心，承诺的事情一定要做到，言必信、行必果。遇到失误，勇于承担应有的责任，知错就改。要学会正确与人合作，创建良好的伙伴关系。

在诚实守信教育的同时，还要加强遵守法律法规、校规校纪和社会公德的教育，培养学生的法律意识和规则意识，使其具备良好的道德品质。对社会上的不良现象要提高明辨的能力。

各班组织同学对以上内容认真学习，做到人人知晓。

三、丰富有效的诚信教育活动

教育理论指出："活动作为人的意识能动性和个体能动性的高级表现形式，是行为主体与客观世界相互作用的过程。"因此，让学生在活动中去体验、去成长，是实现德育目标的最佳途径。根据小学生的年龄特点，我校组织开展了丰富多彩的诚信主题系列教育活动。

1. 编印《诚信教育读本》。内容包括"什么是诚信""诚信格言""诚信小故事"等。组织广大师生认真学习，统一思想，提高认识，明确要求。通过国旗下讲话、"红领巾"广播电视台、黑板报与手抄报、思品课、班会课等多种渠道进行宣传和渗透，使诚信教育深入每个孩子的心田。

2. 开展问卷调查和专访活动。结合学生的实际生活，精心设计问卷内容，了解学生的诚信现状。并利用周末和假期组织学生进行诚信专访，专访对象可以是家长，也可以是其他从业人员，使诚信教育由学校延伸到家庭和社会。

3. 设立"诚信考场"。学科检测时，在三至六年级学生中进行无人监考的尝试。活动前，组织学生进行诚信宣誓活动。据统计，全校98%以上的学生在无人监考的情况下做到了讲诚信、不作弊。

4. 召开主题班队会。孩子们通过歌曲、相声、小品、故事、诗朗诵、快板书、诚信宣誓、诚信签名等活动，受到了深刻的诚信教育。

5. 举办诚信征文。引导孩子们用稚嫩的笔叙述发生在身边的诚信故事。学校统一编印优秀征文集，并举办优秀作品展。

6. 制订诚信公约。先以班级为单位，在全体学生共同讨论的基础上，制订班级的“诚信公约”，再由学校统一制订全校的“诚信公约”。

7. 进行诚信评价。学期末，统一印发诚信评价表，从本人、同学、家长和老师四个方面进行诚信评价。

8. 树立诚信典型。每学期末，学校通过民主评议，评选出校园“诚信小标兵”，颁发奖状，并记入学生评价手册。

四、诚信之花，处处绽放

通过以上实实在在的活动，我校学生对诚信有了深刻的认识，讲诚信的人也越来越多。绝大多数学生都能做到以诚待人，言而有信，不说谎话，不抄袭作业，考试不作弊。每学期，我校拾金不昧的行为不断涌现。2009年2月，黄非红等同学在社区大巴上拾到一个挎包，里面有现金、手机及各类证件，总价值数千元。几位同学毫不犹豫地把挎包交到学校，并通过学校交还了失主。失主非常感动，还专门写来表扬信，以示感谢。

几年来，我校的诚信教育赢得了家长与社会的广泛赞誉，《中学生报》《番禺日报》等媒体先后对我校开展的诚信教育进行了专题报道。2009年，我校的诚信教育成功入选了广州市番禺区中小学德育“一校一品”集。

诚信教育在我校已取得了初步成效，今后将坚定不移地开展下去，使其成为名副其实的德育品牌，让诚信之花在校园内外处处绽放。

第二辑　师者之道：大道至简

“师者，所以传道、授业、解惑也。”——韩愈

教育之路本就充满了艰辛。做教育，除了拥有情怀之外，还需要理性的思考和坚定的脚步。大道至简，相信有了思想与行动，那么距离成功的彼岸就不会太遥远了。

教师，请热爱读书吧

教师这个职业，决定着我们一辈子都与书本打交道。学生时代读书，工作之后教书，每天徜徉在校园里，沉浸于浓浓的书香之中，我们幸福着自己的幸福。然而，也许是职业倦怠在潜滋暗长的缘故，在我所接触的教师中，很多人走上讲台后就没有再静下心来读书了，除了偶尔翻翻教参。

据有关部门调查，世界各国每年人均读书数量，以色列人为64本，俄罗斯人为55本，而中国人不足5本。中华民族五千年灿烂文化，留下的典籍可谓汗牛充栋；当今世界信息爆炸，各类书籍亦是浩如烟海。如果我们不去亲近这些书籍的话，又怎能传承民族文化，怎能与世界接轨？我有一种偏狭的看法，就是相对于其他行业而言，教师更应该多读点书。因为我们每天都在传道、授业、解惑，不读书难以适应社会发展的需要。面对台下那一双双求知若渴的眼睛，我们是游刃有余还是捉襟见肘？孩子们自会做出评判。我们常说："给学生一滴水，老师要有一桶水。"这"一桶水"应该是时时流动（知识更新）的"活水"，而不是枯井里的"死水"。

有这样一句名言："人不能只靠面包活着。"我的理解是，人应该有更高的精神追求，而书籍无疑是最好的精神营养品。根据有关研究，人的知识来自教师传授的不到20%，而通过自己课外阅读和生活实践获取的超过80%，其中课外阅读又占了绝大部分。可以说，个体精神的发育很大程度上是依靠阅读来完成的。正如有些学者指出的：一个人的阅读史就是一个人的精神发育史。

教师应该是学识渊博、精神富有的人，而读书是造就自我的最佳途径。苏霍姆林斯基说："无限相信书籍的力量，是我的教育信仰的真谛之一。"他还说："你读过的每一本书，都应当好比是在你的教育车间里增添了一件精致的工具。"有一次苏霍姆林斯基听一位历史老师上课。这位老师的课上得非常精彩，以至于苏霍姆林斯基听课时竟忘了做笔记。下课以后他问那位历史老师备课花了多长时间，那位老师回答："我备这堂课的直接时间只有15分钟，但是我一辈子都在备这堂课。"课上到这种境界，不能不令人佩服。这是一种厚积薄发、举重若轻的结果。我想起特级教师高万祥说过的话："书籍是学校的学校，对一个教师而言，读书就是最好的备课。"他的话是对那位历史老师的回答做出的最好诠释。

读书不仅仅是为了获得文凭。作为校长，我的用人标准也非唯学历论，而更看重能力。在我看来，读书更重要的意义在于开阔人的视野，丰富人的内心，增添人的智慧。有时候，读书甚至没有任何功利性，因为读书本身就是一种莫大的乐趣。我本人是一个地地道道的书痴，书籍一直伴随着我的成长。夜深人静之际，躺在床上，顺手拿起一卷自己喜爱的书，于是整个世界浓缩在一盏小小的台灯下，璀璨而温暖。多年来，读书已经像呼吸一样成为我生命的一个组成部分。我经常跟朋友们开玩笑："可以三月无肉，不可一日无书。"

在书籍的选择上，我觉得作为教师可从三个方面入手：一是专业知识，这是从事教师职业的前提；二是教育教学的理论知识，这是成为一名合格教师的关键；三是博览群书，这是成为一名优秀教师的必由之路。《礼记·学记》云："学然后知不足，教然后知困。"建议老师们走近古今中外的大师，读一读孔子、孟子、朱熹、陶行知、叶圣陶、蔡元培、鲁迅、苏霍姆林斯基、马卡连柯、第斯多惠、杜威；走近当下一些实力派教育专家，读一读于漪、朱永新、魏书生、李希贵、张文质、肖川、吴非、刘铁芳、支玉恒、李镇西、窦桂梅……当然，还应该广泛涉猎政治、历史、哲学、自然、文学、艺术等各类书籍。只有这样，才能真正成为一名具有世界眼光的教师，从而培养出具有世界眼光的学生（我校的办学宗旨是打造具有世界眼光的值得我们骄傲的人才）。

是的，我们都很忙，没有时间读书。可我要说，在读书问题上还真得提倡雷锋的"钉子精神"和鲁迅的"海绵理论"。雷锋在日记中写道："一块好好的木板，上面一个眼也没有，但钉子为什么能钻进去呢？这就是靠压力硬挤进去的。由此看来，钉子有两个长处：一个是挤劲，另一个是钻劲。我们在学习上，也要提倡这种'钉子'精神，善于挤和善于钻。"鲁迅说："时间，就像海绵里的水，只要你挤，总是有的。"古人读书主要靠"三上"：马上，枕上，厕上。我们读书也只能忙里偷闲。当读书成为一种习惯时，时间就不再是问题。

最是书香能致远，腹有诗书气自华。教师，请热爱读书吧！哈佛大学校长艾略特先生曾坦言："要养成每日用十分钟来阅读有益的书籍的习惯，20年后，思想上将大有改进。"我想，要不了20年，也许三年五载，我们就会脱胎换骨，变成一个气质高雅的人。真的，当你把自己的双手从电脑键盘和手机按键上解放出来，翻一翻书籍时，你会体味到别样的精彩。

肖川博士其人其文

认识肖川博士是在几年前的一次教师岗位培训上。时值盛夏，暑气蒸人，加上上午多是领导讲话，内容枯燥乏味，所以大家都有些无精打采。到了下午，主持人介绍，由北师大的肖川博士给我们作题为《新课程中的教与学——让学生在自主合作探究中学习》的报告。我的精神不由为之一振：北师大的博士，来头不小啊！

肖川博士上台了。只见他个子不高，身材微胖，说话略带湖南口音，中气很足。他并没有急于切入正题，而是先对时事发表了一番高论。当时正赶上国家领导人换届，前一天中央电视台对换届进行了现场直播。那是一件盛事，包括我在内的很多老师都看了。肖川博士首先分析了一通大好形势，会场的气氛顿时活跃起来。

接下来的报告，肖川博士侃侃而谈，妙语连珠。老师们听得津津有味，全神贯注，会场不时响起一阵阵掌声。肖川博士显然也意识到今天的讲座获得了成功，他不无得意地说：要是一连听五场肖川的报告，保证大家的语言会脱胎换骨。在报告即将结束的时候，他还兴之所至，声情并茂地朗诵起《童年》这首歌的歌词来：池塘边的榕树上，知了在声声地叫着夏天。草场边的秋千上，只有蝴蝶停在上面。黑板上老师的粉笔，还在拼命叽叽喳喳写个不停，等待着下课，等待着放学，等待游戏的童年……

虽然只有短短的半天时间，但肖川博士给我留下了深刻而美好的印象：率真，朴实，深刻，执着，书生意气，放浪形骸。跟这样的人在一起，一定会觉得丰富而快乐。可惜我无缘做他的学生，当然也就无缘连续听他的五场报告。不过报告一结束，大家都争先恐后地跑到礼堂的门口，去购买肖川的书。我也挤进人群中，买了本肖川博士的教育随笔——《教育的理想与信念》。

回到家里，细细品读，如沐春风，如饮醍醐。在这本薄薄的书里，肖川博士以其深邃的思想、独到的见解、凝练的语言，把教育这一严肃的话题，阐述得如此生动迷人、富有魅力！在谈到关于什么是良好的教育时，肖川博士写道：什么是良好的教育呢？也许我们很难给予它一个周全的描述，但我们可以肯定地说，如果一个人从来没有感受过人性光辉的沐浴，从来没有走进过一个丰富而美好的精神世界；如果从来没有读到过一本令他（她）激动不已、百读不厌的读物，从来没有苦苦地思索过某一个问题；如果从来没有一个令他（她）乐此不疲、废寝忘食的活动领域，从来没有过一次刻骨铭心的经历和体验；如果从来没有对自然界的多样与和谐产生过深深的敬畏，从来没有对人类创造的灿烂文化发出过由衷的赞叹……那么，他（她）就没有受到过真正的、良好的教育。（肖川《教育的理想与信念》第33页，岳麓书社2002年6月第1版）

几年来，肖川博士的这本教育随笔我一直放在床头，时常翻阅。令人高兴的是，前不久逛书店时，发现了肖川博士新近出版的另一本教育随笔——《教育的使命与责任》，赶紧买来拜读。时隔几年，肖川博士的文风没有太大的变化，只是观点更加尖锐，语言更加犀利了。

阅读他的文字，仿佛受到了心灵的洗礼和思想的启蒙。我想，如果所有的学者都能像肖川博士那样直言，中国的教育也必将迎来美好的明天。

听说肖川博士还写有一本教育随笔，书名叫《教育的智慧与真情》，而且他正在写作第四本教育随笔《教育的情趣与艺术》。我相信自己迟早会读到它们的，一定！

荣誉·责任·追求

——参加碧桂园集团2012年会的几点体会

碧桂园集团总部远眺（方之武摄）

1月30日，有幸参加了碧桂园集团2012年度总结大会。这是我第一次参加集团年会，700名集团精英济济一堂，躬逢盛事，倍感荣光，也收获良多。下面是几点粗浅的体会。

一、本次年会简朴实在而又鼓舞人心

本以为集团年会是一派灯红酒绿、歌舞升平的景象，没想到会议第一天给我的感觉实实在在，简简单单，没有任何粉饰太平，也没有什么繁文缛节。在杨主席一番声情并茂的演讲之后，莫总裁对年度工作进行了详细总结。接下来的几天里，还要对公司高管们进行专业培训，并进行实时考核。相信这样的年会对每一个与会人员来说都是受益匪浅的，对集团的可持续发展也是大有裨

益的。

在聆听了杨国强主席和莫斌总裁的报告后，我和大家一样精神振奋，欢欣鼓舞。去年虽然是中国房地产的“冬天”，但碧桂园集团的销售额仍创纪录地达到432亿元。可以说，碧桂园集团是连锁学校的坚强后盾。拥有这样一个坚强的后盾，我们何愁办不好学校呢？

二、多一点反思就多一点进步

在年会上，杨主席和莫总裁都充分肯定了过去一年取得的成绩，但不缺乏深刻的反思。杨主席多次发出这样的追问：“我们应该怎样做事？是否已经做到最好了？还能不能做得更好一些？”他还结合一些具体的案例，告诫我们要站在人家的角度去想，要从细节入手，多研究，多分析，要做到心中有数，要适当控制成本，要用最少的投入获得最大的效益。莫总裁还在会上毫不客气地宣读了销售额排在后十名的单位，以达到奖掖先进、激励后进的作用。

办好学校其实也同样需要不断反思，寻找差距，超越自我。

三、要有远大的理想和追求

杨主席再次阐述了他的人生三大目标：让家人过上好的生活，有发挥天赋的平台，取得荣耀并得到社会的赞美。这与中国古代君子所倡导的思想“修身、齐家、治国、平天下”有异曲同工之妙。莫总裁从一个建筑专家变成了地产专家，完成了华丽的转身。他还为集团发展制定了“低成本、高速度、精品质”的完美目标。这些都为我树立了一个很高的标杆。

碧桂园连锁学校如何跟上碧桂园集团发展的需要？如何为社会培养更多的精英人才？如何用适当的成本创造最好的效益？我一定掮起属于自己的那份责任，勇敢前行，永不懈怠。

高考“神童”刍议

眼下正是高考放榜的日子，考生们都在翘首期盼着心仪的高等学府向自己伸出橄榄枝。而那些高考“状元”和高考“神童”们则理所当然地成了人见人爱的香饽饽。例如，广州南海中学年仅11岁的龚民，在高考中考出了639分，被中山大学和中科大少年班同时录取，只等着一纸通知书到手，就可以“春风得意马蹄疾，一日看尽长安花”了。

不知为何，近年来像龚民这样的高考“神童”层出不穷。2005年高考，年仅10岁的张炘炀以505分的成绩被天津工程师范学院正式录取，成为全国年龄最小的大学生。他用3年时间修完了大学4年的学分，2008年又顺利考上了北京工业大学研究生，成为全国年龄最小的硕士生。2006年高考，年仅13岁的南京考生刘昕以674分的高分考上了清华大学。今年高考，有“神童班”之称的北京八中少年班24人中，14人成绩在600分以上，其中10人剑指北大、清华。全班最低512分，也超过北京高招一本线。据说，这个少年班最小的才13岁，最大的也只有15岁。

也许有人会说，有如此众多的“神童”，是国家之幸、盛世之兆啊。但笔者认为，这些“神童”将来能否成为真正的“栋梁”，这才是人民应该关心的，也是最重要的，因为建设国家靠的是“栋梁”，而不是“神童”。记得笔者以前工作过的一所学校中，曾有两位同事，他们都是中科大少年班的高才生，而且是两口子，专业都是信息技术，工作也都很出色，颇受领导的赏识。不过笔者一直很纳闷，堂堂中科大少年班的毕业生，那应该属于“天才”之类，现在成了一名普通的小学老师，是不是有点“大材小用”了呢?

事实上，一份中科大少年班学生跟踪报告显示，“天才”陨落的例子并不少见。由于压力过大、无法妥善处理与导师的关系、生活自理能力差等多种原因，不少“神童”不仅一事无成，有的还落下严重的心理疾病。这其中，曾被誉为“中国第一神童”的宁铂就是一个典型的例子。1978年，江西某高校的一位教师给时任国务院副总理的方毅写了一封推荐信。在方毅的批示下，中国科技大学派人到赣州考察宁铂，准备进行“破格”教育，并为此成立了中国第一个大学少年班。

那一年，全中国的媒体都在报道宁铂。据当时的报道，宁铂2岁半时已经能够背诵30多首毛泽东诗词，3岁时能数100个数，4岁学会400多个汉字，5岁上学，6岁开始学习《中医学概论》和使用中草药，8岁能下围棋并熟读《水浒传》。几乎一夜之间，宁铂成了家喻户晓的“神童”。不过，宁铂进了中科大少年班之后，学习成绩并不理想，不及格的科目多过了一般同学。然而外界的赞美仍在继续，公众意义上极具天赋的宁铂形象也从未被否定过。

在巨大的精神压力之下，宁铂试图逃离中科大。他先是提出请求，调到南京大学去学天文，但教务处长的回答很干脆：“既来之，则安之。”随后，他又在老师的逼迫下去考研，但连考3次托福，均未过关，从此更加心灰意冷。他很少做物理学科的研究，却沉湎于围棋、哲学和宗教。结婚之后，他练习气功，吃素，与常见的生活习惯渐行渐远。他曾一度下海跑到了海南，甚至前往五台山出家，但都被中科大校方找了回去。

多年以后，宁铂曾深有感触地说：“在很多场合，人们要求我七步成诗。那时我只是一个不谙世事的小孩，长期接受的教育又是顺从、克己复礼，因此痛苦充溢着我的内心。那些年我就是在压抑自己的个性中度过的。‘神童’剥夺了我许多应该享有的生活和娱乐的权利。”有一次宁铂应邀参加央视的“实话实说”节目，探讨“神童教育”。他频繁抢过话筒发言，语速很快，情绪激烈，猛烈抨击“神童教育”。周围观众不时发出笑声，但很多年轻人不知道他就是大名鼎鼎的“中国第一神童”宁铂。

宁铂的悲剧是值得人们深思的。上海社科院青少年研究所所长杨雄指出，智优儿童和智力障碍儿童在儿童总数中所占的比例几乎相同，均为1%左右，属于极端少数人群。因此对“神童”不必过分关注或强调，也不必投入过度的教育资源，让“神童”顺其自然地成长，可能会对他们的未来更有利。在教育过程中，除了知识教育外，人格教育也十分重要。前几年，新加坡出了一个7岁的“化学神童”，他顺利通过了英国考试机构的“0”级化学考试，被列入《新加坡纪录大全》，但新加坡的高校却拒绝录取他。理由是：“如果由于过早将他送入一个令他的能力和想象力受到局限的环境，而使他丧失对于科学的热情，那将是件非常可惜的事情。”中国香港9岁“神童”沈诗钧上大学一事也曾引起广泛争议，中国香港大学校长徐立之说，读大学不是为了取得学位，人生不是只有学术成就。

反观我们的很多家长和学校，总爱做急功近利、拔苗助长的事情。拿龚民来说，他没有上过幼儿园、小学。他在外公外婆的教育下，5岁学完全部小学课程。笔者以为，这种“家庭作坊式”教育是有其局限性的，比如班队活动等就无法得到体验。而龚民的外公面对“高分低龄”的外孙即将迈进大学的门槛，也不无担心。“龚民虽然智商达到大学生的程度，但毕竟还是个11岁的孩子，生活自理能力还不够，就算提一桶水也会觉得吃力。”所以，龚民的外公外婆已经决定跟孩子到大学陪读。

中国人总是爱缔造一个个“神童”，也爱创造一个个“神话”。但愿若干年后，这些高考中横空出世的“神童”们，不要再像王安石笔下的方仲永那样“泯然众人矣”！

关于民办教育发展的几点思考

自20世纪90年代开始，民办教育如雨后春笋般兴起，至今已走过20余年的历程。其间大浪淘沙，部分民办学校被迫退出了历史的舞台，也有一部分民办学校凭借优美环境、优质教育和优良服务得到了社会的认可，在激烈的生源大战中赢得了一席之地。

一、当前民办教育发展的政策走向

民办教育的发展除了要遵循市场本身的规律外，更多的是受到国家和地方政策的影响。因此，摸清政策，找准定位，才能走得更稳、更好。

2003年9月，《中华人民共和国民办教育促进法》正式施行。其中第三条明确规定："民办教育事业属于公益性事业，是社会主义教育事业的组成部分。国家对民办教育实行积极鼓励、大力支持、正确引导、依法管理的方针。各级人民政府应当将民办教育事业纳入国民经济和社会发展规划。"

2010年3月，广东省出台了《广东省实施〈中华人民共和国民办教育促进法〉办法》，其中第三条指出："民办学校与公办学校具有同等的法律地位。"

2014年12月，江门市政府办公室转发了市教育局《关于促进江门市民办教育发展的实施意见》，意见指出："民办教育是我市教育事业的重要组成部分。各级政府要把发展民办教育作为重要工作职责，要将民办教育作为教育事业发展的重要增长点和促进教育改革的重要力量，纳入我市经济社会发展规划。"并从鼓励民办教育体制机制改革、落实扶持民办教育发展政策、依法保障民办学校教师待遇、促进民办教育特色优质发展等多方面对促进民办教育的发展做出了具体规定。

2015年1月，李克强主持召开国务院常务会议，按照深化教育领域综合改革的需要，会议通过对教育法、民办教育促进法等法律法规进行一揽子修改的修正案草案，决定提请全国人大常委会审议。草案明确对民办学校实行分类管理，允许兴办营利性民办学校。

2016年11月，第十二届全国人民代表大会常务委员会第二十四次会议通过决议，对《中华人民共和国民办教育促进法》作出修改。其中第九条内容为："民办学校中的中国共产党基层组织，按照中国共产党章程的规定开展党的活动，加强党的建设。"第十九条内容为："民办学校的举办者可以自主选择设立非营利性或者营利性民办学校。但是，不得设立实施义务教育的营利性民办学校。"

2018年4月，教育部发布《中华人民共和国民办教育促进法实施条例（修订草案）（征求意见稿）》，提出"公办学校参与举办民办学校，不得利用国家财政性经费，不得影响公办学校正常的教育教学活动"。

2018年8月，司法部发布了《中华人民共和国民办教育促进法实施条例（修订草案）（送审稿）》。送审稿将征求意见稿中的上述内容进一步修改为"公办学校不得举办或者参与举办营利性民办学校。公办学校举办或者参与举办非营利性民办学校的，应当经主管部门批准，并不得利用国家财政性经费，不得影响公办学校教学活动，不得以品牌输出方式获得收益"。这对"假民办"学校进一步进行了限制，而"真民办"学校则获得了更好的发展空间。

从以上政策走向中可以看出，政府和教育部门对民办教育重视的程度越来越深，民办教育"春天"的脚步可谓越来越近。

二、关于促进民办教育发展的几点建议

"好风凭借力，扬帆正当时。"纵观我区民办教育的现状，整体来说还有很大的提升空间。一是我区民办教育的数量（指民办中小学和幼儿园，培训机构除外）相对较少，规模也相对较小；二是民办教育的师资力量和办学质量跟公立名校相比还存在一定差距。

为了更好地推进江门市蓬江区民办教育的发展，笔者有以下几点建议。

（1）政策支持。鼓励民间办学，以缓解公办学校学位不足的压力。在土地使用等方面给予政策优惠。将民办学校纳入管理体系，凡教育部门组织的教

育教学等各项活动，均通知民办学校参加。在职称评定、先进评比与奖励等方面享受与公办学校同等的待遇。多宣传民办学校，给民办学校以适当自主发展的空间和展示的平台。改革民办教师的退休机制，提高民办教师的社会地位和福利待遇。

（2）业务指导。邀请专家到民办学校举办讲座，介绍民办教育的最新信息和发展动态，传经送宝。就如何打造特色品牌学校提出指导性意见。教研室主动帮助民办学校提高教研的水平，适当到民办学校组织开展教研活动，提供中考、小考的备战指南。为民办学校牵桥搭线，选择合适的公办名校或名幼儿园与其“结对子”，开展“幼小衔接”和“中小衔接”活动。成立区民办教育协会，促进民办学校的内部交流。

（3）典型引路。榜样的力量是无穷的。建议在全区评选“示范性民办学校（或优质民办学校）”，举行授牌仪式。组织其他民办学校前往观摩、学习、交流，共谋发展。可由区教育局职成股牵头成立民办教育协会，为民办教育搭建交流的平台。

（4）人才培养。举办民办学校校长培训班，拓宽民办学校干部、教师参加专业学习的途径。向民办学校推荐优秀教师（或优秀应届毕业生）。在教师进修、职称评定等方面提供便利。与区政府协调，解决民办教师的户籍问题（建议在蓬江区民办学校连续工作满三年的老师，可调入江门本地户籍，解除老师们的后顾之忧）。

（5）经费投入。根据国家教委和省教育厅的文件精神，教育部门对民办学校应给予一定的经费投入。蓬江区在向民办学校发放奖补资金方面已迈出了可喜的第一步，建议今后视民办学校的办学质量，适当增加民办教育专项资金的奖励。

有人算过一笔账，政府投资兴建一所公办学校所需的费用，可以用来资助40所民办学校。深圳某区每月为民办教师发放一定金额的生活补贴，这一举措深受民办教师的拥戴，也进一步提高了民办学校的教师地位，值得我们借鉴。

三、民办教育自身的发展定位和措施

民办学校的办学主体应志存高远，“不用扬鞭自奋蹄”，以打造优质品牌学校为己任，从自身入手，推进民办教育的发展。

五邑碧桂园中英文学校以“育名生、出名师、创名校”为发展定位，自2009年办学以来，在区政府和教育局领导的关心支持下，取得了良好的成绩。学校现有在校生近1300人，教职工近200人，教育教学质量稳步提升。未来几年，要着重做好以下三方面工作。

（一）制订目标，明确方向，规范学校办学章程

对学校的办学章程进行梳理，结合我校的实际情况，明确学校的办学理念、育人特色、校训、校风、教风、学风。未来几年，学校的发展方向是：以质量求生存，以特色谋发展，以规模创效益，把五邑碧桂园中英文学校打造成一所有影响力的精品学校。并提出“六个力”作为具体措施，即教师队伍的战斗力、德育工作的渗透力、教学质量的竞争力、英语特色的影响力、个性发展的内驱力和总务后勤的保障力。

以“让您的孩子比您更成功”为核心文化，提出“现代成功教育”的特色理念，丰富完善“现代成功教育”的理论体系，为学校文化的整体布局勾画出新的蓝图。

为使管理规范化，学校制订出一系列规章制度，如《五邑碧桂园中英文学校干部约法八章》《五邑碧桂园中英文学校教师纪律十条》《五邑碧桂园中英文学校教师文明礼貌十条》《五邑碧桂园中英文学校教师待遇条例》《五邑碧桂园中英文学校安全事故问责制》《五邑碧桂园中英文学校初中学生手册》《五邑碧桂园中英文学校学生奖学金暂行规定》等。

（二）文化引领、内涵发展，全面实施素质教育

为积淀校园文化，发展内涵，我们将着手构建具有校本特色的素质课程体系，简称“一二三四五六”，具体如下。

“一项课程改革”，即“生态课堂”的改革。以学生为主体，强调每一个学生的需求、欲望和意识，兼顾学生的个性发展，通过现代课堂教学手段，实现教学与学生发展的真正统一。

“两个必须学会”：学会做人，学会做事。将“两个学会”作为德育工作的核心来抓。

“三点成功要素”：中国灵魂（包括中华优秀传统文化、传统美德、民族精神），国际视野（包括全球化理念、创新思维与精神、英语技能），独特个性（包括人格独立、气质独特、个性张扬）。

“四类校本课程”，即（1）特色课：游泳、书法、乐器、国学、太极拳、剑桥英语……（2）兴趣班：丝网花、水钻贴画、十字绣、编织、烹饪……（3）专业队：武术、合唱、管乐队、舞蹈、乒乓球、毽球……（4）小社团：英语剧社、棋社、文学社、摄影俱乐部……

“五项基本技能”，又称个性发展“五个一”，具体指：每位学生至少掌握一样健身的本领；至少学会一门乐器；至少懂得欣赏一种艺术；至少参加一个小社团；每学期至少登台表演一次。

“六大育人工程”，坚持德育为首；营造书香校园；凸显英语优势；发展个性特长；启发创新潜能；开拓国际视野。

（三）师德建设，专业培训，打造一支优秀的教师队伍

学校发展的关键在于教师队伍。未来学校将坚持进行师德培训和业务培训，不断提高老师们的师德修养和业务能力。每周星期一，上午定期召开行政会议，晚上召开部门教师例会。坚持例会内容的改革，将例会分成艺术欣赏、教师论坛、校务工作和教师培训四个部分。请进来，走出去，通过校内德育经验交流会、教学经验交流会、学科带头人示范课等活动，苦练教师基本功。

对教师的评价，从五个维度入手，即：学生喜爱，家长满意，领导放心，同行敬佩和自我认同。每学期评选“学生最喜爱的老师”和“家长最满意的老师”，予以表彰。

努力践行董事会提出的“五个留人”，提高教师的幸福指数。开展形式多样的工会活动，丰富教师们的业余生活。召开第三届教职工代表大会，收集整理教代会提案，认真给予答复，逐步走向民主治校的道路。

通过师德建设和业务培训，打造一支特别能吃苦、特别能战斗、特别讲团结、特别讲奉献、相对稳定、合理流动、德才兼备的优秀教师队伍。

“风雨多经人未老，关山初度路正长。”相信通过大家的共同努力，蓬江民办教育的明天一定会更加美好！

创建高品质的校园生活

我们向家长和社会郑重承诺：要让学生过上高品质的校园生活，这是一种先进的教育理念，同时也是教育的崇高境界。高品质的校园生活听起来有些玄妙，似乎遥不可及。其实，它就蕴含在点点滴滴的教育行为之中。只要我们从身边的小事做起，时时刻刻想到学生的健康成长，我想高品质的校园生活离我们就不会太远了。

关于什么是高品质的校园生活，记得郭校长曾提出过六项指标。对这六项指标，我是这样认识的：（1）优美洁净的校园环境是孩子们生活的外部条件；（2）水平一流的师资队伍是孩子享受良好教育的重要保证；（3）平等和谐的师生关系是孩子心灵的依托；（4）团结友爱的伙伴关系是孩子快乐的源泉；（5）自主化的班级管理给孩子们提供了展示的舞台；（6）良好习惯的培养使孩子们终身受益。下面我想选择其中的两个方面来谈谈个人的体会。

一、平等和谐的师生关系是孩子心灵的依托

每带一个新的班级，我都要问学生同样一个问题："你们喜欢什么样的老师？"几乎所有的学生都这样回答："我们希望老师不要对我们太凶。"确实，孩子的心灵是很脆弱的，他们离开父母，来到陌生的环境，首先缺乏的是一种安全感。他们希望能够从老师，尤其是从班主任老师那里找到心灵的依托。

学校提出要建立平等和谐的师生关系，是十分正确和必要的。著名教育家夸美纽斯也说过："要让儿童在没有殴打、没有暴力、没有厌恶的气氛中，总之，在和蔼可亲和愉快的气氛中喝下科学的饮料。"在工作中，我尽量脱下"师道尊严"的外衣，与孩子平等相处，特别是课余时间，和孩子交朋友。

所以一下课，总有几个孩子像小鸟一样围上来问这问那，有时候得不到满意的答案，他们会拽着我的衣服不让回办公室。午餐的时候，只要我一坐到他们旁边，就有一些“小馋猫”马上凑过来：

“老师，我要一片辣椒。”

“老师，我要一点咸菜。”

“老师，我要一块肉。”

于是，我像孔乙己发茴香豆一样，每人分一点。虽然自己少吃了一点，但是看见孩子们吃得津津有味，我也很开心。有一次，朱金科同学从家里带来一瓶辣椒酱，他首先递给我，让我尝尝。我尝了尝，味道确实不错，而孩子的质朴、可爱比辣椒酱本身更让我感到快乐。

建立平等和谐的师生关系表面看起来是师生双方的事，其实关键在于教师。但是如果不幸碰上“难剃头”的学生，对教师来说将是严峻的考验。我带的四（1）班就有不少“难剃头”的学生。开学以前，我就了解到，班上的梁浩、吴敏（注：均为化名）两位同学爱惹是生非，而且性格怪异，不可理喻。对此我已经做好了充分的思想准备。因为两人都住校，所以报名的那天我专门到宿舍找他们谈话，希望“初次见面，多多关照”。谁知第一个晚上，两人就给了我一个“下马威”。梁浩整晚在宿舍大声喧哗，害得其他同学没法入睡，第二天就有家长打电话，要求给孩子换房间。吴敏则施展“空空妙手”，拿了一名新生的卡纸，还到处送人。此后，这一对“宝贝”几乎不断地给我制造麻烦。我想，对待这样的孩子，首先是不能放弃；其次，要和他们进行沟通，必须找到恰当的突破口。不久，我发现梁浩特别爱看课外书，而吴敏则喜欢表现自己。于是，我给梁浩提供了大量的课外书，特别是《神探柯南》系列，以释放其过剩的精力。而对待吴敏则经常找点事情给她做，比如发发作业本，拿拿加餐，帮老师剪些小红旗，等等。这些小事让他们感觉到，原来老师不光是批评人，有时也对他们挺好。

当然，人是情绪化的动物，老师也不例外。有时候学生不听话，确实让人“恼火”。但事后想想，生气、发脾气、训斥学生都是愚蠢的做法，不但于事无补，还伤害身体。所以有段时间我在电脑的屏幕保护上打了“心平气和”四个字，时时提醒自己，要以平和的心态对待学生，多看看学生的闪光点，这样才能喜欢自己的学生，才能发自内心地愿意和孩子们交朋友。著名教育家刘佛年说过："所谓师德，最重要的，我认为是对学生的态度。对学生的态度就是对事业的态度。"我觉得这句话讲得十分透彻。是的，你有什么样的态度，就有什么样的师生关系。

二、团结友爱的伙伴关系是孩子快乐的源泉

正如郭校长曾经向我们推荐的那份资料所言，人由"自然的人"转变成"社会的人"，其中重要的一点就是至少有一位好朋友。我认为，对成人来说，朋友意味着财富。而对孩子们来说呢？朋友则意味着快乐。因为孩子们在玩耍的时候总是离不开小伙伴。所以，帮助孩子们建立良好的伙伴关系，实际上是为他们找到了快乐的源泉。

四（1）班本学期增加了11名新生，而且全部是住校生。这些还不到10岁的孩子，每周才能回一次家，难免会感到孤独。解决这个问题唯一的方法，就是让他们尽快找到自己的好朋友。这里我想举两个新生的例子。一个是郭炫良同学，刚从美国回来，只会讲英语和"白话"，听不懂普通话，语文几乎是一片空白。另一位同学叫张天檑，从俄罗斯回来，只认识一百来个汉字。开学初，他们很不适应，总是郁郁寡欢。郭炫良甚至对爸爸妈妈说，上语文课就像下地狱一样。我听了心里很不是滋味。一方面，我利用一切可以利用的机会给他们补课；另一方面，我发动同学帮助他们。在生活上，我安排同宿舍的"老生"照顾他们，告诉他们一天的作息规律。课间活动时，让同学们带他俩到乒乓球室，加入打乒乓球的行列。学习上，我安排语文成绩好的同学跟他们同桌，当他们的小老师。慢慢地，这两位同学的脸上有了一些笑容。郭炫良与班上的潘志佳、黎依伦等多名同学成了好朋友，他们经常在一起打乒乓球，玩得十分开心。课堂上也能主动参与学习了，据家长反映，郭炫良对学习语文的兴趣也越来越浓厚。张天檑的情况比郭炫良还要好。他在班级人缘好，朋友多，热心为集体做事，不仅被评为"华碧小明星"，还在最近的班干改选中，通过竞选当上了班干。

当然，孩子们在一起朝夕相处，经常会产生一些矛盾。如何正确处理这些矛盾，也是建立良好伙伴关系所必须面对的问题。比如我们班的小月同学

就是一位很有灵气，同时也有点“霸气”的女孩，在与人发生争执的时候，她往往寸步不让，这也导致班上的很多女孩子对她敬而远之。最近在报名参加运动会“两人三足”这个项目的时候，秋盈很早就给我写了个条子，希望能和海念配对。我当时没在意，随口说了句：“你们自愿组合，只要双方好好配合就行。”谁知后来小月也要和海念配对，两个人谁也不肯让步，弄得海念左右为难，只好向我求助。我启发她们说：“你们自己的问题，最好自己来解决。想想看，应该怎么做？”谁知她们找来一个硬币，用猜正反面的方法来决定命运。结果猜来猜去，谁也不肯认账。后来，我找她们长谈了一次。我说：“这次运动会全是集体项目，只有全班同学团结一致才能取得好成绩。光靠一两个人跑得再快也没用。而且，在老师看来，同学之间的团结友爱比比赛成绩更为重要。只要大家团结拼搏，即使拿不到名次也没关系。相反，如果大家闹不团结，拿了再多的冠军我也不会高兴。”也许是我的话给了她们一些触动，中午吃饭的时候，她们几个女孩子终于告诉我，已经解决了问题，而小月又拉着秋盈的手在说说笑笑了。

创建高品质的校园生活是我们的承诺，更是我们的追求，它需要我们付出艰辛的劳动。

特级教师支玉恒的特级教学

闲来翻看案头的专家教学文集，著名特级教师支玉恒老师的名字不经意间跃入眼帘。于是，记忆的闸门瞬间打开。

多年前，我有幸和支老师在广东碧桂园学校共事过一段时间。按照当时招聘教师的规矩，面试时要上一节“试教课”，而支老师的“试教课”却变成了“示范课”。老师们都慕名而来，教室里挤得满满当当的。记得支老师上的是小学五年级的一篇课文《可爱的草塘》，他那先进的教学理念、高超的驾驭能力、幽默风趣的语言、充满激情的诵读，不仅让学生如痴如醉，也让现场的所有老师深深地为其折服。

支老师的加盟给学校带来了活力，他也很快成为我们的良师益友。他一边教学，一边辅导青年教师，经常给我们开讲座、上示范课、组织基本功比赛、帮助备课等。能得到这样一位老前辈的指点和提携，我们都觉得非常幸福。也就在那个时候，我们才真正了解了支老师：原来他并没有上过师范院校，而是搞体育出身的，踢过几年足球；他从事小学语文教学的时间并不长，甚至比我们当中的一些人还要短；他是一位自学成才的特级教师，1989年在成都，凭借公开课《第一场雪》震惊全国小学语文界……

支老师的成功经历似乎有些神奇，而事实证明他并非浪得虚名。在朝夕相处中，我们真切地感受到，支老师学识渊博，对语文教学有着独特的见解，基本功极为深厚，在课堂上充满了激情和机智。记得有一次他给我们讲阅读教学，动情之处，为我们背诵起了《金色的鱼钩》。那是一篇很长的课文，他居然能全文背诵，令人惊叹；而且他的背诵声情并茂，极富感染力。当背到“我端起搪瓷碗，觉得这个碗有千斤重，怎么也送不到嘴边……”这一段时，有几个女老师竟感动得流下了眼泪。

在支老师的帮助下，我们的教学能力有了长足的进步。那一年学校与广州市的一所重点小学搞交流，领导安排我去上一节交流课。在备课时，支老师建议我选择《太阳》一课，并且参照他的设计思路来上。当时，支老师刚刚在杭州举行的一次全国性教学观摩活动中执教了《太阳》这篇课文，并且以新颖独特的设计获得了巨大的成功，特级教师于永正还专门撰文在《小学语文教师》杂志上进行评析和推介。现在让我来“狗尾续貂”，能行吗？我觉得心理压力挺大，一时间犹豫不决。支老师仿佛看透了我的心思，多次找我谈话，鼓励我：年轻人要敢想敢做，勇于挑战自己。在他手把手地指导下，我及时转变观念，认真钻研教材，一次次试教，最后登台亮相时，竟取得了意想不到的效果。从此，我在课堂教学上的自信心也越来越足。

那时，支老师虽然已经是接近花甲之年了，但和年轻人相处十分融洽，也深受年轻人的喜爱。我想这与他热爱生活、富有童趣、活泼开朗的性格有关。在语文教学上他从不以权威自居，也从不摆特级教师的架子，我们向他请教总是有求必应、耐心解惑。业余时间，他和年轻人一起抽烟、聊天、踢足球，打成一片。年轻人结婚办喜事，他主动背个相机，前前后后帮着照相，一起分享快乐。他很幽默，喜欢开玩笑，有他在场，气氛总是那么轻松愉快。一次，有位江西吉安的老师来应聘，试教前这位老师有些紧张，支老师随口说了句：“十万工农下吉安，吉安老师下广东。”惹得大家哄堂大笑，那位老师也一下子消除了紧张。我的爱人名叫张引，记得第一次见面的时候，支老师戏谑地称之为“左右开弓”，让我们觉得十分亲切。

可惜，由于某种原因，支老师离开了广东碧桂园学校。后来在广东的几次教学观摩活动中见过支老师，他还是那样精神矍铄，豁达乐观。听说支老师现在在威海定居了，虽然年事已高，心脏还动过手术，但他宝刀未老，经常飞来飞去，在全国各地上示范课。有人说，齐达内是足球场上的艺术大师，我倒觉得支老师有点像课堂上的“齐达内”，他的一节课就是一件艺术品，给人以美的享受；而他的人格魅力，更是令人难忘。

有位教育界专家曾发出这样的感慨：“特级教师都是天生的！”看来我等平庸之辈是成不了大器了，但是，从支玉恒这样的特级教师身上，我们是否应该学习些什么呢？

一句名言的误读

当老师的可能都教育过学生要勤奋学习。在强调“勤奋”的重要性时，可能都顺嘴引用过爱迪生的那句名言：“天才等于99%的汗水加上1%的灵感。”

可是，最近读了张文质先生的《幻想之眼》一书，我惊讶地发现，原来这句名言还有另外半句：“但是，那1%的灵感最为重要，甚至比99%的汗水还要重要！”敢情人家爱迪生所要强调的不是“汗水”，而是“灵感”。

我不知道当初是谁“断章取义”，只留下了爱迪生名言的前半截。但稍加思考就会明白，这是“功利主义”教育的必然产物。从古至今，中国人就在相互比拼谁更能吃苦。“吃得苦中苦，方为人上人。”“宝剑锋从磨砺出，梅花香自苦寒来。”“书山有路勤为径，学海无涯苦作舟。”“十年寒窗无人问，一举成名天下知。”无数人的青春年华就这样耗费在寒窗苦读之中，而且大家早就习以为常，无怨无悔。对那些最终博得功名的天之骄子们来说，昔日的汗水成了骄傲和炫耀的资本；而对那些名落孙山的人来说，只恨自己当初吃的苦还太少，流的汗还不够多！

纵观当今的“应试教育”，更是一种只相信汗水的教育。可怕的是，这种“应试教育”大有愈演愈烈之势，好像考上重点中学、重点大学才是读书的唯一目的。为了达到这个目的，莘莘学子没日没夜地“泡”在“题海”中。小学6年，初中3年，再加上高中3年，就像一场延续了12年的脑力（有时也伴随着体力）马拉松！

有人说：“应试教育”好比八万人同时在看一场足球赛，前面的人都站着，你能坐着吗？其实大家都坐着看效果是一样的。这就是中国的国情，是一种尴尬、无奈的现实。笔者曾经认识一位“经验丰富”的老教师，每到期末，她总是比别人多印一些卷子给学生做。她经常挂在嘴边的一句话是："油多不坏菜。"这让我想起小时候看的战争片里的一句台词："宁可错杀三千，也不要漏掉一个。"为了某一个细小的知识点，要让学生反反复复练上好多遍。用张文质先生的话来说，就是"应试操练"。在某些人看来，学生就是一台学习的机器，而生命的本质意义早就被抛之脑后。

"苦海无边，回头是岸。"当我们的孩子已经不堪重负的时候，我们这些教育工作者们能否发发善心，让孩子们少流些"汗水"，而多享受些"灵感"带来的快乐呢？哪怕那"灵感"只有微不足道的1%！

加州理工学院何以排名世界第一

加州理工学院一角（方之武摄）

在英国《泰晤士报》等媒体刊载的2011—2012年世界大学排名中，美国加州理工学院力压哈佛大学、斯坦福大学、牛津大学等名牌学府，坐上了头把交椅。

今年夏天，笔者有幸参观了加州理工学院。从外观上看，加州理工学院并不起眼。既没有高大的围墙，也没有显赫的楼群。校名极其低调地写在墙壁的拐角处，不注意的话很难发现。校园里树木葱茏，绿草如茵，环境倒是幽雅宜人，但也谈不上特别美丽。位于密立根图书馆前的水池竟然是干涸的，池中的雕塑显得有几分凄凉。路旁有一棵歪斜的古树，盘曲的虬枝用绳索胡乱拉拽着。校园里空空荡荡的，很少见到人影。是学生放暑假了，还是都躲到图书馆和实验室去了？不得而知。

事实上，加州理工学院本就不大，其面积仅为斯坦福大学的1/50，在校学生总数不过2000来人。即使从建校时（1891年）算起，毕业于加州理工学院的学生全部加起来也才区区两万余人。然而兵不在多而在于精。自建校以来，加州理工学院的教授和学生共有32人次获得诺贝尔奖，平均每一千名毕业生中就有一名诺贝尔奖得主。仅此一点，世界上其他的大学就几乎不能望其项背。

加州理工学院的办学宗旨是“为教育事业、政府及工业发展需要培养富有创造力的科学家和工程师”。这里拥有美国大学中最现代化的实验室，拥有世界上最大的天文望远镜——盖克望远镜。科学家们在这里做实验，设计了人类最早的现代火箭，设计组装了美国阿波罗登月计划的太空飞船。爱因斯坦曾任教于此，并在这里放弃了他的“宇宙不变论”，而认可了“宇宙扩展论”。物理学家卡尔·安德逊在这里发现了震动科学界的阳电子。中国的导弹之父钱学森、核物理学家钱三强等都曾在此求学。

加州理工学院何以排名世界第一？上面的介绍也许已经给了我们一个答案。清华大学校长梅贻琦曾有名言：“所谓大学者，非谓有大楼之谓也，有大师之谓也。”

一位小学教师的一天

这是一位小学教师的工作日记，该教师在南方某民办学校教语文，担任德育处主任。虽然日记的内容有些琐碎，如同一锅杂烩，但绝对真实。

【2008年2月19日　星期二　多云】

6：45起床。今天是开学的第二天，起床时仍感到有一丝倦怠。看来睡了一个寒假的懒觉，“时差”还没有完全倒过来。

7：20到学校饭堂吃早餐。一个寒假没有吃饭堂了，有些不太适应。

7：40到达办公室。第一节没课，打开电脑查看邮箱，处理了几封邮件。把今天要用的教案和课件又温习了一遍，然后批改学生送来的作业。

8：55上课。连续两节。今天学习的内容是《古诗词三首》，四（2）班的孩子们课堂上很活跃，给他们上课是一种享受。几首诗词，学生很快背熟了，于是讲李白、刘禹锡和白居易的故事。一张张小脸如绽放的春花。

11：00校办送来一份区教育局的通知，让调查统计城镇户口的学生，需要上交户口本及家长身份证复印件。考虑了一下，还是等周五再通知家长吧。

11：10进来两个昔日的学生：金智允和廖亦妍。她们小学毕业已经两年了。智允说她就要回国了，今天是特地来跟我告别的。智允是位韩国女孩，刚来时一句汉语也不会讲，每天给她补课。好在她特别聪明，很快上了路子，一学期下来就能用汉语进行正常交流，一年下来就跟中国人没什么两样了。她的父亲是韩国驻中国某办事处的负责人，这次韩国选举了新的总统，他的父亲要回国待命，所以走得很突然。智允说：“老师，我真的舍不得离开我们学校啊！”说着说着，眼圈就红了。

亦妍在小学阶段一直是班上的“小才女”。她的父亲是位作家，可能得到了良好的遗传吧。小学毕业后亦妍竟出人意料地放弃了就读初中，而是回到家里进行“私塾式”的学习。她父亲给她请了一位家庭教师，重点辅导理科，而文科完全靠自学。她告诉我，在两年的时间里，她已经学到高一的课程，等到高中的课程全部学完就去美国读大学。这使我想起另一位作家——“童话大王”郑渊洁。郑渊洁的公子也是摒弃了传统的学校生活而关在家里自学的。莫非当作家的思想都比较另类？

11：40上午放学。送走智允和亦妍，到饭堂看学生的就餐情况。在生活老师和一线值日老师的共同组织下，一千多人同时就餐，秩序还比较井然。

12：30到学生宿舍转了转。午休一直是比较头疼的事情，由于宿舍紧张，一间屋子放了八九张床，而且是上下铺，挤得满满当当。这既给管理带来了难度，又存在着一定的安全隐患。好在新校舍正在建设，下学期有望得到缓解。

12：50回家小憩了片刻。

14：00上班，开始了下午的工作。统计上学期教师获奖情况，准备在本学期开学初给予奖励。按照校长的要求制订新的教师值日轮流表，有课间护理值日表、午餐午休值日表、晚自习值日表、送车值日表和楼下大厅巡视值日表，共计五种。民办学校一向实行的是“全方位”管理，因此老师们要承担的职责也就格外多。

16：50参加语文教研组会议。学习了几篇文章，明确了新学期的任务和目标。

17：30放学。看走读生乘坐校车的情况。教学楼前停了九辆大巴，几名保安在疏导人员与车辆，各班老师正领着学生上车。楼下大厅挤着一群家长，他们在等待自己的孩子。每天的这个点是校园里最嘈杂也是最混乱的时候。大家提心吊胆，生怕出一点儿纰漏。

18：00晚餐。饭堂里只剩下了住宿生，空荡了许多。

18：30刚准备进办公室，一位一年级的班主任心急火燎地跑来，告诉我大事不好，一名今天刚来报到的新生不见了，他本应坐九号车回苑区的，但家长直到现在仍未接到孩子。这一惊非同小可！于是，我赶紧联系九号车的跟车老师，答曰：这名学生今天没上九号车。于是又联系送该生上车的老师，一问，原来这位老师一时疏忽把孩子送上了八号车，孩子在中途自行下车了

（注：因为是社区学校，校车在各苑区门口停留，学生可自己选择下车点）。这时，孩子的母亲也赶到了学校，她急得都快要哭了。我马上召集了几位老师分头行动，有的陪着家长去苑区找，有的赶紧给屋村管理处打电话，寻求支援。一场“寻人”战斗正式打响。

一个小时后，从屋村管理处传来好消息：孩子找到了，是一位保安发现的。那个一年级的小家伙早已像迷失了方向的小鸟，找不到回家的路了，正在别的苑区转来转去，好在没出大的意外。

19：30查看了一下住宿生晚自习的情况；准备好明天的课；统计了各班学生到校及注册的人数。

21：00着手撰写学校的工作日志。这是我首次采用本校开发的一套全新系统撰写工作日志。进入校园网，登录，撰写，提交，但失败了。再来一次，仍然失败。不知是操作有误，还是系统不够完善。打电话找来信息中心的老师，折腾了两个小时，总算大功告成。

23：15下班。离开教学楼的时候，发现有些办公室还亮着灯。

倘若您有耐心看完上面的流水账，一定会产生这样的感觉：民办学校的教师实在是太辛苦了！是的，这就是现状。相信很多民办学校的教师都像我及我的同事一样，在极度的忙碌中度过每一天。著名学者刘铁芳教授在《教育者的遐思》一文中有一段关于教育与闲暇的精辟论述：“忙者，心亡。忙则心死。过于忙碌使人成为劳碌的机器。我们需要美丽的生活。享受过程。教育的本质是闲暇，教育必须启发人的闲暇意识，也就是给人的心灵尽可能打开空间，让心能容，而不是被世俗事物塞满。这样的心灵才有可能积极地感受生命的过程。”（《人民教育》2008年第2期第15页）

但愿民办学校的创办者和决策者们能抛弃急功近利的思想，真正做到以人为本，还教师的生活以从容不迫，还教师的心灵以蓝天白云！

培养良好习惯，促进终身发展

教育就是培养好习惯。

——叶圣陶

华南碧桂园学校的办学理念是“为学生的终身学习和发展奠定坚实的基础”。郭校长在教师会上多次阐明过这样一个观点：从人的终身发展这个角度来说，小学阶段所学习的知识对今后的影响并不是很大，而良好的习惯却影响人的一辈子。因此，学校应把培养学生良好的习惯作为德育工作的重点。

什么是习惯

我们经常说的“习惯”是什么意思呢?

《现代汉语词典》中解释说：

习惯：在长期里逐渐养成的、一时不容易改变的行为、倾向或社会风尚。

北京师范大学朱智贤教授主编的《心理学大词典》中解释说：

习惯是人在一定情境下自动化地去进行某种动作的需要或特殊倾向。例如，儿童在饭前、便后或游戏后一定要洗手，完成这种动作已成为他们的需要。

习惯的特征

当代著名教育专家、中央教科所兼职研究员关鸿羽先生把习惯的特征概括为以下四个方面：

习惯不是由遗传得来的，它是在后天的生活环境中习得的。从生理机制来讲，习惯又是一种后天获得的条件反射。如果对习惯的这一特征缺乏认识，往往会把一个人的好习惯或坏习惯归为先天的、遗传得来的，这在实践中就会步入误区，从而忽视教育影响的作用。了解到习惯的后天性特征，可以使人有意识、有目的地进行良好习惯的训练，防止并克服不良习惯的形成，充分发挥主体的能动作用。

稳固性就是指某种习惯一旦形成就较难改变。习惯经过多次重复，因得到强化而不断地趋于定型稳固，如果此时想改变它，则是较为困难的，正所谓“江山易改，禀性难移”。但这种稳固性不是绝对的，已形成不良习惯的，只要教育得法，经过较长时间的强化训练仍可改变，所以它又具有可变性。

习惯是一个行为自动化的方式。所谓自动化，就是稳定的条件反射活动，甚至是一种下意识的动作。行为习惯形成以后，就不需要专门的思考和意志的努力。习惯的这一特征，可以使人节省时间和精力。例如孩子早晨刷牙，如果是家长提醒他才去刷，这种刷牙只能叫行为，不叫习惯；如果孩子起床后连想都没想，自动地拿起牙刷去刷牙，假如不刷牙他就感到嘴里不舒服，这种刷牙就叫习惯了。

习惯是一种动力定型，是在相同情境下出现的相同反映，因此有情境性。

习惯形成后，它总是由一定的情境而启动的。也就是说，养成了某种习惯的人，一旦到了特定的场合，习惯就会表现出来，特别是在习惯还不完全巩固的情况下。如有的同学在学校里初步形成“自己的事情自己做”的习惯，可是一回到家里，什么都不愿做，全由父母或保姆代劳，结果在学校养成的好习惯全没了。这说明儿童的习惯受情境所制约。所以，我们要创造条件，巩固和泛化其行为习惯，在各种场合实践其良好的行为习惯。

培养习惯的关键期

所谓教育的“关键期”，是指人生学习的最佳时期。如果在这个年龄段对孩子实施某种教育，可以事半功倍。

据专家研究，培养良好习惯的关键时期是幼儿阶段和小学阶段，初中为辅，关键之关键是小学一、二年级。孩子年龄小的时候具有很强的可塑性，比较听话，好训练，因而培养各种良好习惯最容易见效。因此，养成教育极为重要的一个环节，就是抓住“关键期”。

孩子年龄小的时候，就像熔化了的铁水，它可以浇铸成各种各样的形状；等孩子长大了，就像冷却了的铁水变成一块铁砣子，再改变就困难了。

印度狼孩卡玛拉1920年被人从狼窝中发现时8岁，由于多年和狼生活在一起，无论脾气、秉性，还是生活习惯，都和狼一样了。她不会行走，只会爬，白天潜伏，夜间活动；每到午夜嚎叫，完全不会发人声；只吃生肉，而且不会用手去拿，必须扔地上用嘴叼起来吃。人们努力通过教育和训练使她恢复“人性”，但收效甚微，她两年多学会站立，6年多学会走几步路，4年内才学会6个单词，直到1929年临死时（17岁），她的智力、能力才达到两三岁孩子的水平。人们虽然对她实施了良好的教育，但人应该具备的习惯却始终没有很好地养成，其根本原因就是错过了“关键期”。

1972年，人们在东南亚大森林找到了“二战”时迷失的日本士兵横井庄一。他远离人类，像野人一样生活了28年，人的一切习惯，甚至包括日本话都忘了。可是当他获救后，人们只用了82天的时间训练，就使他完全恢复了人的习惯，适应了人类的生活，一年后还结了婚。虽然他过野人生活比狼孩卡玛拉多20年，但对他的教育和训练却比狼孩容易多了，原因就是他没有错过受教育的“关键期”。由此可见“关键期”的重要性。

良好习惯的主要内容

良好习惯的内容包括很多方面。为了操作方便，我们把良好习惯分解为生活习惯、行为习惯和学习习惯。具体内容如下。

生活习惯——我们提出“自己的事自己做，自己的事自己能做好”。培养生活自理的能力；饭前、便后、游戏后洗手；吃饭安静、节约、卫生；按时午睡，不影响他人休息；衣着整洁；节假日生活安排科学、合理、有规律；物品摆放整齐、有序。

行为习惯——强调“遵守秩序，讲究公德”。要求学生见到老师和客人主动问好；乘车排队安静、有序，在校车上讲文明，有安全意识；上下楼梯轻声慢步靠右行，懂谦让；爱护校园环境，看见垃圾能主动捡起；课间活动时不在走廊追逐打闹、大声吼叫。

学习习惯——我们根据学段的不同，提出不同的要求。低年级的同学，要求做到上课前先准备好学习用品；回答问题声音洪亮、大方得体；读书、握笔姿势正确；作业书写字迹工整；等等。对中、高年级的同学还提出了自主学习、专心听讲、积极思考、不懂就问、学前预习、及时复习等六项要求。

这些内容不要求一下子全部到位，而采用分阶段推进、螺旋式上升的策略。各年级根据实际情况，每学期重点突出几项。

培养良好习惯的常用方法

培养良好习惯的方法非常多，下面介绍常用的几种。

训练法——只有反复训练才能形成自然的、一贯的、稳定的动力定型，这是由人的生理机制所决定的。所以说，没有训练就没有习惯。严格要求，反复训练，不断强化，是形成良好习惯最基本的方法。

使用训练法要注意必须持之以恒，切忌前紧后松、一曝十寒，尤其是对后进生要抓反复，反复抓；要寓爱于严，严爱结合；训练要形式多样，调动孩子的积极性。

言教法——说服教育法，是通过摆事实、讲道理使受教育学生明辨是非、善恶，提高品德水平的一种方法。

使用言教法切忌讽刺挖苦，要以理服人；切忌唠唠叨叨，要简洁深刻；切忌死板，要有情感性；切忌盲目性，要“事先备课”；切忌脱离实际，要符合孩子的年龄特点。

身教法——顾名思义，就是用榜样去教育孩子，借助于榜样形象，以正面人物的优秀品质和模范行为向孩子施加德育影响，使孩子受到深刻教育。

我们常说：“身教胜于言传。”在学生心目中，老师是最可信赖的人，最钦佩的人，老师的示范教育对学生来说就是无声的命令。因此，老师应当严于律己，从我做起，为人师表，言行一致。教师通过自身的行为来教育学生，培养其良好的习惯显得尤为重要。

活动法——针对少年儿童活泼好动的特点，开展各类活动，在活动中提高学生的道德认识，培养良好习惯，是养成教育重要的方法之一。

我校一直强调活动育人，通过主题班队会、才艺展示、欢乐周末、清明扫墓、慰问敬老院、扶贫助学献爱心、社区劳动、竞选“羊城小市长”等丰富多彩的活动，既锻炼了学生的能力，又为培养学生良好的习惯提供了更加广阔的空间。

让学校活起来，让学生动起来，这一点今后要继续发扬光大。

评价法——根据《规范》及我校学生良好习惯的目标要求，对学生的行为给以一定的判断、褒奖的方法。它可以激励学生坚持良好行为习惯，预防和克服不良的行为习惯。

我校通常采用学生自评、同学互评、老师评价、家长评价“四位一体”的评价方法。在评价中注意做到了主观评价与客观评价相结合；平时评价（即形成性评价）与期末评价（即终结性评价）相结合。

经验与收获

经过几年的实践，在良好习惯培养方面，我们总结出“要求明确、指导具体，强化训练、典型引路，全面配合、坚持不懈”这24个字的经验，并取得了较好的实际效果。大多数同学已初步养成了一些良好的习惯，比如见到老师能主动问好，自己铺床叠被整理衣物，就餐时能自己到窗口排队拿饭菜，铃响人静，上课前做好学习用品的准备，课桌椅摆放整齐，课堂上积极发言、讨论，作业书写工整等。下面，针对这24个字再进行简单的阐述。

要求明确——要通过国旗下讲话、“红领巾”广播电视台、黑板报与手抄报、“我能行”成果展示栏、思品课、主题班队会等渠道进行宣传和渗透，明确培养良好习惯的目标和要求，统一思想，提高认识。

指导具体——就是告诉学生应该怎么做，对学生进行一些示范和指导。比如说有些孩子抽屉比较乱，他不知道该怎么整理，这时候老师应该帮助他，书本怎么放，文具怎么放，按照课表的顺序，哪些书放上面，哪些书放下面，这样学生就肯定能够做好。再比如上课前喊起立，应该怎么站，怎么鞠躬，怎么向老师问好，都要具体指导。

强化训练——前面已经介绍过“训练法”，这里不再重复。但是提醒一点，要注意训练的科学性，千万不要把训练变为惩罚，学生一个字没写好罚抄几十遍，或者做操不认真就绕操场跑10圈等做法，都不够科学。

典型引路——榜样的力量是无穷的。在班级里让先进的同学带动后进的同学，有时候会产生奇效。学校每学期都要评选“良好习惯小标兵”以及“良好习惯进步显著”的同学。

全面配合——这一点至关重要，学生良好习惯的培养不是校长、德育处人员和班主任的专利。从宏观上来说，它需要学校、家庭和社会的共同努力。从学校内部来说，它需要全体教职员工的通力协作才能实现。无论是领导还是老师，无论是班主任还是非班主任，无论是主科老师还是副科老师（其实学科没有主副之分，只是大家根据考试习惯性把语数英称为主科，其他为副科），无论是一线老师还是生活区老师，如果我们看见学生乱扔垃圾都能及时制止，如果我们上课喊起立都能要求学生严肃认真、一丝不苟，如果我们送车时都能重视车上的秩序的话，我想，学生良好习惯的养成也就为期不远了。

坚持不懈——冰冻三尺非一日之寒，按照科学论证，培养一种习惯大约需要20天的时间。加上中间有周末，所以我们开展主题系列教育活动一般安排一个月左右的时间。但不是搞一阵风、走过场，一个月完了就完了，而是不断地重复、滚动、深入和提高。我们学校从建校初期就开始培养学生的良好习惯，现在还在培养习惯，今后还要继续培养下去。

总之，良好习惯的培养任重而道远，只有全体老师高度重视，密切配合，狠抓落实，才能把良好习惯的培养打造成我校德育工作的“精品”。

习惯培养的误区和建议

刚才，六位老师与大家分享了自己的德育经验。他们的发言都很实在，很具体，很感人，很精彩。老师们的发言中都列举了一些鲜活的事例，这是最为宝贵的第一手资料。黄友老师从要求孩子排队行进和统一站在线上喝水开始，将习惯培养渗透到点滴的生活之中。巫秀前老师运用固定音乐组织幼儿一日生活环节，通过餐前小故事促进幼儿安静、愉快地进餐，富有创意。戴玉芝老师在习惯培养方面有自己独到的见解，她用两只眼睛看学生，其中，一只眼睛看特殊的学生，另一只眼睛看其他学生，像妈妈一样呵护孩子。邵银老师特别注意在班级树立各种小榜样，最重要的是，让自己成为学生的榜样。她看见讲台下方有粉笔头，或是踩碎的粉笔，就主动俯下身子捡起，再拿扫把收拾干净。林秋实老师用她的宽容和爱心感染着学生，春风化雨，滋润心田，产生了潜移默化的神奇功效。她还拍摄了大量的学生照片和视频，非常用心。易桢燕老师作为一名生活指导老师，能做到勤于垂范、勤于管理、勤于锻炼、勤于表扬、勤于沟通和勤于学习，兢兢业业，付出了很多心血。

本次德育经验交流会的主题是“如何培养学生的良好习惯”，而且我在开学初的工作报告中提出，要把学生良好习惯的培养作为德育工作的主线。这是出于怎样的考虑呢？因为良好习惯对人的一生影响深远。大家试想一下，我们小时候（指幼儿和少年时期）老师教给的那些知识有多少现在还记得？又有多少现在还在运用？真正发挥作用的恐怕是中学和大学所学习的知识。但是我们的很多习惯都是小时候形成的，一旦定型就很难改变。因此，希望全体老师要达成共识，高度重视学生良好习惯的培养。然而，根据我的观察了解，当前在习惯培养的认识方面存在以下几个误区。

误区之一：认为学生在校的主要任务是学习，培养习惯只是“副产品”。

有这样一种谬论：“德育工作说起来重要，做起来次要，忙起来不要。”这是一种目光短浅的认识。对于我们民办学校来说，文化课的成绩固然重要，但学生在校的任务绝不仅仅是学习。杨总提出碧桂园的学生要“学会做人，学会做事”，要“通情达理，与众不同”。这些良好的品行都需要在习惯中去养成。而当我们走进一所陌生的学校，留下第一印象的也往往是学生的文明礼貌如何，学校的环境如何。可以说，良好习惯的培养是校园文化的重要组成部分之一，对学校的发展起到了举足轻重的作用。

误区之二：习惯培养仅仅是班主任的事情。

班主任无疑应该对班级的各项工作全面负责。但是，德育工作具有其复杂性和特殊性，涉及面很广，绝不仅仅是班主任一个人就能完成的，它需要全员参与。各科教师在自己的课堂上，都要认真培养学生的学习习惯；生活指导教师在自己负责的时段里，要精心培养学生的生活习惯；全体教师在各种场合都要对学生的行为习惯负责，哪怕是后勤员工，看见学生的不良习惯都有责任和义务对其加以制止、劝导。

误区之三：习惯培养需要专门的时间和课程。

有个别老师抱怨工作太忙，没有时间培养习惯。其实，习惯培养不同于学科课程，它不一定需要太多专用的时间，也不可能安排太多专用的时间。我们只能引导学生在行为中培养行为习惯，在生活中培养生活习惯，在学习中培养学习习惯。正如陶行知先生所倡导的“生活即教育”。我们不能把习惯培养和日常生活割裂开来，那样的话无异于缘木求鱼。

当然，培养良好习惯是一项系统而艰巨的工程，不能急于求成，更不能流于形式。前段时间我与老师们分享了一篇自己的心得体会《培养良好习惯，促进终身发展》。其中详细介绍了习惯培养的内容、方法和策略。在此，我想就习惯培养再提几点建议。

一、习惯培养要从点滴小事做起

亚运会在日本广岛结束的时候，六万人的会场上竟没有一张废纸。全世界报纸都登文惊叹：“可敬，可怕的日本民族！”再看看我们十月一日天安门广场升国旗的镜头，当人们散去，满地废纸，到处乱飞！希望我们的孩子都能从捡起一张废纸做起，从鞠躬问好做起，从课前准备做起，从安静就餐做起，这就是良好习惯的开始。

二、习惯培养要从教师自身做起

希腊哲学家苏格拉底认为，美德重在示范而非传授，“正义若要见证，让人学习，总是身教胜于言传”。我们的孩子年龄都相对较小，老师的一言一行都是他们学习和模仿的对象。因此，我们要求学生看见垃圾主动捡起，那么，自己是否也能弯弯腰，伸伸手？我们要求学生文明有礼，当学生鞠躬问好时是否也能回礼致意？我们要求学生就餐时保持安静，自己能否在就餐时尽量降低音量，不要高谈阔论？

三、要寻求家庭的配合，形成家校合力

作为民办学校，我们理应与家长保持密切的联系，而习惯养成尤其需要家庭的配合。很多孩子在学校表现很好，一回到家里就判若两人。或者父母不在的时候规规矩矩，父母一到学校就开始撒娇。这一点我从中小学每周反馈的发展档案上也有所察觉。究其原因，主要有两种情况。

一种情况是由于家长对孩子过分迁就和溺爱。孩子在家里基本上是放任自流的，要什么有什么，家庭教育处于一种真空地带。以至于孩子在校养成的好习惯到家后就前功尽弃。

另一种情况刚好相反，由于家长过于严厉、方法简单，以至于孩子动辄得咎，无所适从。今年年初，美国的“虎妈”因为登上了《时代》杂志而名声大噪。“虎妈”对两个女儿提出了很多苛刻的条件，例如不准在同学家中留宿；不准与同学聚会玩耍；不准参加校园演出；不准看电视或玩电脑游戏；不准擅自选择课外活动；不准有一科成绩低于“A”；除了体育与戏剧外，其他科目不准拿不到第一名；不准练习钢琴及小提琴以外的乐器，等等。无独有偶，最近中国的“狼爸”也横空出世。让大家津津乐道的是，“狼爸”一共四个子女，有三个被他“打”进了北大。

其实，“虎妈”也罢，“狼爸”也罢，这都是家庭教育的特例。我们作

为职业的教育工作者，应该理性地看待这一现象，不要“一叶障目，不见泰山”。

客观地说，对于服从性强的孩子，“虎妈式”和“狼爸式”教育方法或许具有一定的成效，换句话说，这种教育方式能够让遵从并良好执行这一方法的孩子得到较好的发展。反之，如果孩子的叛逆性非常强，这种教育方法可能会引起比较严重的后果。因此这一方法并不适用于所有孩子。苏霍姆林斯基说过：“有时宽容引起的道德震动，比惩罚更强烈。”这是很耐人寻味的。

总之，以上两种家庭教育都比较极端，都是不可取的。我们要引导家长树立正确的教育观念，在教育目标、教育方式上与学校保持一致，使得家校教育互为补充，相得益彰。

老师们，“他山之石，可以攻玉”。希望今天六位老师的经验介绍能够对大家有所启发，并转化成全体老师的生产力。也希望老师们高度重视学生良好习惯的培养，把我校的德育工作推向新的高度，为打造精品学校做出自己的贡献！

浅谈中小学语文学习习惯的培养

一、培养良好语文学习习惯的理论依据及重要意义

华南碧桂园学校的办学理念是“为学生的终身学习和发展奠定坚实基础”。而养成良好的习惯，将会使人终身受益。叶圣陶老先生曾这样说：“什么是教育，简单一句话，就是养成良好的习惯。”这话非常精辟。对于青少年学生来说，学习绝不是只在学校读书的那几年。人工作一辈子，就要学习一辈子，终身接受教育。因此，趁学生在学校学习期间，一定要着力培养他们良好的习惯。

学习语文同样如此，看书、写字、说话、作文，无一不要注意养成好习惯。著名语言学家吕叔湘先生说过，语文教学的任务就是培养学生良好的学习习惯。《语文课程标准》也强调语文教学要“培植热爱祖国语言文字的情感，养成语文学习的自信心和良好的习惯，掌握最基本的语文学习方法”。因此在语文教学过程中，要着力激发学生学习语文的兴趣，培养学生正确的学习态度和良好的学习习惯。习惯，是非意识行为，也可以说是不自觉的行为，它是在人的生存、生活实践中经多次重复而逐渐形成的一种稳固的动力定型。

清人刘蓉在《习惯说》一文中指出：“为学贵慎始。”确实是这样。培养学生良好的语文学习习惯，应该是小学语文教学，尤其是小学六年级语文教学的重要内容。因为六年级的学生处于少年晚期，这个时期的学生心理发展处在一个从幼稚逐渐走向成熟的变动时期，在这个时期培养学生的语文学习习惯将事半功倍。如果我们的学生在小学六年级阶段就能养成良好的语文学习习惯的话，则升入初中以后，语文学习定能轻松应对。因此，在中小衔接工作中，重视语文学习习惯的培养具有重要的意义。

二、抓好常规管理，培养良好的“习惯意识”

要培养学生具有良好的语文学习习惯，首先应从培养学生良好的“习惯意识”入手。人的习惯很多：生活习惯、行为习惯、学习习惯等，但不管是什么习惯，它们之间都存在着联系，有着相互促进、相互制约的作用。

“没有规矩，不成方圆。”我们可以发现，许多成绩落后的学生往往是行为习惯也相对落后的学生，他们往往表现得不讲文明，没有规矩，如：随意进出教师办公室，在教室大呼小叫，随便插嘴，喜欢与同学争吵等。如果我们对这些现象视而不见，而只是一味地“关注”他们的学习，效果能好到哪里去呢？但如果转变一下角度，抓好平日的常规管理，从培养其良好的行为习惯入手，让其在头脑中形成“原来做什么事情都得有个规矩”的意识，即形成“习惯意识”，使这成为学生养成良好学习习惯的内部动力，从而为培养学生良好的语文学习习惯打好基础，提供前提。

如何才能培养学生良好的行为习惯？郭校长曾总结出“要求明确、指导具体，强化训练、典型引路，全面配合、坚持不懈”这24个字的宝贵经验，并取得了较好的实际效果。其中，最关键的方法是有意的强化训练。一般可分为3个步骤：（1）使学生了解有关行为的社会意义和产生自愿练习的意向，即“动之以情，晓之以理”的过程；（2）创设按规定的方式一贯行为的条件，其中包括集体的监督，尽可能地不给重复不良行为的机会；（3）使学生了解行为的结果和练习的进步情况，及时给予强化。

有了行为方面的“习惯意识”，再来培养语文学习的习惯，就水到渠成了。

三、语文学习习惯的种类

根据小学六年级和初中一年级《语文课程标准》和教学要求，学好语文的习惯可分为以下两大类：

第一类是从培养语文能力和科学的学习方法来看，有四个方面。

（一）听的方面

①专注听话的习惯；②边听边想的习惯（抓要点、听出弦外之音和不同

意见分歧所在）；③边听边记的习惯（记忆主要内容、做听讲笔记）；④边听边审视的习惯（察看说话者的表情、动作，以便准确判断说话人的深意）。

（二）说的方面

①说普通话的习惯；②说话口齿清楚、语意连贯的习惯；③朗读课文、背诵名篇名段的习惯；④大胆答、质疑的习惯；⑤讨论发言的习惯；⑥说话讲究礼貌的习惯。

（三）读的方面

①有目的、有计划阅读的习惯；②边读边思的习惯；③边读边记的习惯（包括圈、点、画、批注和记笔记）；④边读边查的习惯（查工具书或参考书）；⑤制作阅读卡片的习惯；⑥读写结合的习惯（应用于写作）；⑦注意阅读卫生的习惯（视距、洗手、坐姿、采光等）；⑧课内与课外阅读相结合的习惯；⑨上课前认真做好预习的习惯；⑩复习和整理的习惯。

（四）写的方面

①“三勤”习惯（勤观察、勤思考、勤练笔）；②作文先写提纲的习惯；③自己动手搜集材料的习惯；④书写清楚、规范、讲究姿态的习惯。

第二类是从学习语文所需心态来看，有四个方面。

①虚心求教的习惯；②认真仔细的习惯；③善挤时间学习的习惯；④独立自学的习惯。

上述分类法，内容上可能有交叉，特别是心态方面的习惯，是各科学习都需要的；但从利于理解、记忆、掌握考虑，上述分法和提法是恰当可行的。当然，培养良好的学习习惯应该追求高一点的目标。例如：扎根牢固，有抗干扰和较强的自制力；操作速度快；有一定的应变能力；等等。不过，一般说来，只要上述学习习惯形成了，巩固了，那么对按质按量完成语文学习任务就是有力的促进和确切的保证。

四、常见语文学习习惯的培养方法举例

（一）使用字典、词典等工具书的习惯

在阅读课文时，遇到生字难词、成语典故，都不要轻易放过。可以向老师请教，但是又不能依赖老师。最好的办法，就是养成查阅字典、词典

的良好习惯。如“削”这个字，有两个读音，一种读“xiāo”；另一种读“xuē”。学生在实际运用时常常搞错。怎样区分呢？通过查阅《新华字典》，一目了然：在“削铅笔”“把梨皮削掉”等处读“xiāo”；用于一些复合词的时候读“xuē”，如“削除”“削减”“剥削”等。又如“墨守成规”这个成语，形容思想保守，按老规矩办事，不求改进。如果追问一下，什么是“墨守”呢？通过查阅《汉语成语词典》我们就会明白，原来这个词义和战国时的墨翟有关系，因为他以善于守城著名，所以后来称善守者为“墨守”。字典、词典，是不说话的老师，学生在阅读时遇到词语方面的疑难问题，随时求教，将会受益匪浅。

（二）多读书、读好书的习惯

广泛阅读能开阔眼界、充实思想、丰富学识、促进写作。实践证明，凡是阅读量大的学生升入初中后，往往接受能力和适应能力都较强。阅读要“于切要处下心力”。潜心思考，深入理解，书本知识就可以逐步化为自己笔下的写作材料。小学部各班目前都建立了“图书角”，推荐了必读书目，其中六年级要求阅读四大名著，并要求一边读一边写读书笔记（摘抄好词好句、写读后感）。以小学六年级学生的认知水平和理解能力，对四大名著肯定消化不了。升入初中一年级后，可以继续引导学生去咀嚼、欣赏。

（三）认真书写的习惯

“字是人的外衣”，要想把字写好，就得全神贯注，凝神静气，仔细观察字的结构，揣摩笔画的呼应、避让、穿插，并要脑、眼、手互应，准确控制运笔的轻重疾徐。这样久而久之，就能潜移默化地改变一个人的心理素质，使其养成沉着、镇静的习惯。小学部现在每天都要求学生写10分钟的字帖，希望到初中一年级后仍能坚持。

（四）课堂上积极发言、大方得体地表达的习惯

小学六年级至初中一年级的学生正处于向青春期过渡的时期。这个时期的学生心理表现为焦虑、敏感、腼腆。在课堂上往往不敢大胆地表达自己的观点，害怕说错了别人笑话。因此，教师应创设一种宽松、和谐的课堂氛围，消除学生的紧张心理。引导学生声音洪亮、大方得体地表达，积极参与小组合作学习。同时，教师还应该在课堂上多使用鼓励性评价，使学生具有成功感，以调动学生的积极性。

（五）及时检查作业、及时订正的习惯

教师批阅后的作业，属于明显能改正的错误，要及时在作业本上更正，如错字、别字、选择题、判断题等；属于文学表述比较多的练习，如问答题、语段理解题等，要找出错误的原因，对照原文，认真想一想。对教师批阅后的作文，一般除改正错别字、病句之外，要结合评语，认真读一两遍，了解自己作文的优点和毛病。一学期中，能有一两次学生互相修改作文的练习，对提高作文水平，更有好处。另外，订正作业时使用不同颜色的笔，也利于学生记得更加牢固。

语文学习良好习惯的培养不是一朝一夕、一蹴而就的，教师要精心、有耐心、有恒心。希望小学六年级的学生在语文学习中，能结合自身实际情况，不懈地努力，养成良好的语文学习习惯，从而提高自身的文化品位和审美情趣，为升入初中后语文的学习打下坚实基础。

两代人的毕业留言

最近到六年级上课的时候，发现学生在悄悄地传递着一个个小本本。凑过去一看，原来是“毕业留言册”。小学生也写毕业留言？他们会写些什么呢？在好奇心的驱使下，我“借”来几本翻了翻。

我发现他们的毕业留言册外观都非常精美，上面印着漂亮的卡通图案，毫无疑问是商家为小学生们特制的。

翻开封面，里面的内容让人大跌眼镜。这里不妨摘录几条，与大家分享一下：

我♡你，♡着你，就像老鼠♡大米。

（这是流行歌曲的功劳，那三颗爱心图案倒透出了几分天真与俏皮。）

祝你：学业进步，将来找一个好的归宿。☺

（“归宿”一词不像出自一个十一二岁的孩子之口，可是看了后面的那张笑脸，又不由你不信。）

I de愿望is有好eat的，有好穿de，有好房子，有好pet。

（土洋结合，乱搞无厘头。）

看完这几本留言册，我有些哭笑不得。究竟这帮孩子是太天真还是太早熟？我无从回答。

不过，我却情不自禁地想起自己20年前师范毕业时的同学留言来。于是下班回家后，翻箱倒柜找出了那本平生第一本也是唯一的一本留言册。那是一本普通的硬皮本，纸张已经发黄，上面布满了霉点。翻开首页，是几句写给自己的话。全文如下：

写给自己

1

昏昏然然的，好像昨天才跨进校门，而今天就要离去了……什么都没有变，只有下巴上爬满了青藤。

2

出过风头也出过洋相。出风头而后悲哀；出洋相而后欣慰。

3

喜欢交朋友，可朋友们都忙着自己的事，没有工夫听我无病呻吟。只好默然。

4

读了几本歪书，走路便失去了航舵，常常无意间把天空当作平地，一脚踏上去，竟摔得头破血流。

5

意志顽强，感情却很脆弱。常常无端烦恼，独自神伤。想说几句男儿有泪不轻弹，可话到嘴边，眼泪也到了嘴边。

6

有时痛苦到极点，便迁怒于无羁的思想。于是白天睡觉，夜里唱着歌儿梦游。

7

喜欢月光却嫌月光太淡，而没有月光的夜晚又懊丧得不愿出门。

8

昏昏然然的，好像昨天才跨进校门，而今天就要离去了……去向何方呢？

那时我正值弱冠之年，既有几分年少轻狂，又有点“少年不识愁滋味，为赋新词强说愁”。且往下看，下面几句话是写给同学的：

写给同学

1

轻轻地，你打起行囊。从此，杏花雨中（注：当年就读的师范学校坐落于美丽的江南古城池州市，杜牧名句“借问酒家何处有，牧童遥指杏花村”即指此），不再有你朦胧的身影……

2

我曾偷窃过你的时间，我曾欺骗过你的微笑，我曾摔碎过你的尊严……这一切你能饶恕吗?

3

痛苦也罢，快乐也罢，人生中总少不了回忆，回忆中总少不了你。

4

……无须话别，我只请求你再看我最后一眼，然后你头也不回地离去!

5

这一眼，我将珍藏在心灵深处。永远……

我在师范读书时是个比较腼腆的男孩，平时不苟言笑，但这几句写给同学的话倒是道出了当时的真情。接下来，是全班50多个同学及其他校友写给我的留言。每人占了一页，留言旁边贴了一张小小的黑白照片——那照片早已变得模糊不清。整整20年过去了，如果不看签名，我恐怕叫不出几个当年同学的姓名了。读着这一条条滚烫的留言，我的心也滚烫滚烫的，那一张张模糊的面孔霎时间变得清晰起来……

水调歌头·题之武

知友遍天下，与汝更相投。每于晨曦初现，同上读书楼，仲夏露营野火，直达星云霄汉，共照海滨游。笑影荡波镜，朝日唤飞舟。春又至，人何处?志安酬?夜来梦汝，忧国烦白少年头。心内冰炭焦灼，笔下雄风咆哮，泪莫等闲流。常记别时语：到死不甘休。光平录赠

（光平是我们的班长，也是我的挚友。他录赠给我的这首陈明远的词一

直是我的珍爱。）

之武：

同窗四载，你给我的印象最深。我曾经羡慕过你，因为你是我们池师的作家，美术家，外加一个演奏家。我也曾忌妒过你，因为我不如你。而现在我们就要真正地分别了，内心充满的只是留恋之情。但愿在未来的天地里去继续开拓你的事业，去摘取那文坛上的桂冠。到那时我会为你流出眼泪，但那再也不是忌妒的泪水，而是流自心间的骄傲、自豪的热泪！同学：章民好

（读了章民好同学的留言，我实在羞愧！实在羞愧！）

“处世于不即不离之法，居心于有意无意之间。”莫不是君的处世哲学？愿继续发扬光大。同乡：汪卫

（不愧是女同学，平时的观察就是细致。其实我那时懵懵懂懂的，哪里知道什么“处世哲学”哟。）

之武同学：

虽然我们彼此的心灵之扉还没有向对方打开——或许是找不到像夏夜一样美好的机缘吧。但是我感觉到你就是我在银河系中要寻找的星星。我们相互遥望着，内心却在和谐地交流。在以后的岁月中，我相信我们或许还会穿破迷雾走到一起来的。那时，我们再把彼此的手叠加在一起吧。一个似乎熟悉的同学：飞

（别误会，这是隔壁班级的一位男生写的，尽管看上去有点像“情书”。）

赠之武：

确信了指间的流泉，便淙淙作响，一滴二滴。

弦上狂风温文尔雅。远天江水躺成一片软软的细沙。一座山在心中升降。纠集三月、八月、星星、月牙，一同上路。银河浅浅，浅浅是无数星星的明灭。顶峰绿树正招摇，你的旗！

我的梦跌进深谷，挤入一条瘦瘦的小道。道中有你，失之交臂。太阳月亮都无法回答，是否同舟共济。同学：戴国庆

（戴国庆也是隔壁班级的一位同学，才华横溢，听说几年前考取了北师大研究生。看来我是无缘与他“同舟共济”了。）

好了，如果再摘抄下去，恐怕把整本留言册全抄完我也愿意。这种同学之间的真挚情感是无法用语言来表达的。我想毕业时互赠留言，只不过是在用一种特殊的方式提醒对方：千万别把老同学给忘记了！

当然，每个时代的毕业留言都会打上那个时代的烙印。我们不必用甲时代的道德标准去衡量乙时代。有些人不笑现在的俗，倒笑当年的真，这是一种很迂腐的思想。回过头来，看看现在的小学生，他们在毕业留言册上“涂抹”出来的东西，不也是他们20年后的美好回忆吗？

因此，等到将来某一天，幼儿园的小朋友们也煞有介事地忙着写“毕业留言”时，我们千万不要大惊小怪——毕竟，时代在进步。

深化教学改革，提高课堂实效

常言道：“教学有法，教无定法，贵在得法。”今晚发言的六位老师，从自身所任教的学科以及不同的教学对象出发，围绕“如何开展有效教学”这一共同的主题畅谈了自己的想法和做法，各有千秋，具有很好的借鉴意义。

任爱华老师在教学中努力克服无效和低效教学，重视培养学生的自学能力，她开发的语文综合课体现了一种大语文观，促进了学生的可持续发展。王辉老师通过转变教学观念和教学行为，培养学生良好的学习习惯，合理运用多媒体等手段，取得了比较满意的课堂效果，尤其难能可贵的是，他能自觉地进行教学反思活动，不断提升自我。张文莉老师以学生发展为本，把“快乐学英语”的理念融入英语教学中，通过运用丰富多样的教学方法引导学生主动学习、轻松学习。官婷婷老师通过表演、创编、角色变换等手段激发学生学习音乐的兴趣，让孩子们自由自在地在艺术的天地里遨游。黎桂銮老师在教学中做到尊重与赞赏每一个幼儿，让幼儿在玩中学，在学中玩，营造一种和谐的课堂。温景秀老师巧妙地制作和使用各种教具，充分调动小朋友参与活动的积极性，起到了事半功倍的效果。

众所周知，课堂教学是学校的中心工作，尤其对民办学校而言，教学质量是学校生存和发展的生命线，是挖掘内涵和创建特色的前提条件。因此，全体老师都要引起高度重视。近年来，随着《国家中长期教育改革和发展规划纲要》的颁布实施，新课程改革不断深化，“有效教学”的理念也再次引起专家、学者以及广大一线教师的关注。教学的有效性到底如何，成为判断一节课好坏的重要指标。

那么，什么是“有效教学”呢？简单地说，就是教师在先进的教学理念指导下，经过一段时间的教学之后，使学生获得具体的进步和发展。“有效教学”尤为注重学生综合能力的提高和“三维目标”的培养。

怎样才能实现“有效教学”？今后我校的教学工作该向何处去？在此我简要谈三点建议：

一是注重细节，抓好常规，严格落实教学“六认真”。所谓“六认真”是指认真备课，认真上课，认真布置并批改作业，认真进行培优补差，认真开展第二课堂，认真做好检测评价。我们每天都在从事课堂教学，平时做得怎样，直接影响到最后的结果。因此，常规工作要常抓不懈，教学“六认真”要从细节入手，一丝不苟。中小幼各部门要加大教学常规检查和评比的力度，规范每一位老师的教学行为。

二是勇于改革，大胆创新，深入开展“有效教学”的研究。新课程提出“教师即研究者”的重要理念。在新课程实施的过程中，希望老师们不断提高参与教学研究的积极性、主动性。在教学的同时，深入开展研究，促进教学与研究的“共生互补”。各科教研组要定期开展教研活动，要主动承担相应的科研课题，群策群力，探索出一套符合我校实际的“负担轻，质量高”的教学模式。

三是勤于学习，善于总结，立志做一名专家型教师。没有学习就没有进步，没有总结就没有提高。希望老师们制订一个自我发展的学习计划，主动向名家学，向书本学，向网络学，向身边的同事学。工作之余经常动动笔，写写教学论文、教学案例、教学反思或教学随笔。把教学经验上升到教学理论，从而由经验型教师成长为专家型教师。

孔子云：“学而不思则罔，思而不学则殆。”今晚教学经验交流会，算是一种抛砖引玉，希望老师们能以此为契机，在自己的工作中不断学习，不断实践，不断反思，不断探索，让课堂焕发出生机与活力，让教学充满智慧与挑战。

生命化教育：美丽的乌托邦

著名作家二月河在《致老师的一封信》中有这样一段话："老师，我半点也不怀疑您的用心，知道您耗尽心血地想教好学生。但我不明白，您为什么那么喜欢临摹而不喜欢创造，爱'范性'而不爱'弹性'，愉心温柔的灯光而讨厌野性的熠火。您对好坏的标准就是听话与否和分数的高低，不太枯燥了点？您能不能更豁达、清新、宽容一点呢？"

说实话，作为一名老师，我读了之后确实有一种如芒在背的感觉。作家以不温不火的语气向所有的教育工作者发出了无情的追问。眼下，在很多老师的心中，"听话与否"和"分数的高低"确实是衡量学生的重要标尺。但仔细想想，这能怪老师们吗？是谁扼杀了学生的个性？是谁把学生变成了考试的机器？其实，当老师的谁愿意没日没夜地给学生补课？谁又愿意整天像"乌眼鸡"似的对待学生呢？是地域的差异、不良的竞争、高考的压力导致了教育的畸形发展。整个肌体腐烂了，还指望其中的细胞个体是完美无缺？

不过，近年来在教育界吹来一股清新的风，那就是"生命化教育"。

"生命化教育"这一概念最早由中国人民大学的黄克剑教授提出，张文质、肖川等一批学者将其发扬光大。现在福建、江苏、广东等地的不少学校都已加入了实验的行列。按照黄克剑先生的说法，所谓教育，就是受教者在施教者的指导下，自主地对自我生命和个性的"成全"。因此，"在教育中，为师者不应漠视受教者的生命个性，也不应丢弃自己的生命个性，这是生命个性与生命个性的相接"。黄克剑教授还提出了教育的三个维度，即"授受知识，开启智慧，润泽生命"，这也是生命化教育理念的一个基石。如果要用简短的话给"生命化教育"下个定义的话，那就是把对儿童的理解、关爱、信任、成全，在具体的教育过程中体现出来。

张文质先生在《生命化教育的责任和梦想》一书中，对心目中的生命化教育曾做过虚灵而又深情的描摹。其中有这样一段文字我觉得有必要拿出来与大家分享：

生命化教育把每个人都视为一个运思和创意的原点，把每个人都视为一个智识和灵感的凝结中心，它的成全之道——

从关注每一个学生开始，

从尊重每一个学生开始，

从满足每一个学生的需求开始，

从善待每一个学生开始，

从开启每一个学生的智慧开始，

从相信每一个生命的意义开始，

从成全每一个生命的发展开始，

从创造宽松、和谐、有安全感的教学环境开始，

从改善对学生的评价方式开始，

从改善与学生的交往方式开始，

从改善倾听能力开始，

从改善与学生的对话方式开始，

从改善教学策略开始，

从改善对人的敏感，对语言、对问题的敏感开始，

从提升自我生命质量开始……

生命化教育体现了知其不可为而为之的一种理念、一种思想，是对人的美好未来的肯定，是我们对这个“充斥着不完美、痛苦和灾难的世界的某种蔑视”。生命化教育使我们成为富有批判精神的建设者，充满了对人类的成长学问的迷恋。

这段文字确实让人兴奋。我的女儿今年读小学四年级，我多么希望她在童年时代能够享受到这样美好的教育。我本人在自己的教育教学中，也一定会以此作为追求的目标。但我也深知个人的力量是渺小的，“知其不可为而为之”，这是张文质先生的无奈，也道出了现实的残酷。这不由使我想起国际21世纪教育委员会提出的“教育：必要的乌托邦”这一命题。“必要的乌托邦”意味着教育必须具有一种着眼于未来的精神，也体现了一种勇气和抗争。

当应试教育横行于世的时候，生命化教育又何尝不是一种美丽的乌托邦呢？

论中国当代教育家

作者与魏书生老师（左）合影

所谓“家”，其实是大众对掌握某种专门学识或从事某种专门活动的人的一种尊称，是对他们取得成就的一种肯定。

中华人民共和国的教育，走过了一段曲折的历史。新中国成立初期，百废待举，学校教育为国家培养了一大批实用型人才。十年浩劫，教育受到了重创，教师的地位也跌到了有史以来的最低点。改革开放三十年，思想大解放，经济大发展，教育“产业化”的浪潮席卷而至。“产业化”是市场经济的结果，这让教育背上了不太好听的名声。但教育的改革，也催生出众多勇于实践、大胆创新的教育名家。如：大力弘扬“生命化教育”，创建“教育在线”的苏州市副市长朱永新；进行“读写结合”训练，自编教材，宣称“没有爱就没有教育”的丁有宽；在全国广泛推行“尝试教学法”的邱学华；率先提出“赏识教育”，引起一场家庭教育变革的周弘；致力于青少年教育，注重习惯培养的孙云晓；创立“情境教学法”，在小语界产生广泛影响的李吉林……

以上所列举的名单，如果我们慷慨一点，送他们一顶“教育家”的桂冠，我是愿意举双手赞同的。不过，在我的心目中，中华人民共和国最“牛”的教育家，还是魏书生。魏书生出生于1950年，比中华人民共和国还小一岁。可以说，是完全由国家培养出来的教育家。说他最“牛”，是因为他传奇般的经历，以及创造了多项教育界神话。

魏书生曾是一名工人，却写了150次报告要求做老师。其意志之坚，决心之大，无人能及。

魏书生是语文老师，用20个课时就教完200个课时的内容，且学生成绩好得出奇。莫非他有什么“绝世神功”？据说他创立了一种“六步教学法”，不知道别人用起来灵不灵。

魏书生同时出任几个班的班主任，不管什么样的学生到了他的手上，个个品学兼优。这真应了那句话：“没有不合格的学生，只有不会教的老师。”

魏书生曾是中国唯一一位同时担任中学班主任、中学语文教师的市级在任教育局局长。

魏书生巡游讲学海内外，至今演讲1400多场次，公开课800多节，所到之处，场场爆满。

魏书生不是作家，却出版了几十本专著，本本畅销。据说，他的很多著作是趁学生上自习时，趴在教室后面的课桌上完成的。

魏书生从未上过大学，却做过大学校长，且同时被聘请为几所大学的兼职教授。他的教育思想作为教育成果在海内外推广了几十年。不以学历论英雄，在他身上得到了最好的验证。

魏书生几乎囊括了所有最具分量的荣誉称号：“全国优秀班主任”、“全国十大杰出青年”（首届）、“特级教师”、“全国劳动模范”、“全国有突出贡献的专家”、“五一劳动奖章”等。甚至有人把他称为“穿西装的孔子”，而他却始终认为自己名副其实的称号是“人民教师”。

笔者曾先后三次聆听过魏书生的报告。三次报告的内容大同小异，这说明他的教育思想是相对稳定的。正如他自己所说的：真正的教育真理，如同天上的恒星，永放光芒。魏书生其貌不扬，为人低调，凡有签名合影的来者不拒。走路脚下生风，轻快敏捷，这是多年长跑锻炼的结果。他不喝茶，也不嗜烟酒，自称“低成本运行”。

近年来，随着教育改革的不断深化，魏书生的教育思想开始遭到部分学者的质疑和批判。他们认为魏书生两大基本的特点是技术主义和权威主义。“说白了，魏书生班级管理的秘诀并不是什么‘民主’与‘科学’，核心其实就是两条：一是思想控制，即通过每天的‘发人深省、激人奋进’的格言作为‘道德长跑’的日记……二是相互监督，表面上他把权力给了学生，但实际上学生的监督在一定意义上正是延续了他的权力……”（刘铁芳《一个听话者的教育技术》）

不管怎么说，魏书生对中华人民共和国教育的发展做出了不可磨灭的贡献。著名语言学家吕叔湘先生曾指出：魏书生“是个教育家”，而且“不是一般的教育家，他立志教育事业，有一种忘我精神”。而在我看来，魏书生堪称中华人民共和国教育史上的一座丰碑，一座活着的丰碑。

特级教师究竟“特”在哪里

特级教师制度是1978年根据邓小平同志的意见建立的。邓小平在当年的全国教育工作会议上讲到尊重教师的劳动时指出：“要采取适当措施，鼓励人们终身从事教育事业。特别优秀的教师，可以定为特级教师。”并在景山学校进行试点，亲自把景山学校的三位教师定为特级教师，这是全国最早的特级教师。此后，在全国范围内开启了评选特级教师的工作。

“特级教师”是一种既具先进性又有专业性的光荣称号。被评上特级教师的，可以终身享受政府对其发放的一定津贴。特级教师的评选标准跟年龄没有太大的关系，如广州市的游彩云老师不到三十岁就被评上了特级教师。那么，“特级教师”究竟“特”在哪里呢？因工作的关系，笔者曾接触过一些语文界的著名特级教师，下面就以他们为例，谈谈自己的粗浅认识。

首先，特级教师对自己所从事的教育事业有着一种超乎寻常的热爱和无比执着的追求。兴趣是成功之源，不少特级教师当初正是在兴趣的引领下发掘出了自身的潜能，从而崭露头角。支玉恒老师早年毕业于体校，踢过足球，后来因对语文教学的浓厚兴趣才改行当了一名老师，这一改成就了他事业的辉煌。魏书生老师初中毕业后进工厂当了工人，但他做梦都想当一名教师，为此他经过了150次的反复申请，才如愿以偿。150次，足见其决心之大，意志之坚！另一位中青代特级教师窦桂梅也是如此。当记者问及是什么促使她的成功时，窦桂梅回答：“是热爱让我取得了今天这点成绩。”据窦桂梅自己介绍，她从师范学校毕业后本来是被留校的，出于对三尺讲台的眷恋，才主动要求到了吉林市第一实验小学。起先做了五年行政工作，但心里就是喜欢教语文，所以再三恳求，最后终于成了一名小学语文教师。在教学中，她主动要求上公开课，一次次锤炼自己，终成大器。

其次，特级教师在教学上都形成了自己的风格，而且在理论上都有一定建树。国画大师齐白石在谈艺术创作时说过：“学我者生，似我者亡。”如果说教学也是一门艺术的话，那么它意味着教无定法、百花齐放。而那些著名的特级教师们，正是凭借自己的特点和风格，为教育的百花园增添了亮丽的色彩和无穷的魅力。比如：丁有宽老师创立了“读写同步，一年起步，系列训练，整体结合”的综合训练型教学新体系，并自编了配套的教材；李吉林老师的“情境教学”法独树一帜，在小学语文界产生了广泛的影响；贾志敏老师的作文教学出神入化，妙入毫端；于永正老师的阅读教学声情并茂，扎实高效；李镇西积极倡导“民主教育”，并身体力行；刘京海老师在“成功教育”的领地里进行着可贵的探索；王崧舟老师的“诗意语文”充满了烂漫的气质；窦桂梅老师则追求属于自己的“三个超越”，即“尊重教材，超越教材；立足课堂，超越课堂；尊重教师，超越教师”。特级教师们的姓名和他们的风格已经完美地统一在一起，成为一种闪亮的教育品牌。

再次，特级教师一般都具有高超的驾驭能力和灵动的教学智慧。特级教师的课堂或曲径通幽高潮迭起，或行云流水赏心悦目，听特级教师的课往往是一种莫大的享受。支玉恒被称为小学语文界的“怪才”，20世纪80年代末，在成都的一次全国公开课上，支老师凭借《第一场雪》一举成名。如今虽然已年近古稀，心脏还动过“搭桥”手术，但他宝刀未老，仍在全国各地飞来飞去上示范课。支老师在课堂上总是那么气定神闲，游刃有余。无论遇到什么样的学生，支老师都能巧妙地调动起他的情绪。无论学生在课堂上提出多么刁难的问题，支老师也都能从容地应对，让学生心服口服。他的课灵活多变，不拘一格，顺手拈来，风趣幽默。“不愤不启，不悱不发”的古老理论在支老师的课堂上被运用得是那样恰到好处。他曾亲口告诉笔者，他的课不是事先就“备”好了的，而是在课堂上见机行事，学生需要什么就教给什么。这句话听起来很轻松，但要做起来是一件多么不容易的事情。有人说，齐达内是足球场上的艺术大师，笔者倒觉得支老师有点像课堂上的“齐达内”，他的一节课常常就是一件艺术品，可欣赏，但不可复制。

最后，特级教师都具有深厚的知识储备和扎实的专业基本功。常言道：“工夫在诗外。”同样，要当一名好教师尤其是当特级教师，工夫在课外。我们看到的是特级教师站在讲台前的大气磅礴，与众不同。殊不知，每一位特级教师的成功都伴随着艰辛的付出，千锤百炼方能成钢。据我所知，很多特级教师的学历都不高，但他们有一个共同的特点，就是勤奋——勤于学习、勤于思考、勤于实践、勤于探索。他们都钟情于读书，富于开拓和创新。这种积极向上的心态和孜孜不倦的追求使得他们的综合素质不断得到提升。先进的教学理念，新颖的教学方法，个性化的教材处理，生动洗练的语言，潇洒漂亮的粉笔字，这一切构成了特级教师丰赡而独特的教学魅力。

在一次全国性大型教学研讨会上，著名学者周一贯开玩笑似的说："特级教师都是天生的。"的确，特级教师都具有超常的天赋，但"勤能补拙是良训，一分辛苦一分才"。只要树立目标，勤奋努力，成为一名特级教师也并不是一个遥不可及的梦想。

小学生为啥总是“阴盛阳衰”

最近，由全国少工委办公室主办，《中国少年报》《中国儿童报》《中国中学生报》和《辅导员》杂志共同承办的2008年度全国“好少年好儿童”评选活动揭晓，共有100名少先队员荣膺2008年度“中国好少年”“中国好儿童”称号。笔者不清楚评选的标准是什么，但看了网上公布的名单，发现一个有趣的现象：在这100名“中国好少年”“中国好儿童”中，女生占了整整60%，而男生只占了40%。再看看各省评出的“好少年”“好儿童”，也是女生的比例远远超过男生。

难道这仅仅是一种偶然现象？事实上，在小学阶段，“阴盛阳衰”已成为一种普遍现象。不信请留意观察一下：在班级和学校担任小干部的，大多数都是女生；学习成绩排在前几名的，也往往是女生；在各类评比中，女生获得荣誉的机会总是大于男生。按说，在中国目前的人口政策和教育体制下，小学女生的总人数不会比男生多，为什么女生却处处压过男生一头呢？在笔者看来，这既有生理方面的原因，也有教育观念的问题。

从生理上看，女生比男生发育的时间要早。一般女孩子在小学五六年级就开始发育了，而男孩子要到初中才会出现第二性征。早熟也就意味着早懂事，所以女孩子一般能体谅父母和老师的辛苦，学习的自觉性比较高，相对而言更加勤奋、刻苦，任劳任怨。男孩子在小学阶段显得懵懂未知，对自己、对他人、对学习缺少清晰的认识，自主性不够强。一个是“主动”地追求上进，一个是“被动”地得过且过，结果当然可想而知了。

从性格上看，女孩子大多比较文静、稳重，做事踏踏实实，一丝不苟，容易让人放心。学习也会更加专注、认真，课堂上绝对能做到专心听讲，积极与老师配合。翻开作业本，女生的字总是规规矩矩，工整清爽。男孩子呢？大多数以活泼好动、贪玩调皮为能事，做起事来难免是孙猴子当皇帝——毛手毛脚。课堂上时不时闹点小插曲，写作业沉不住气，字写得龙飞凤舞不说，还经常丢三落四，不是点错了小数点，就是看漏了题。老师要是交代男孩子一件事情，没准“转身”的工夫，他就忘到九霄云外了。

还有更重要的一点，就是我们对学生的评价长期以来存在一个误区。据笔者观察，绝大多数老师都比较偏爱听话的、学习成绩好的学生，而忽视了学生的潜能、创造力和个性发展。不少学校评选“三好生”的主要标准就是学习好，对老师的评价也是成绩的排名。这显然是片面的、违背教育规律的。怪不得中国教育学会会长顾明远教授呼吁，在小学阶段要废除“三好生”的评选。

客观地说，小学阶段男生在整体上并不比女生逊色。女生乖巧文静，男生敢于冒险；女生学习成绩好，男生动手能力强；女生懂礼貌，男生重义气；女生细腻妥帖，男生大刀阔斧；女生锦心绣口，男生壮志豪情……

桃花菊花各自香，男生女生各自强。教育者需要欣赏的目光和包容的气度，如果仅以教师的个人喜好和片面的评价标准来选拔人才，那就未免有失公允了。

小学生究竟该读什么样的课外书

最近学校开展“读书月”活动，一位同事跟我诉苦说，他们班的学生最喜欢看卡通漫画之类的东西，几乎人手一册，而学校推荐的名著却少人问津，这可怎么办才好啊?

我说，卡通漫画也是书啊，怎么就不能看呢?

我的回答让同事感到有些意外。他想反驳我，却一时又找不到合适的理由，但从他的表情可以看出，他对我的观点是不敢苟同的。事实上，很多老师和家长都持有这样一种偏见，认为只有名著才值得一读，其他的读物就登不上大雅之堂了。于是公开反对孩子读卡通漫画，甚至禁止学生把卡通漫画带到学校。

我的看法是：他们根本就不了解儿童的心理特点，也不懂得何谓读书之乐。儿童读书不像成年人那样带有较强的功利性，他们对书籍仅仅是一种感性的认识，只要书中的内容好玩、有趣，能带给他们快乐，他们就爱读。而“兴趣是最好的老师”，有了兴趣，他们就会持续不断地读下去。有了量的积累，必然会产生质的飞跃，将来爱上名著，那是水到渠成的事情。可惜现在很多学校一味地拔苗助长，整天向孩子灌输所谓的“名著”，强迫孩子去诵读所谓的“经典”，弄得孩子兴味索然，见书就烦。那可真是“人生识字忧患始”了。

回想自己小时候，最喜欢看的是小人书，也就是连环画。父亲每次进城，都要给我买上几本，我们兄弟几人抢着看。村里有位五保户老人，跟我是“忘年交”，他对小人书也特别痴迷，我们经常交换着看。后来我到城里读书了，街上有小人书摊，我常常花上几毛钱，一看就是大半天。“一个人的阅读史，就是一个人的精神发育史。”可以说，正是这些小人书，启迪了我的心智，也培养了我对书籍的热爱。我很庆幸，我的父母和老师从来没有干涉过我看小人书，他们让我在童年时代充分享受到了自由、快乐阅读的兴趣。

现在的孩子是无缘读到当年那么好的小人书了。我了解了一下，现在小学生中比较流行的几种卡通漫画是《老夫子》《神探柯南》《风云》《哆啦A梦》《叮当猫》等，内容基本上以幽默搞笑为主。要说文学性，比起四大名著来确实相差甚远。但阅读毕竟是一种个人的精神体验，任何的强迫都是劳而无功、适得其反的。打个比方吧，经典名著是十全大补，是山珍海味，但儿童那稚嫩的胃口可能难以消化；而卡通漫画浅显易懂、富有童趣，恰恰是他们所喜欢的精神食粮。

当然，我不是鼓动小学生都去读卡通漫画。我的意思是，在孩子的早期阅读过程中，我们要引导但不要误导，有要求但不能强求。最好的做法是为孩子奉献一道书籍的“自助餐”，他爱“吃”什么就“吃”什么，只要别噎着就行。

教师节礼物及其他

教师节过去了，但围绕教师节给老师送礼的话题并没有结束。有个别教师还饶有兴致地将自己节日期间收到的礼物晒到了网上。

我相信大多数家长给老师送礼是出于一种真正的感激。孩子进步了，家长多送一些“束脩”之礼也是心甘情愿的。但也有一些家长送礼之后心情是不爽的，因为他们的孩子各方面表现并不尽如人意。

其实，教师节送礼是一件让家长和老师都很尴尬的事情。真正的好老师是不会在乎家长的礼物的，送不送礼一样会尽心尽力地教好学生。相反，如果不是一个好老师，即使收再多的礼也未必能教好孩子。

但教师节毕竟是教师的节日，尊师重教是任何社会都必须弘扬的良好风尚。作为家长和学生，对教师的尊重更多应体现在精神层面（提高教师的物质待遇那是政府部门的事）上。

这个教师节，我们学校的每位老师都收到了一份特殊的礼物——学生亲手制作的贺卡。上面写着祝福的话，还有全班同学的签名。课间操时间，全校老师站成一排，学生代表在歌曲《每当我走过老师的窗前》的深情伴奏下，同时上前赠送贺卡，场面热烈、动人。相信这一幕会深深地印在每个孩子和每位老师的心中。

教师节过去了，师生之间的美好情愫仍在延续。

我更希望看到的，是校园里师生之间随时随地互致问候的场景，是真正的良师益友型的师生关系。这种关系不因物质而变质。

语文复习中的“三要”“三不要”

期末考试日益临近了，老师们正带领学生紧张地复习着。语文学科容量大，头绪多，怎样才能在有限的时间里取得最佳的复习效果呢？我觉得下面的“三要”“三不要”或许对大家有所帮助。

一、“三要”

（一）要制订一个明确的复习计划

古人云：“凡事预则立，不预则废。”期末复习也是一样，应该制订一个明确的计划，不能脚踩西瓜皮——滑到哪里算哪里。制订计划时要尽量考虑得细致周密一些，如怎样合理地分配时间，怎样科学地处理各个知识点，采用什么样的复习方式，等等。要做到每一天、每节课都有具体的安排。当然，制订复习计划时要因人而异，学生的基础不同、能力不同，其复习计划也肯定不同。

（二）要对学过的知识进行整理

复习不能简单地“炒现饭”。复习的过程其实是对旧知识进行整理的过程。通过整理，分清重点、难点，从而对知识的脉络有更清晰的了解。语文学科虽然知识点较多，但层次性非常强，笔者觉得可以按照“字、词、句、段、篇”这样的顺序进行整理。字——生字的音、形、义，查字典的方法，多音字，改正错别字等；词——理解词意，形近字组词，选词填空，近义词、反义词，关联词，词语的归类等；句——句式变换，造句，改病句，修辞方法等；段——阅读理解，分层并概括层意，按课文填空等；篇——阅读理解，分段并概括段意，古诗默写，作文等。只有通过有层次的复习，才能在脑海中建立起一个系统的知识网络。

（三）要有适量的练习做保证

俗话说熟能生巧。语文学科要想做到一个“熟”字，必须多读多练。“多读”是指读熟每一篇学过的课文，重点篇章和段落还要求能背诵下来。“多练”是指多做练习。这里要注意以下几点：第一，注意有针对性地练。对那些重难点的知识或者学生掌握不好的知识要多练一练，对学生已经掌握的知识可以少练或不练。建议让学生复习的时候翻开平时的作业本，把平时做错了的地方再做一遍。第二，注意练习的题型要有代表性。争取各种题型都能涉及，但要对练习的内容进行筛选，复习资料上的题目不必题题都练，更不能打“题海战役”，以免浪费精力。第三，注意把练习的重心放在基础题上。有的老师喜欢在复习的时候让学生做一些难题、偏题和怪题，其实大可不必。因为考试重在检查平时所学，一般不会太难。掌握好基础知识，以不变应万变才是明智的选择。

二、“三不要”

（一）不要牵着学生的鼻子走

通常，老师们在上复习课的时候肯定有一个计划和安排。但是，千万不要总是牵着学生的鼻子走，因为老师的计划是根据全班制订的，不一定适合于每个学生。学生在跟上老师复习步伐的同时，还应该根据成绩状况制订自己的计划，并且按照自己的计划进行复习。特别是那些成绩好的同学，老师上复习课时可以试着让其离开教室，自己找个地方单独复习，实践证明这样效果会更好。

（二）不要眉毛胡子一把抓

有的老师在复习的时候非常细致，非常全面，一个知识点一个知识点地过，生怕挂一漏万。其实这种“地毯式”的方法太过盲目，需要花费大量的时间，并不可取。笔者以为与其面面俱到，不如集中精力突破几个重难点。有时候面面俱到反而面面不到，眉毛胡子一把抓反而什么也抓不着。

（三）不要打疲劳仗

为了能在期末考试中取得好成绩，很多学生背上了沉重的思想包袱，搞得很紧张。有的学生连课间十分钟也舍不得休息，晚上回家还要“开夜车”。

其实这种方法并不好，因为人的精力是有限的，如果过于疲劳势必会影响学习效率。因此教师一定要引导学生注意劳逸结合，复习累了的时候不妨活动活动，打打球，听听音乐，做到轻轻松松复习，高高兴兴上考场。

笔者始终坚持这样一个观点：把平时的每一次练习都当作考试；把考试当作一次平时的练习。当“应试”成为我们必须面对的现实时，我们不妨调整心态，科学安排，从容应对。

在蓝天白云下自由飞翔

黄文康，14岁，广州市番禺区华南碧桂园学校的学生。

一个在出生那一刻就被医生断言他的存活不会超过二十四小时的生命。

一个集先天性脑积水、先天性软骨发育不全和先天性肝动脉门静脉瘘三种先天性疾病于一身，被医生断言毫无救治价值的孩子。

一岁时头才勉强抬起来。

一岁七个月时才可以坐。

三岁九个月时为挽救已处于生死边缘的生命，做了脾切除和胃底静脉结扎手术。

五岁至今，为缓解先天性肝动脉门静脉瘘引起的门脉高压而导致的重度贫血，先后做了五次介入手术。

五岁时才迈出了人生的第一步。

六岁才能独立行走。

八岁开始学钢琴。

九岁入读华南碧桂园学校。

英文名Alan或者Snoopy。

偶像：爸爸、妈妈、南老师（数学老师）。

最喜欢的卡通公仔：史努比、维尼、米奇、贝贝熊、雪人。

最有意义的演出：2004年2月7日参加“东山慈善之夜”的演出，弹奏两首曲子，筹集善款25万元，用以帮助东山区[①]的孤寡老人。

爱好：喜欢阅读介绍交通工具和旅游的书籍，上网。

---

① 东山区2005年地名变更，现在为南沙区。

性格：坚强，开朗，乐观。

理想：环游世界，在蓝天白云下自由飞翔。

——摘自黄文康的个人档案

下午放学的时候，六（3）班的黄文康同学像往常一样，在妈妈的陪伴下走出教室。一路上，他不停地和老师、同学打着招呼。与以往不同的是，这一次文康径直朝我走来。当时，我正在楼下大厅组织学生乘坐校车。只见文康手里拿着一本书，双手递到我面前，用清亮的嗓音说道："Mr方，这是我写的书，送给你！"他把"我"字说得特别重，脸上洋溢着纯真而灿烂的笑容。

我赶紧俯下身子，接过文康的书，连声道谢。那一刻，我心里真有种说不出的感动。

这是一本薄薄的书，外形也比一般的书要小一号，但装帧很精美。书名是《澳大利亚之旅》，里面收录了文康的二十多篇游记。对于广州地区的孩子来说，出国旅游也许算不上什么新鲜事，然而，对于刚生下来就不幸身患重症，生活、学习都极为艰难的文康来说，能兴致勃勃地游遍澳大利亚，并认认真真地把旅行的经过写成文字，是多么了不起！也正因如此，这本薄薄的书，在我手中却掂出了不同寻常的分量。

在这本游记里，文康向我们描绘了澳大利亚这个南半球国家独特的风土人情。透过清新朴素的文字，我们看到了文康丰富的情感和多彩的内心世界——他喜欢坐在飞机的舷窗边看蓝天白云，喜欢爬上阿德莱德的小山看日落，喜欢品尝各种风味的饮食，喜欢各种各样的建筑物，喜欢在海边荡秋千（尽管是第一次荡秋千），喜欢坐在游艇上看两岸辉煌的灯火，喜欢悉尼水族馆各色的鱼群和珊瑚……在篇幅最长的那篇文章中，文康记叙了参观阿德莱德飞行学校的经过。早在来澳洲之前，文康就通过电视剧《冲上云霄》认识了阿德莱德飞行学校，于是向澳洲的姑妈提出请求，要去参观这所学校。姑妈说：这是一件不可能的事！但在文康的执着坚持下，姑妈通过多方努力，终于联系上了这所学校，满足了文康的夙愿，文康的心情可想而知了。他饶有兴味地写道："飞行员带我进了模拟驾驶舱，我在驾驶舱里模拟飞行员开飞机，起飞、飞行、降落。我使劲地拉操控杆，一会儿把操控杆往里推，一会儿拉出来。我没把飞机的操控杆控制好，突然飞机就倒立起来了。如果是真的，一定会把乘客吓得哇哇大叫。”这种率性的表达，真让人忍俊不禁！

我没有给文康所在的班级上过课，但我一直关注着他的成长。六年前，当小文康迈着蹒跚的脚步第一次踏进华南碧桂园学校时，全校师生都以赞赏与敬佩的目光接纳了他。从此，在教室，在饭堂，在宿舍，在校园的每一个角落，我时常看见几个同学牵着文康的小手一起漫步。我也时常听见文康大声地向老师和同学问好，那声音里充满了乐观、自信和坚定。我不会忘记，文康在刚刚动完手术后，就让妈妈或阿姨背着返回学校上课的顽强毅力；我更加不会忘记，文康在学校的歌咏比赛中拖着孱弱的身躯登上舞台，与全班同学一道引吭高歌的动人情景。文康，我们不能不为你感到骄傲和自豪！

再过两个月，文康就要小学毕业，迈进中学的门槛了。文康以他幼小的年龄和羸弱的身躯谱写了一曲生命的赞歌。正如中国残联主席张海迪在《给文康的信》中所说的那样：“疾病虽然给我们痛苦，但却让我们懂得了什么是爱——爱生活、爱学习、爱亲人、爱朋友。”文康的爱还在挥洒，文康的梦想还在继续，他说：“其他国家也有很多美丽的景色，我想去美国、加拿大、德国、英国、日本、芬兰走走，实现环游世界的理想……”

让我们共同祝愿文康：在生命行走间再创奇迹，在蓝天白云下自由飞翔！

作者与黄文康同学合影

金果小枝

最近为小学四年级的学生编了一本作文集《金果小枝》。里面有很多奇思妙想的句子，让人击节叫好。随手摘录了一些，稍加点评，算是对孩子们的一种鼓励吧。

（1）黑板像夜晚一样。（冯家永《教室小记》）

点评：考虑到年龄的因素，此句堪比北岛的诗句："乌鸦，这夜的碎片，纷纷扬扬。"不同之处在于：一个匠心独运，一个妙趣天然。

（2）晚上的操场非常安静，调皮的同学此时此刻就像没电了的机器小鸟。（韩钰滢《校园一角》）

点评：还有什么比没电了的机器小鸟更安静的呢？

（3）一朵朵五彩缤纷的烟花在天空中绽放，顿时，"小蛮腰"好像用她的"爆炸头"在向我们炫耀。（韩钰滢《亚运开幕式》）

点评：这也许是世界上最新潮、最壮观的"爆炸头"了。

（4）操场的跑道是塑胶做的，非常结实。而且从高空看，就像一个大鸡蛋，水泥边是"蛋壳"，花花绿绿的跑道是"蛋白"，而中间的足球场就是"蛋黄"了，呵呵！（叶贺安琪《校园一角》）

点评：观察的角度很特别，不过在"大鸡蛋"前加上"切开的"会更贴切一些。

（5）这个大佛只比乐山大佛"苗条"一点。（张芯卉《游日本富士山》）

点评："苗条"一词用在大佛身上，让人忍俊不禁。

（6）因为长时间在上面踩来踩去，有些小草都枯萎了，我都有点儿心疼了。（刘往可《学校的运动场》）

点评：小草会感激你的。

（7）它长着两只尖尖的耳朵，犹如两个小金字塔。（陈紫荆《观察小猫》。）

点评：妙就妙在像与不像之间。

（8）我从来没想到，亚当和夏娃竟然那么胖，他们的小腿比我的大腿还要粗！（关茜《新马旅游记》）

点评：其实，亚当夏娃长得什么样，谁也没见过。

（9）我赶紧拿出相机左拍拍，右拍拍，白色的鱼尾狮就被我“装”进相机里了。（关茜《新马旅游记》）

点评：平平常常的拍照，到你这里竟成了神奇的魔术。

（10）另外一种贝壳，就像还没拉拉链的衣服。（关茜《美丽的贝壳》）

点评：哈哈，这个比喻还真给力。

（11）最漂亮的就是这个白色的贝壳，它像一位美丽的公主，穿着白色的纱裙，在海滩上翩翩起舞。（关茜《美丽的贝壳》）

点评：化静为动，色彩明亮。

（12）白云软软的，就像棉花糖。（吴绮彤《家乡的云》）

点评：有童趣，有真情。

（13）过山车就像扭麻花一样，扭着扭着，就扭到了终点。（熊昊《快乐的春游》）

点评：读到这样妙趣横生的句子，我也禁不住扭了起来。

（14）在五颜六色的跑道上跑步，就像在一条彩虹上跑。（陈俊鸿《操场礼赞》）

点评：想到彩虹很容易，但跑在彩虹上就高人一筹了。

（15）春节还没到，我家的茶花就开了，像小朋友看见了零食眼睛就亮了。（杨颖《寻找春天》）

点评：这茶花开得好心急哟。

（16）大表姐呢？是一个由恐龙“变异”出来的人，叫声可怕，性格火暴。（叶贺安琪《我的全家福》）

点评：嗯，“河东狮吼”怕要改为“河东龙吼”了。

（17）风筝也在跟春天打招呼了。（邹珂《寻找春天》）

点评：春姑娘一定笑得花枝乱颤。

（18）龙眼树高大挺拔，像关羽一样守卫着我们家的院子。（冯家永《我家的龙眼树》）

点评：不愧是班上的“三国迷”啊。

（19）连我们牵着一头犀牛从身边走过，他们都视而不见。（陈彦羽《童年》）

点评：呵呵，这也太“目中无牛”了吧？

（20）它（注：指小狗多多）在家里也经常走“时装秀”，每换一件衣服的时候，它都要走几下，摆几个可爱的造型。我们就拼命地给它拍照，拍了一张又一张，仿佛多多成了明星，我们成了“狗仔队”一样。（侯力文《可爱的多多》）

点评：忙着为“狗仔”拍照，这才是名副其实的“狗仔队”呢。

鲜花盛开的原野

六（1）班谢莹老师发来班级学生的作文集《那些花儿》，请我作序。谢老师本人是中国散文家协会的会员，写作功底自不待言，而在她的悉心指导下，班级学生的作文水平也得到了大幅提升。静静浏览孩子们的这一篇篇习作，恍若走进鲜花盛开的原野，满眼都是芬芳，令人流连忘返。

如今，六年级的孩子俨然已进入青春期，他们的视野不愿再局限于校园的天空。他们多彩的梦想正越过高高的围墙，在广袤的原野上执着地生长。他们也用手中的笔书写着尚显稚嫩的青春宣言。“数学，让我多了一份自信，我相信，其他两科我也能学好，我是不会轻易被打败的。”这是尹勤同学的自信。“是啊，有了诚信，就有了做人的根本；有了诚信，人与人之间就会更加信任；有了诚信，世界就会变得更加美好！”这是陈秋迎同学的做人准则。“那次比赛，虽然我们并没有夺得冠军，但我们的心情并没有受到影响，因为我们知道，我们已经拼尽全力了。我们享受的是在这个过程中，我们二十个人的力量拧成一股绳的团结精神。”这是何润玲同学的活动感悟。“我喜欢工程师这个职业，我要像詹天佑那样，做一个有价值的人。虽然这个理想，离我还很遥远，但我相信，只要努力就一定会有希望。”这是伍楚恒同学的美好理想……

我一直认为，“写什么”比“怎么写”更重要。言为心声，写作的终极目标是表达自己的精神世界。因此，写作的最大技巧是“我手写我心，自由去表达”。这一点，六（1）班的同学做得很好，望能坚持。

最后，我想说，青春期是生命最美的季节。青春走在琴键上，每一步都是动人的旋律。

六月，鲜花如海。祝福孩子们怀揣梦想，美丽绽放！

是为序。

年年岁岁花相似

上午，一批昔日的学生过来看我，把办公室挤得满满当当。他们离开母校已经三年了，几乎每个学期末都要相约着回来一趟，看看母校和老师。那时候，他们还在读小学，现在已经初中毕业了。不知不觉间，他们长成了大小伙和大姑娘，浑身散发着青春的朝气与活力。

三年前他们的脸上还充满了稚气，三年后却坐在老师的面前侃侃而谈，有了一份成熟和稳重。他们都是我的“得意门生”，并没有让我失望。他们对自己的前程已不再茫然，都报考了自己心仪的高中。尽管中考的成绩尚未公布，但他们的脸上写满了自信。

多多和韵婷则已经提前被广州美院附中录取了，这离她们的画家梦又近了一步。金智允刚从韩国回来，见到她我格外高兴。记得小学五年级的时候，她随父亲到中国读书，成为我的学生。那时候，她不会说一句中文。凭着聪明和勤奋，一年不到，就能讲一口流利的汉语了。小学毕业时，她和中国的孩子已经没有什么两样。可惜，初中读了不久就转回韩国了。这次是专程到中国来看望老师和同学的。她说，爸爸的公司过段时间就要撤回韩国，以后到中国的机会也许更少了。

我能说什么呢？我只能感谢他们来看我，感谢他们还记得母校。当然，母校也会永远地关注他们，我也会永远地关注他们。我从抽屉里翻出他们那届的小学毕业照，一下子点燃了他们的情绪。他们抢着看，抢着辨认昔日的同窗好友。每当喊出一个人的名字，就会引来一阵尖叫声。这份浓浓的同学情，真叫人羡慕。

下午，参加2009届小学六年级的毕业典礼。与往届一样，孩子们对母校总是那么依恋和难舍，毕业典礼上弥漫着温馨，但也有一丝淡淡的挥之不去的忧伤。献花，献诗，献歌，献礼，我忽然觉得，这些事先被程序化了的活动实在是太煞风景了，是对真情自然流露的一种严重阻碍。

然而此刻，我又能说什么呢？我只能用深情的目光多看孩子们几眼，尽可能让他们的形象留驻脑海；我只能用激越的歌喉，和孩子们一起高唱一曲《感恩的心》；我只能用热烈的掌声，传递出由衷的喜悦和感动。

“年年岁岁花相似，岁岁年年人不同。”就在这一批批学生的迎来送往中，我们的韶华不断地老去，而我们的生命也在不断地焕发出新的光彩。

把暑假还给孩子

暑假就要到了，教育部门又开始发文，严禁学校利用暑假为学生补习文化课。这也难怪，个别学校为了所谓的升学率，总是铤而走险违规“抢跑”。而一些家长因为没有时间管孩子，也纷纷在暑假到来之际将孩子送进各类补习班或培训班，什么奥数班、英语班、作文班、电脑班、美术班、钢琴班、舞蹈班等等，名目繁多，不一而足，将孩子的作息时间填得满满当当。以至于孩子们气喘吁吁，穷于应付，暑假俨然变成了孩子们恐惧的“第三学期”。

对我来说，作为一名教师，暑假是一年中最美好的日子。在长达一个多月的假期里，我真正成了时间的主人。可以好好喘口气，休养一下身心，也可以读点书，做点自己喜欢的事情。除了学校有值班任务以外，通常情况下我会选择闭关自守，深居简出。

放假就是放假，教师需要工作也需要生活。

将心比心，学生是未成年人，他们比大人更需要劳逸结合。辛苦了一个学期，好不容易放假了，如果整天还是被做不完的作业和试卷所包围，身后那根高悬的鞭子（升学的压力）始终不肯放下，他们的生活还有什么乐趣可言呢？童年和少年本应是五彩斑斓的，应该为未来的人生打下亮丽的底色，而不是单调的，乏味的，死气沉沉和不堪重负的。所以，我们应该尽可能地将时间还给孩子，让他们自己去支配，去玩耍。

放假就是放假，学生需要学习也需要娱乐。

如果整个暑假一点作业都没有，那岂不是太荒废了？这是家长们所担心的，也是某些老师所放心不下的。是的，我承认，暑假应该有一定的作业，但暑假的作业最好不同于平时，少一些指令性的，多一些自主性的，少一些机械重复，多一些动手创造，这样才更符合孩子们的意愿。笔者任教的是小学五年级语文，平时比较注重学生的读书写作训练。我的学生每人都建了博客，他们的作文大多是在博客上完成的。这个暑假，我布置的语文作业是：每周读一本好书，每周更新一次博客。我会通过博客及时跟学生进行交流。开学以后，我将在班级评选暑假“读书大王”和“博客之星”。当然，这些作业因人而异，对那些没有条件上网或成绩较差的学生，我不会作硬性规定。

暑假作业，换一种尝试也许效果会更好。

我女儿今年读小学五年级，作为老师兼家长，我和女儿共同拟订了暑假生活计划。注意，是生活计划而不是学习计划。放假初期，我们全家一起外出旅游了几天，这也是每个暑假的固定节目。接下来，我们以周为单位，将女儿的暑假生活分成“规定动作”和“自选动作”两大类。所谓“规定动作”就是相对稳定的内容，主要有：（1）星期一、四上午学羽毛球，每次约两小时；（2）星期二、五下午游泳，每次约两小时；（3）星期三、六上午学钢琴，每次约一小时。这几项活动都是女儿所喜欢的。剩下的时间，属于“自选动作”，由女儿自由安排，自主支配。可供选择的内容主要有：读书，练字，写作文，看电视，上网，练琴，做家务，玩耍……我所要做的，就是提醒她注意用眼卫生，注意动静结合。女儿是个比较懂事的孩子，她跟我一样最大的爱好就是读书，通常做完了她认为该做的事情，就捧着一本书躺在沙发上读得津津有味。当然，有时候，她也会悄悄地跑进厨房，弄一盘凉拌西红柿端到爸爸妈妈的面前，或者晚饭后拉着爸爸妈妈的手，下楼去散步。

我们的暑假生活悠闲、平静而快乐。

我很理解那些把暑假演变成孩子“第三学期”的人们，多半也是出于无奈。应试教育的最大弊端是在全国范围内造成了一种“人才选拔”的恶性竞争，就像八万人同时看一场球赛，前面的人都站着，后面的人也只好跟着站起来。其实，大家都坐着看效果是一样的。

家长也好，学校也好，如果真的是为孩子着想的话，就应该还给孩子一个快乐的暑假，还给孩子一片自由的天空。

第三辑　师者之情：诗与远方

“人充满劳绩，但却诗意地栖居在大地上。”——海德格尔

如果说教师的舞台是三尺讲台，那么教师的视野应该是整个世界。教学之余，我们何妨将目光投向窗外，欣赏别样的风景，或者背起行囊去追逐诗与远方。让生活更有情趣，让内心更加丰赡，让生命更加精彩。

义教笔记：陇上行

一、同道者

20世纪80年代后期，我师范毕业后被分配到皖南山区一所偏僻的乡镇中学，在那里一干就是八年。山区的孩子敦厚纯朴的心灵和对知识的强烈渴求，给我留下了不可磨灭的印象。后来我因一次偶然的机会到了广州，成了一名城市教师。虽然这里的条件非常优越，这里的孩子同样天真可爱，但我的心里却常常想起大山，想起那里的孩子，我觉得他们更需要得到良好的教育和人生的启迪。

大约两年前，我的同事满园老师告诉我，她想在适当的时候到云南山区参加义务助教活动（当时我们所在的学校正与云南香格里拉的一所贫困学校搞“手拉手”活动）。我听了怦然心动，作为一名教师，假如能在有生之年到中国最贫困的地方搞一次义教，这是一件多么有意义的事情啊！我当即表示，如果可能的话，我也想参加。但只是随口说说而已，并没有放在心上，因为当时的条件还很不成熟。

谁知2006年年底的某一天，满园突然兴冲冲地找到我，说义教的事情有着落了。师爱平先生愿意和我们携手共同组织这次活动，地点不是云南，而是师先生的家乡甘肃天水。师先生是广州某知名企业的老总，也曾经是我们的一位学生家长。他出生在甘肃天水的一个穷乡僻壤的地方，通过刻苦读书才幸运地走出了茫茫的黄土高原。师先生的成功经历使其深深认识到读书的重要性，于是他立下宏愿：要在家乡兴办教育，回报社会。就这样，我们与师爱平先生一拍即合，成立了“爱平义务助教会”。我们负责授课，他负责与当地的联系与接待。我们拟定的活动宗旨是：“为教育添薪加火，用爱心回馈社会。”活动的口号是：“奉献爱心，传播文明，开启智慧，润泽生命。”随后，在爱的感召下，又有几位志同道合者加入我们中间。

经过半年多的精心准备，我们终于在今年暑假开启了这次非同寻常的陇上之行。

山坳中间就是我们此次义教的目的地师河小学（方之武摄）

二、在路上

7月下旬，我们几个义教者分别从广州、武汉、成都、重庆等地会聚在甘肃省天水市。我因故到得最晚，28日凌晨3点，乘坐K226次列车到达天水。刚出站台，小马和来平（前者是师爱平先生的司机，后者是师先生的弟弟）已经开车在出口迎候了。到了酒店，见到了另外几位伙伴。本来他们昨天就该进山了，谁知下了一场暴雨，山路湿滑，车子无法开进村子。大家只好一边等天气，一边等我。

第二天一早，雨终于停了。师先生招呼大家赶紧动身，说学校那边已经做好了开学的准备，要是再下雨就走不成了。于是，我们拿上行李匆匆下楼，分乘两辆小车，朝着此行的目的地——天水市秦安县叶堡乡师河小学进发了。

没想到，我们的车子刚刚出城，收费站的工作人员就告诉了我们一个坏消息：昨天的暴雨造成了山体滑坡，从天水通往秦安的高速公路已经中断，请我们打道回府。大家很沮丧，只好无奈地掉转车头，重新回到酒店。

几个小时后，我们欣喜地得知：公路通畅了。就像前线的士兵接到战斗的命令一样，我们以最快的速度爬上车子，再次驶向秦安。一路谈笑风生，气氛相当活跃，可高兴劲儿并没能持续多久，忽然发现前面堵车了。原来山体滑坡处还没有彻底修复，仅够两边的车辆轮流通行，于是堵车就在所难免了。我们就这样走走停停，停停走走，原本1个多小时的路程，汽车足足走了4个多小时，直到下午两点钟才到达古城秦安。

在秦安稍作休整，我们又继续前行。先是经过一段蜿蜒曲折的柏油路，最后是一段坑坑洼洼的黄土路。经过雨水的浸泡，黄土路变得松软稀烂，泥泞不堪。幸亏师先生的驾驶技术一流，他的丰田越野车性能也是一流，这才跌跌撞撞、有惊无险地到达了目的地。

真是“蜀道难于上青天，陇道更比蜀道难”啊！

三、义教开学日

按计划，7月28日是我们此次义教的开学日。由于路上遇到塌方，交通受阻，等我们赶到师河小学的时候，已经是下午4点多钟了。原以为学生已经放学回家了，谁知当我们走下斜斜的山坡，迈进校门的时候，却惊喜地发现，孩子们早已列好整齐的队伍迎候我们的到来。不知是谁起了个头，孩子们一边拍手一边整齐地喊起来：“欢迎欢迎！热烈欢迎！欢迎欢迎！热烈欢迎！”

其时正值雨后天晴，西边的太阳照着孩子们一张张纯真灿烂的笑脸。校园里还积满了泥水，而孩子们就站在泥水边拼命地拍着小手，拼命地喊着口号。那一刻，我真的十分感动。这是我第一次到西北地区，第一次与西北的孩子们零距离接触，也是第一次真切地感受到这些孩子火一般的热情。尽管我深知这一幕或许来自大人们的导演，但我从孩子们脸上读到的只有真诚与激动。

第二天，也就是7月29日上午，我们举行了一个简短的开学典礼。让我始料未及的是，秦安县县长、政协主席、教育局局长及乡镇各级领导纷纷不辞劳苦莅临现场，给了我们的活动以莫大的支持。本来我们想低调一点，尤其是不想惊动官方。但此次活动的主要发起人师爱平先生是当地的知名人士，他的义举自然成为一个聚焦点。

此时，师河村的老百姓们早已把学校门口围得水泄不通，有的干脆挤进校园，跟学生坐到了一起。他们一来是表示对我们的欢迎，二来也是为了看看县长其人长得什么样。据说县长亲临师河村，这还是开天辟地头一回呢。有个老乡居然憨厚地问：“县长来了，胡主席来不来呀？”逗得我们哈哈大笑。

开学典礼一结束，我们就正式开始上课了。

开学典礼上的孩子们（方之武摄）

四、我在开学典礼上的致辞

尊敬的各位领导、各位老师，亲爱的同学们：

大家好！首先我谨代表参与此次“爱平义务助教活动”的全体同仁，向秦安县各级领导、师河村的父老乡亲及师河小学全体师生对我们的盛情接待表示最真挚的感谢！

在师爱平先生及广州市几位热血教师的积极倡导和精心组织下，“爱平义务助教会”顺利成立，并于今天在我们甘肃省天水市秦安县叶堡乡师河小学迈出了关键的第一步。初来贵地，我们受到了贵宾式的礼遇，实在愧不敢当。其实，我们只是几位普通的教育工作者，我们所拥有的只是一腔激情和一颗诚心。我们此行的目的也只有一个，那就是为中国的教育事业添薪加火，贡献绵薄之力。

在未来的十多天里，我们计划开设语文、数学、英语、综合才艺和实践活动等课程，还将帮助同学们兴建一个小型图书馆。我很高兴地看到有这么多的同学踊跃报名参加我们的活动。希望同学们能通过这次活动，对世界多一些了解，对学习多一份兴趣，对人生多一种志向。也祝愿同学们能通过自己的努力赢取丰厚的奖金和奖品。同学们，你们准备好了吗？

天水是个人杰地灵的地方，这里是伏羲和女娲的故里，华夏文明的发祥地之一。我个人认为，师爱平先生更是当代天水人的骄傲。他事业上的成功以及回报社会、回报家乡的拳拳爱心，为我们每一个同学树立了榜样。希望同学们从小就具有远大的理想，努力学习，将来把家乡建设得更加美好！

最后，祝领导和老师们身体健康、工作顺利，祝父老乡亲们家庭幸福、日子越来越红火！祝同学们学习进步、快乐成长！祝此次活动取得圆满成功！

谢谢！

五、享受课堂

这次义教真正上课的老师只有4人，外加2名小助手。因为人手有限，我们本想只开设两个班，对象是小学三年级至五年级（这里的小学还是实行五年制），学生数控制在80人以内。谁知报名的人数远远超过了我们的计划，除了师河小学的学生几乎全部报名外，外村的孩子也慕名而来。总人数有180多人，从小学一年级到初中三年级都有。我们只好把学生分成三个班，每个教室里都装得满满的。

由于是“复式班”，我们无法使用正规教材，只能自己开发。好在大家早有准备，自带了笔记本电脑，并制作了精美的课件。而活动发起人师爱平先生为了配合我们的多媒体教学，特地想办法给每个教室配了一台电视机。孩子们对笔记本电脑似乎特别好奇，只要我们一开机，大家就围着看。课堂上，我们努力采用互动式教学，体现一种全新的教育理念，而多媒体的恰当使用也给孩子们带来一种从未有过的视听冲击。无须调动，孩子们的情绪始终很饱满，学习的热情异常高涨。

灵动的课堂，可爱的孩子，和谐的师生关系，让我们感到上课真是一种莫大的享受。

六、我爱学习

如果问这次义教活动给我留下印象最深的是什么，我会毫不犹豫地回答：是西部孩子们那一双双求知若渴的眼睛。在课堂上，我们既是教育者，也是受教育者，我们被孩子们那奋发向上的精神深深地打动着。

由于交通不便，很多孩子长这么大还从未离开过自己的村庄，外面的世界对他们来说是那样遥远而又陌生。但他们没有自暴自弃，而是利用一切机会努力地学习。他们像黄土高坡上挺拔的小白杨一样，顽强地将根须伸到地底，汲取深层的水分和营养。

虽然这次义教只有短短的十多天，但是孩子们倍感珍惜。有些外村的孩子每天要走十几里的山路，肩上还要扛着上课用的板凳。遇上下雨，山路湿滑十分难行，但没有一个孩子因此缺课。

可以看得出，孩子是发自内心地喜欢我们的课。老师在课堂上的一举手一投足都让他们感到新奇，那一张张纯真的脸写满了快乐。

课堂上的开心游戏（方之武摄）

七、师河小学

师河村是甘肃省天水市一个不起眼的自然村，群山环抱，交通闭塞。村里绝大部分人家都姓师。有意思的是，师河小学的五位老师也全姓师，叫一声“师老师”，大家都答应。

师河小学创办至今，已有40多年的历史了，按理说应该发展得很好，但因自然条件的限制，无论是硬件还是软件，都显得有些滞后。学校现有一至五年级五个教学班，虽然几间教室远远瞧去还算齐整，但近观则有点惨不忍睹：地面坑坑洼洼，墙壁斑驳，课桌凳三长两短，七高八低，新旧混杂，残缺不齐。学校没有图书馆，没有队部室，体育设施也十分简陋。篮球场荒草萋萋，周围堆满了村民的草垛，显然很久没有使用过了。唯一的一张水泥乒乓球台静静地趴在校园的一角，上面放着两截木头，权当球网。

五位教师都是本村人，年龄最大的师老师今年60岁，他是师河小学的创始人和首任校长，已经在这里干了43年，即将退休了；最小的师老师今年51岁，是现任校长，他也有30年的教龄。在和老校长的闲谈中得知，因为这里环境恶劣，年轻人根本不愿意来，只好由他们五个老教师坚守着，一年又一年。五个人五个班，从早到晚跟着学生转：上课、下课、上课、下课……成了这所山村小学单调而沉重的足音。

作者和师河小学的孩子们在一起

八、山里的孩子

山里的女孩子
个个长得很水灵
她们的眸子
比天上的星星还要明亮
那是因为她们吃的蔬菜
从来没有受到过污染

山里的男孩子
个个都很勇敢
稍不留意
他们就敏捷地爬到树上
像一只顽皮的猴子
做出各种可爱的鬼脸

山里的孩子
走在山路上健步如飞
永远不知疲倦
但遗憾的是
他们还从来没有
走出过大山

山里的孩子
把理想深深地种进黄土里
然后等待着雨水和阳光
他们坚信总有一天
当春风吹过的时候
漫山都是野花的清香

九、超女和超男大比拼

山里的孩子平素不爱张扬。在他们看来，外面的世界精彩着，也无奈着。他（她）们已经习惯于放学以后就背着书包回家，要么趴在炕上做作业，要么帮爹妈干点家务活。日复一日，年复一年。

然而我们几个义教老师的到来，打破了这个小山村往日的平静。只要不下雨，我们每天下午上完一节室内课，就把孩子们召集到两栋教室之间的空地上，开展丰富多彩的活动。如趣味运动会、集体游戏、才艺展示等。孩子们像过节一样开心，一到时间就迫不及待地拥出教室，等着好戏上演。附近的大爷大妈们也喜欢抱着小孙子过来瞧新鲜，学校门口的山坡上总是挤满了村民。每天的这个时候，校园里热闹非凡，欢声笑语飞过一道道山梁。

在短短的十多天里，我们搞的一次最“大型”的活动，恐怕就是类似于超女和超男的“快乐大比拼”了。我们把学生分成运动、形体、唱歌和口才四个类别，由学生自由选择报名参赛。比赛分预赛、复活赛、决赛几个阶段，共持续了三天。开始我们担心这些山里的孩子会不会不敢报名，谁知结果大大出乎我们的意料，几乎所有的孩子都选择了自己最拿手、最喜欢的项目参加了比赛，而他们所展示出来的各种才艺也让我们惊叹不已。其实，他们平时只是看看电视，或者跟在大人后面模仿一下而已，更多的是“无师自通”。有些孩子长这么大还是头一次在众人面前登台亮相，刚开始还有几分羞涩，但到了第二天、第三天，他（她）们就越来越大方，越来越自信了。

舞台小人生，人生大舞台。其实，我们此举的目的在于：为孩子们提供一个舞台，让他们找到自信，展示真我。

十、父老乡亲

虽然我出生在乡村，但离开家乡的日子太久，以至于渐渐淡忘了泥土的气息。这次到甘肃义教，使我有幸走上黄土高原，走近西北地区的农民，看到他们那饱经沧桑的，像油画一样质朴动人的脸，以及像广袤无垠的黄土地般宽广的胸怀。

每次见到我们，他们总是用陇上方言向我们道着一声声真诚而温馨的感谢；几乎每天都有一些村民到住处去看望我们，他们从自家的果树上摘下新鲜的桃子和李子，洗得干干净净的，塞到我们手中；下雨时，他们怕我们下坡时会滑倒，就拿着铁锹一路为我们填坑修路；我们开展室外活动时，他们总是带着满脸的新奇与敬畏挤在校门口观看；当我们掏出相机给他们拍照时，他们又总是笑得那么憨厚、自然，没有半点的矫揉造作……

那天傍晚，我们沿着山坡上的一条小路出去随便走走，正好碰到一个叫师辉斌的孩子，他硬是把我们拉到家中做客。那是一座窄小的院子，迎面是几间低矮破旧的房屋，墙壁被烧炕的烟尘熏得漆黑。屋里的陈设极其简陋，除了一台14寸的黑白电视机，就再也没有什么值钱的东西了。师辉斌的妈妈见到我们十分高兴，一边用方言跟我们说着什么，一边打着手势把我们往屋里让。虽然我们听不懂她说的内容，但感受得到她的热情。屋里没有那么多的凳子，我们只好在院子里站着聊了一会儿。天黑了，我们要走了，她把我们送出院子，站在山坡上目送我们很久很久……

第二天，师辉斌上学的时候，交给我一张折得皱巴巴的信纸，说是他妈妈给我们的。我打开一看，是一封写给我们全体义教老师的信。虽然字写得歪歪扭扭，语句也不是那么通畅，但字里行间却蕴含着浓浓的情意。读完这封特殊的信，我的眼睛湿润了。我没想到一个普通的家庭妇女，一个黄土高原上日出而作、日落而息的农民，竟然这样重感情。我们只是付出了一点点，而他们却向我们回报了全部！

这就是黄土地上的农民，我们可亲可敬的父老乡亲！

像黄土高原一样朴实的父老乡亲们（方之武摄）

附：师辉斌妈妈给义教老师的一封信

广州老师、爱平：

大家好！

我是师辉斌的妈妈，你们千里之远来给我们的孩子上课，我心里很高兴，也很激动。我应该亲自向你们问好和感谢，可我说话，你们听不懂，我因此没有来。我很感谢你们给孩子们教了很多新知识，给孩子很大的精（神）鼓励。

今天，你们亲自登门来访，你们说的话，我都能听懂，可我不会说普通话，你们听不懂，我就连问声好、感谢你们的话都没有说，真的很惭愧，这里我提笔向你们道（歉），请你们谅解。当听到你们说辉斌是个很不错的孩子，我心里无比高兴，这是你们大家的功劳。他平时胆子小，学习也差，不会说普通话。这十天来，多夸（亏）你们的教导，他大有长进，我非常感谢你们，多么希望你们能多给孩子教些知识啊！

由于水平有限，无法表达对你们的（崇）拜，真是心有余，而力不足，我心里无比激动，给你们笔（写）下道（歉）和感谢，望你们不要见怪，请你们原谅。

感谢你们，非常感谢你们！

祝你们大家永远幸福！！

师辉斌母

2007年8月6日晚12点

十一、陇上江南

未到陇上前，我一直以为那里到处是黄土高坡，草木不生，浑黄一片，就像在电影《老井》和油画《转战陕北》中所看到的那样。等到了甘肃天水，才发现自己过去的认识是多么狭隘。

从天水市区到秦安县大约需要一个半小时的车程。行驶在高速公路上，放眼望去，到处郁郁葱葱。群岭起伏，好似绿浪翻滚。蜿蜒的渭南河在崇山峻岭间时隐时现。由于今年雨水偏多，河流比往年更具活力，植被也更加茂盛。公路旁不时闪过大片的果林，苹果、蜜桃、李子、葡萄等各类水果缀满枝头。高速公路旁摆着一个个水果摊，果农们戴着破旧的草帽，向过往的旅客销售着自己的丰收与喜悦。在义教的十多天里，老乡们总是源源不断地往我们的住处送水果，让我们“吃”不暇接。我戏曰：“在广州，我们是日啖荔枝三百颗，没想到到了甘肃，我们是各类水果任意尝！”

虽然目前这里的交通还不太发达，水源还不够充足，但我相信，在西北人民的辛勤建设下，不久的将来，这里一定会成为真正的陇上江南。

十二、果品博览会

秦安县位于甘肃的东南部，一向有“陇上江南”的美誉。这里山川秀丽，气候宜人。我们去的时候正值盛夏，但丝毫不觉得炎热，晚上睡觉时甚至得盖上厚厚的毛毯。晴朗的夜晚，山中一片宁静，天空蓝得深邃，星星也亮得炫目。

独特的气候造就了丰富的物产，使得这里的水果天下闻名。其中最具品牌的要算秦安的蜜桃了。这里的桃又大又甜，是中国著名的桃之乡。

2007年8月1日，秦安县成功举办了甘肃秦安果品博览会，中央电视台第七套《乡村大世界》栏目组进行了现场录播。我们也有幸受到秦安县政府部门的邀请，参加了这次盛会。来到县城，只见街道上彩带飘舞，车水马龙，一派节日的气象。位于城中心的体育馆里早已是人山人海，估计有两万人以上。紧靠着正面看台，搭起一座宽阔的舞台。舞台正中悬挂着一个巨型的会标，会标上“共建和谐乡村”几个大字在阳光下熠熠生辉。下午四点，演出正式开始。在央视的策划下，节目的内容非常丰富，一些知名或不知名的演员纷纷登台献艺，中间还适时穿插着当地的民俗表演。会场高潮迭起，气氛热烈。

我对看演出本身并没有太大的兴致，但那天下午我一直高兴着——为秦安的现在，也为秦安的明天。

十三、别亦难

从甘肃回来已经一个多星期后，我的心还时时沉浸在义教的那段日子里。电脑里储存着两千多张图片，在整理这些图片的时候，我的思绪一次次飞到千里之外的师河小学。

我忘不了我们每天走下山坡去上课的情景。遇到下雨天，我们穿着靴子，打着雨伞，小心翼翼，一步一滑。但我们一路上互相打着趣儿，谈笑风生，毫不在意。

我忘不了在课堂上与孩子们激情飞扬、共享快乐的美好时光。每天我们一到学校，孩子们就围了上来，问这问那，争相亲昵。下课了，他们总是追着问："老师，再给我们出个谜语猜猜好吗？""老师，明天上什么内容的课啊？"

我忘不了村里的老书记和父老乡亲们在生活上对我们的悉心照料。他们每天用独轮车从几里外的水井里给我们运水。放学后我们一回到住处，他们就端上洗得干干净净的新鲜水果。他们怕我们吃不惯面食，就千方百计保证让我们每天吃上一顿米饭。

我也忘不了我的几位同道者：师爱平先生既是此次活动的发起人，又是东道主，他运筹帷幄，心有大爱；满园老师热情、善良，永远不知疲倦；樊老师沉稳、干练而又不乏幽默，遇到力气活总是抢在最前面；银波老师性格开朗，其英语课充满活力，深受孩子们的喜爱。在我们的义教队伍里，还有两位特殊的成员——念念和雨雨。念念是个女孩，雨雨是个男孩，他们都是刚上初中二年级的学生。父母希望他们利用暑假出来锻炼锻炼，同时也为山区的同龄人做点力所能及的事情。事实上，这两个孩子的优异表现大大出乎我们的意料。他们不仅是英语课堂上的小助教，而且还联手策划组织了"快乐大比拼"等活动。念念多才多艺，在义教期间为大家表演了琵琶、武术、芭蕾等多项绝活。雨雨的独立能力很强，独自一人从重庆坐火车到天水，让人刮目相看。这就是我们的队伍，一个团结、合作、充满无限关爱和乐趣的集体。白天，我们给孩子们上课；晚上，我们在学校放露天电影，然后一边返回山坡上的住处，一边抬头观赏黄土高原上空格外璀璨的星斗，我们的心情也格外舒畅。

然而，幸福的日子总是短暂的。十多天的义教生活很快结束了，我们不得不跟孩子们说再见，跟师河村的父老乡亲们说再见。那天走在放学的路上，一位上了年纪的老乡拦住我们说："老师，你们能不能不走了……要不，你们明年再来，行不？"望着老人沟壑纵横的脸和充满乞求的目光，我们的心感到一阵绞痛。

孩子们也似乎格外敏感。他们知道时间一到我们就会离去，于是用各种方式表达着自己的情感。有的给老师赠送亲手制作的小礼品；有的跑到山坡上采来一大束野花，送到老师的宿舍；有的拉着老师合影留念；还有的与老师互赠留言……下面是从100多条留言中随便摘录的几条，让我们来感受一下孩子们的肺腑之言吧：

我会记住这十多天来发生的一切，记住老师们亲切的笑脸与温和的声音，记住与同学们一起享受学习的情形，让它们成为我生命中的阳光。（师杰杰）

此时此刻我们就要分别了，我真是舍不得，从这十几天当中，我才感悟到什么叫师之爱。在此我真心地祝您一路平安，欢迎您明年再来！（师亚利）

时间过得真快呀，来也匆匆，去也匆匆。在这快要分别的日子里，我真是心里不好受，多么希望您在我们学校再多待一天，一小时，甚至一分钟也可以啊！（师敏敏）

分离的时候到了，我的心里就像刀割一样。但是这是没有办法的事情，只能忍受这种痛苦。在这十多天的时间里，您教的知识我会记在心上，您带给我的快乐我也会带着它走上成长的道路的。希望您记得我，在这里我还要说一句话，就是我们远隔千里，但友情是不会变的。（师晓东）

老师是太阳
我们是星星
太阳照着我们
老师是大地
我们是小草
大地抱着我们
（王俊峰）

读着这些世界上最真诚、最纯洁的话语，叫人怎能不为之动容呢?

记得离别的那天早晨，我们刚起床，就有不少的孩子和老乡赶来为我们送行。他们一次又一次地重复着同样的话语：“老师，明年再来啊！明年一定要来啊！”尽管我们一次又一次地承诺明年再来，但大家还是不放心，非要我们伸出手来“拉钩盖印”不可。

汽车终于启动了。在挥手的那一刻，我分明看见很多孩子和大人的脸上都流着泪水，但他们还是强笑着向我们告别。相见时难别亦难，此时此刻，谁又能抑制住自己感情的洪流呢？再见了，师河小学！再见了，师河村的父老乡亲们！再见了，亲爱的孩子们！再见……

别亦难（方之武摄）

江南可采莲

我的故乡在江南。那是一个草青青、水涟涟的地方，池塘、湖泊星罗棋布，河道、沟渠纵横交错。每到夏天，荷叶、荷花就密密匝匝地挤满了每一寸水域，用“接天莲叶无穷碧，映日荷花别样红”来形容，真是一点也不为过。

很小的时候，我们就爱在开满荷花的池塘边嬉戏、玩耍。我们将荷花的花瓣小心地掰下来，当作小船放到水里，看谁的漂得最远。我们将荷花的花蕊缠上丝线，一松手，让它在下落的过程中旋转成一团美丽的图案。如果玩得肚子饿了，我们就随手采摘几个莲蓬。那个荷塘，就是我们取之不尽、用之不竭的“粮仓”。

倘若觉得莲蓬还不抵饿，我们就到湖滩上去挖莲藕。雪白的莲藕比我们的胳膊还要粗，可以蒸，可以炒，可以磨成淀粉。当然，也可以用水洗一洗就塞进嘴里咬一口，那种脆生生、甜丝丝的感觉早已超越了充饥本身的意义。据说，在“三年自然灾害”的时候，父亲就是靠莲藕来维持一家人的生计的。每天早晨带着挖藕的工具下到湖里，不到半天就挑回一担鲜嫩清香的莲藕。

随着年龄的增长，我对莲的喜爱也愈来愈深。我明白了，“出淤泥而不染，濯清涟而不妖”是莲的品质。我也懂得了，“一花一世界”，而莲花的世界就是高洁的世界、菩提的世界——怪不得佛祖的宝座是莲花了！君不见故乡遍地是莲花，难道这竟是佛祖的恩赐吗？我不知道，但我知道在家乡信佛者确实很多，而九华山就是著名的全国“四大佛教圣地”之一……

20世纪90年代，在经济大潮的席卷下，我像一条迷惘的鱼从长江“游”入珠江。没想到，这一去竟是十年！“十年一觉广州梦”，我由一位风华正茂的青年慢慢步入了人生的“下半场”，由当初的“孤家寡人”变成了现在的“三口之家”。由于父母早亡，户口又已迁入粤地，因此，我深深地意识到，故乡似乎已经成了一个缥缈的梦。

是啊，十年过去了，那门前的池塘还葱葱郁郁着吗？那湖里的荷花还亭亭玉立着吗？那溪头还聚集着卧剥莲蓬的少年吗？这十年间，我也时常跟亲戚朋友们电话联系。听说前几年“海螺集团”在家乡兴办了一个大型水泥厂，占用了大片的耕地和湖田。又听说乡里搞移民建镇，昔日的村庄早已旧貌换新颜。沧海桑田，动如参商，就算回去，恐怕再也找不到梦中的归途了。

也许是为了安妥来自灵魂深处的那份牵挂吧，我将女儿取名为“田田”。女儿一天天长大，也越来越可爱。有一次，我问她：“宝贝，你知道爸爸为什么给你取名叫田田吗？”女儿摇摇头，一脸的茫然。于是，我有些动情地低吟起来：“江南可采莲，莲叶何田田……”但女儿用黑亮的大眼睛望着我，依旧是一脸的茫然。她知道自己生在四川，长在广东，祖籍安徽。但她今年都已经8岁了，还从来没有去过安徽，这不能不说是一个遗憾。对女儿来说，故乡江南是那样的遥远而又陌生！

“日出江花红胜火，春来江水绿如蓝，能不忆江南？”江南，已经成了我含泪的相思地，心中的未了情！什么时候才能回到我的江南呢？“到老莫还乡，还乡须断肠。”难道真要等到老了的那一天吗？不，不会的！因为我答应过女儿，要带她去看三秋桂子、十里荷花的。我相信，那一天一定不会太遥远！

今夜，且让我梦回江南，撑一支长篙，漫溯于藕花深处……

我的老师黄复彩

今年五月的一天，在书店闲逛时，一本名为《红兜肚》的小说跃入眼帘。再看作者，眼睛忽然一亮：黄复彩，这不是我的老师吗？拿起书前后翻翻，果然就是我的老师黄复彩。如获至宝般地买回家，花了一天一夜的时间囫囵吞枣地读了一遍，不禁被这部气势恢宏的作品深深震撼了。我把它推荐给了妻，并兴致勃勃地向她聊起记忆深处的黄老师：二十多年前，黄老师曾在我就读的师范学校任教文选与写作课。他虽然没有直接教过我，但对我们这些爱好文学的后生学子却给予过悉心指导，印象最深的是那次文学讲座，阶梯教室里挤满了人。当时他已是颇有名气的作家。他讲了自己走上文学道路的历程，讲了文学创作的艰辛与快乐，给了我们极大的鼓舞。可惜不久，黄老师调到安庆日报社当了编辑。再后来，听说黄老师潜心佛学的研究，在文学界露面得少了。没想到现在读到了黄老师的这样一部鸿篇巨制。

更没想到的事情还在后头。六月上旬，我一时心血来潮在新浪开了个博客。往来串走之际，偶然发现黄复彩老师也在新浪安了个家。兴奋之余，赶紧与黄老师联系。黄老师当然已记不起我这个无名小辈了，但他还是热情而谦逊地通过博客跟我拉起了家常。聊得最多的是他的女儿未未。未未今年大学毕业，英语专业已通过八级，性格开朗，人也能干，深圳的几家幼儿园争着要聘请她，内地的一所中学也向她伸出了橄榄枝。因为我一直在南方工作，所以黄老师竟像一个老朋友似的征求起了我的意见。这让我感受到了信任，也看到了一位父亲对女儿的盈盈爱意。当然，黄老师偶尔也会像普通的网友那样，在我的文章下面写几句率性的评论。有一次还选中了我的一篇小文，发表在他主编的报纸副刊上。我知道，这完全出自一位老师对学生的提携与鼓励。

八月初，黄老师的禅意散文集《一花一世界》隆重出版。这本书记录了黄老师多年来对禅、禅人、禅事的真情感悟，网上一时好评如潮。可惜我数次到广州的书市均未找到。我将苦恼告诉了黄老师，他说："你不用再去买了，我送你一本。"这让我惊喜不已！佛教讲究缘分，我感觉我与黄老师之间似乎就有着某种缘分，虽然这缘分来得有点晚。

国庆节前夕，安徽的老同学来电，邀我回乡参加师范毕业二十周年的同学聚会。我几乎是毫不犹豫地答应了，因为在那一瞬间我已做好了一个决定：顺便去拜望黄老师。我怕太唐突，向他表明了意向，黄老师欣然回复：欢迎到安庆做客！

几个老同学听说了此事，纷纷表示要陪我同往。于是，10月4日那天，我们一行四人驱车直奔古城安庆。一路上，大家开心地谈论着黄老师和他的作品。我忽然提议："我们每个人不妨在心里为黄老师画一幅像。二十年过去了，黄老师究竟变成了一个什么样的人？待会儿见面证实一下，看谁画得最像。如何？"我的提议立即引起了大家的兴趣。钧雪君首先发表高见："我觉得用一个'淡'字概括黄老师，最恰当不过了。"好一个"淡"字！大家都说得有道理，黄老师一定是将什么都看得淡了。我则将黄老师与师范的另一位老师进行了比较，我说："某某老师是以入世的思想过出世的生活，而黄老师相反，是以出世的思想过着入世的生活。"我的话似乎有些玄，于是大家七嘴八舌地议论开来。

不知不觉，车子到了孝肃路安庆日报社的旧址。我拨通了黄老师的电话，黄老师说他住在七楼，现在就下来接我们。我赶紧说不必接，我们自己上楼就是了。这是两座紧挨在一起的有些破旧的职工宿舍楼，楼梯狭窄、阴暗，而且拐来拐去的有些复杂。可能是怕我们迷路，黄老师最终还是亲自下来迎接我们。当他拐过墙角突然出现在我们的面前时，我几乎是下意识地叫了一声："黄老师！"那一刻，眼前的黄老师与记忆中的黄老师迅速重叠了，只是记忆中的黄老师英姿勃发，而眼前的黄老师已是满头银丝。黄老师打量了我们一会，笑着说："想起来了，想起来了，我对你们是有些印象的。"于是领着我们上楼。黄老师说话还是像以前那样带着枞阳口音，声音不高，语速较快。最特别的是他走路的样子，双臂迅速摆动着，脚下生风，连上楼梯也是步履矫健。一口气上到七楼，我们这些年轻人都有点气喘吁吁了，黄老师却若无其事。

师母热情地把我们迎进屋子。这是一套普通的三居室，屋里的陈设比较简陋。几件寻常的木质家具，一张棕色的旧沙发。客厅的角落里放着一台跑步机，可能是最值钱的东西了。餐桌附近的墙上，贴了一幅巨大的书法作品，透出主人的雅趣。室内光线不是很好，因为是顶楼的缘故，有些闷热。黄老师打开窗户，立刻从楼下传来阵阵嘈杂的市声。我们问黄老师何以住得这么高，每天爬上爬下不嫌麻烦吗？黄老师说，以前住在三楼，结果楼上天天打麻将，吵得他没法睡觉，于是横下心，就算是一百层的楼房也要住顶楼。大家纷纷感慨：要想在闹市中求得一方清静，真的不容易啊！

坐了一会，黄老师起身说要给我拿书。等他从书房出来的时候，手里就多了一本《一花一世界》。我恭敬地接过来，雅致的封面，淡淡的墨香，令人爱不释手。翻开扉页，中间写着“之武先生雅正”，下面是签名和日期。日期写的是10月2日，原来两天前就已经写好了。我说：“黄老师，我是您的学生，您写得太客气了。”黄老师笑笑，并不作答，却又转身进了书房，给其他同学每人取了一本，一一签上名字。

于是话题由这本书阐发开来，谈到了黄老师对佛学的研究，谈到了他最尊敬的皖峰上人。皖峰上人是安庆迎江寺中的高僧，也是黄老师的方外挚友。几乎每天，黄老师都要来到上人的寮房里，与之谈经论佛。在黄老师的心中，上人就是自己的半个天空。2002年农历四月初八，释迦牟尼圣诞的那天凌晨，88岁的皖峰上人安然示寂。这对黄老师来说无异于塌了半个天空，顿时陷入无限的悲伤与怀念之中，而《一花一世界》这本书就是献给皖峰上人的。说到这里，黄老师又起身到书房，拿出一张皖峰上人的照片给我们看。照片上是一位穿着杏黄袈裟的老僧，瘦削的脸上露着灿烂的笑容，深邃的眼里充满了慈爱。黄老师告诉我们，这张照片是他亲手为皖老拍摄的，格外珍贵。屋里安静了一会。看着黄老师那凝重的神态，我似乎读懂了他为什么多年来足迹遍布大江南北，遍访古寺名刹。因为在方外世界里，黄老师了悟了生命的智慧，找到了心灵的净土。我想起黄老师在一篇文章中写过的几句话：“我有很多出家的朋友，我在红尘中倦了，我会走进某一座佛寺，在超然的风景中休整我的身心，然后再回到这个烟火燎人的尘世中来继续拼搏。”这也许是佛教真正的意义所在吧！

我忽然想起什么似的，问："黄老师，未未呢？"

"哦，她出去玩了。下午还要上课，可能暂时不回来了。"

说到女儿未未，黄老师脸上顿时写满了自豪。他说未未现在安庆的一所中学任教，带初三两个班的英语，课上得活，责任心很强，每天回家自己动手做教具。学校还打算推她出去比赛呢。

午饭的时间到了，我们在附近找了家餐馆。我试探着问黄老师："您在饮食上有什么特别的要求吗？"我有些偏狭地以为，虔诚于佛教的人一定都是吃素的，谁知黄老师的回答有点出乎我的意料："随便。在家里以素食为主，出门什么都能吃点。""那，酒呢？""来点啤酒吧，一瓶就行。"黄老师说得很干脆。我们边吃边聊，气氛也很轻松。黄老师偶尔逗逗一位同学的小孩，有时候手指头还欢快地在桌面弹几下，似乎在为心里默唱着的某首歌打打拍子。

我想起我们来时在车上的画像来，我感觉我们的判断是准确的：黄老师正是以出世的思想过着入世的生活，以淡然的心态面对纷扰的红尘。记得前段时间，黄老师的博客主页上是一幅莲花的图片，可惜后来换成了书法。其实我更喜欢前者——在喧嚣而浮躁的尘世中，黄老师正像一朵款款盛开的莲花，散发着醉人的清香……

三叶草与魔力豆

一位多年前的学生给我寄来一张卡片。这不是一般的卡片，上面附有一个密封的纸袋，纸袋里装着幸运草（学名三叶酢浆草）和魔力豆的种子。学生在纸袋上写了“种豆得豆”几个字，还俏皮地画了一张笑脸。

我按照纸袋背后的文字说明，撕开袋口的海绵条，开始往袋里浇水。袋子里是一些小颗粒，像是泥土，又不是泥土。当我坚持浇了几天水之后，奇迹出现了，“泥土”里冒出了几颗小小的嫩芽。又过了几天，这些嫩芽逐渐长成了银白的细丝。细丝越长越高，从纸袋里探出了小脑袋，而脑袋上的那一星绿也慢慢演变成了三片细小的叶子。细细打量，可不正是三叶草嘛。也许三叶草太过柔弱了，她的身子无法挺直，弯弯曲曲地向上延伸着，枝枝蔓蔓地覆盖了袋口。

每天下班，第一件事情就是给三叶草浇水。我不敢多浇，稍稍地润湿“泥土”即可。某日，纸袋里的“泥土”拱起了一大块。我知道，这是魔力豆按捺不住寂寞了。果然，第二天，两颗魔力豆就破土而出了。像积蓄了前世的所有力量，急于要在今生的这个世界相会似的，两颗魔力豆争先恐后地向上蹿。不几日，他俩脱去一层“外衣”，露出了里面的豆瓣儿。豆瓣儿是椭圆形的，约有纽扣大小。又是几日过去，两颗豆瓣儿几乎同时裂开了缝隙，从缝隙里钻出嫩嫩的叶子。先是一片，继而两片，三片，形成一簇，翠绿而生动。与此同时，两颗魔力豆的身高也在节节攀升。先前的那两颗豆瓣儿，已降到了秆儿的“腰部”。

女儿也被这奇特的小生命吸引了，放学回来总爱凑过去玩赏一番。有一天她忽然大叫起来：“老爸，快来看呀，豆瓣儿上面还有字呢！”我赶紧俯下身去，仔细观察，原来豆瓣儿上真的有字。两颗魔力豆共四片豆瓣儿，每片豆瓣儿上刻着两个字，连起来竟是“心想事成，喜气洋洋”。这些字一定是事先就刻在种子上了，待种子发芽后，字也跟着渐渐长大，只是我们先前没有留意罢了。我忽然想起《红楼梦》里衔玉而生的宝玉来，宝玉的那块玉上也是有字的。这珠圆玉润的豆瓣儿，乍一看还真像是初投人间的“灵通宝玉”呢。

浅浅的三叶草与亭亭的魔力豆相映成趣，这的确是一份很具魔力的祝福。我惊叹于生命的奇迹，更感动于学生的一片心意。在这个万物竞秀、生机郁勃的春天里，我又岂止是种豆得豆呢？

写给女儿的成人礼寄语

亲爱的女儿：

当你打开这封信的时候，爸爸妈妈正在双手合十，为你的成人礼而深深地祝福和祈祷！

孩子，自从接到学校通知，要在10月17日举办高三成人礼活动，为你写信就成为爸爸妈妈近期最重要的一件事情。尽管你现在还不满17周岁，距离法律意义上的成年人——18岁还有一年多的时间，但参加完学校的成人礼，就意味着你真的长大成人了，我们难掩心中的喜悦和欣慰！

这些天，爸爸妈妈谈论最多的话题就是你的成长历程，那一幕幕往事就像电影一样在我们的脑海中不断回放，千言万语涌上心头。

1998年11月1日，你喜临人间，成了我们家的重要一员。为了便于外婆照顾你，你妈妈回到老家四川内江生下的你。在你出生的第五天，爸爸心急火燎地从广州飞回四川，看到你安详地躺在妈妈的怀里，粉嘟嘟的小脸可爱至极。爸爸乐不可支，拿出相机为你定格下生命的第一个美丽瞬间。

由于妈妈怀你的时候正带着六年级毕业班，工作压力大，加上胃口不好，营养跟不上，所以你出生时只有区区五斤重，显得比较瘦弱，这也为你后来的生长发育埋下了隐患。对你来说，在0到7岁期间，打针吃药几乎成了家常便饭。而对爸妈来说，周末抱着你奔波于各家医院也几乎成了一种固定模式。那段时间，真的让我们很辛苦，很揪心，也很无奈。记得你七个月大时得了一次严重肺炎，连续的输液让你稚嫩的小手小脚布满了针眼，后来只好改在头部吊针。年轻的护士也许是因为太过紧张了，几次都找不到血管，你的额头上很快肿起一个鸡蛋大的包。你的哭声撕心裂肺，也让爸妈肝肠寸断！爸爸不顾平日的斯文跟医生吵了起来，而妈妈则难过得当场泪如雨下……

孩子，好在我们一起熬了过来！小时候你除了体弱多病之外，给爸妈带来的更多是幸福和快乐。你是上天送给我们的最好的礼物，爸妈真心感谢你！感谢上苍！你虽然长得娇小，但聪明活泼，一逗就笑，特别招人喜爱，同事们给你取了个昵称叫“小金豆”。一岁的时候，你就口齿伶俐，说话俨然一个小大人；不到两岁，每天你就准时在阳台上守望，等待爸妈下班，只要远远地看见爸妈回来，就赶紧屁颠屁颠地跑到门口，拿着爸妈的拖鞋让我们一进门就换上；三岁的时候已经会用生动的比喻句，如“我的耳朵像一把薄薄的刀子”之类；四岁的时候，因为爸妈晚上要常常加班，家里没人照顾你，你不得不开始在幼儿园住宿，尝试独立和自理。

也许是受爸妈的影响，你从小就爱听故事，爱读书。周末和节假日，我们一家人拖着拉杆箱去书店购书，是一种莫大的享受。小学阶段，你被学校评为“小小藏书家”，其中“童话大王”郑渊洁的所有作品你差不多都买齐了。“一个人的精神发育史就是他的阅读史。”这话对你来说真的很贴切，因为读书开阔了你的视野，也让你越来越懂事。你是一个很听话、很自觉、自尊心很强的孩子，在学习上几乎不需要爸妈怎么操心。初中毕业你以优异的成绩考上了广东省百年名校——广雅中学。这是你做出的选择，你以自己的判断迈出了人生重要的第一步。一时间你成了周围同事羡慕和赞美的对象，爸妈也为你而感到骄傲和自豪。

时光飞逝，转眼你已进入高三。如今你将面临人生中两个重要的关口：一个是成人礼，还有一个就是高考。成人礼标志着生命的长大，高考则期待着生命的腾飞。为此，爸妈有几点建议供你参考。

第一，健康快乐是最大的财富。健康是1，其余全是0，这话一点不假。高中阶段学习艰苦，要有健康的体魄和愉悦的心情做保证。你在学校一定要吃好，注意营养均衡，在饮食方面别舍不得花钱。要适当进行体育锻炼，你不是爱跑800米吗？若能每天坚持，那就非常了不起。你的游泳和羽毛球技术也不错，希望不要半途而废。快乐不是别人施舍的，而是要靠自己去创造，去调节积极的心态。不顺心的事情每个人都会遇到，最好的办法是不去管它。世界上没有过不去的火焰山，怕只怕有解不开的心结。

第二，要有一颗感恩的心。要感恩养育过你的亲人，包括父母、外公外婆等等，血浓于水，亲情才是幸福的源泉；要感恩所有帮助过你的人，包括老师、同学和朋友，你的成功离不开他人的付出，别以为一切都是天经地义，理所当然；要感恩你的母校，从顺碧、华碧到广雅，一路走来，是母校培养了你，将来无论走到哪里，都不要忘记你是碧桂园学子，是广雅学子；要感恩这个社会，因为它为你的成长提供了一个相对不错的环境，起码比爸妈那个年代好了很多。孩子，感恩是一种美德。爸妈相信，懂得感恩的人一定也是善良的，而善良的人定会有善举，善举定会有善报。

第三，要有一个切合实际的目标。在平时的交谈中，你向爸妈流露过将来想学医的打算。这个想法很好，爸妈非常支持。爸妈都是老师，医生跟老师一样都是高尚的职业，医生救治人的身体，老师塑造人的灵魂。不过，你现在还小，对社会的分工和发展也许了解得还不够全面深入，对自己将来更适合从事什么职业，也许还不宜过早地下定论。因此，爸妈提醒你，在完成高考之后，再慎重选择自己的大学和专业，这关系到你一辈子的发展方向。切不可一时冲动，更不能人云亦云。

第四，永远对自己有信心。阳光、自信是成功的重要法宝。你能通过自己的努力走到今天，已经非常优秀了。但爸妈也知道，广雅中学高手如林，学霸成群，很多同学在初中阶段都是学校的佼佼者，然而一到广雅就“泯然众人矣”。因为无数的恒星到了一起，其光芒就互相抵消了。这是正常的现象，千万不要怀疑自己，爸妈始终相信你是最棒的，而且会越来越棒。这学期开学后进行了高三的第一次月考，你是班级唯一一位所有学科都进入排名前10的同学，可喜可贺！希望你任何时候都不要自暴自弃，不要丧失信心，特别是当你遇到挫折的时候。

亲爱的女儿，十七岁是人生的花季。台湾作家三毛说过一句话：“即使不成功，也不至于空白。”爸妈把它送给你，希望你好好努力，好好珍惜，在迈向成人的美好季节里绽放出精彩和美丽，也绽放出恬淡和自然。不蔓不枝，不急不躁，因为对你来说，人生才刚刚开始。

青春走在琴键上，每一步都是动人的歌。

加油，宝贝！

永远爱你的老爸老妈

2015年10月6日

都市许愿屋

位于广州天河市区的许愿屋（方之武摄）

从广州天河城到购书中心，要穿过一段长长的地下通道。最近无意中发现，在这段地下通道里赫然多了两间小小的许愿屋。

说是地下通道，其实也是一座地下商场。林林总总的商店，熙熙攘攘的过客，杂沓的脚步，喧嚣的市声，共同演绎着都市的繁华。而这两间许愿屋则与周围的环境显得那样格格不入。许愿屋里没有任何摆设，唯有四周墙壁上贴满了各种各样的许愿卡。而有的干脆随手将自己的愿望写在了墙壁的空白处。这些愿望交织着，重叠着，杂乱无章，让人眼花缭乱。要不是入口处写着“许愿屋”三个红色的大字，还以为这里是公告栏或广告墙呢。

事实上，我惊讶地发现，这里几乎找不到一则商业广告。我也许无法将这些形形色色的愿望准确地加以归类，但我看得出这些愿望都是真诚的，无不闪烁着人性的光芒。细细品味，有的是恋人之间的大胆表白；有的是亲朋好友间的相互祝福；有的祈愿这个社会更加美好；而人们把更多的企盼留给了自己，希望从此好运降临。

我在这两间许愿屋前驻足流连。不少人也像我一样，停下匆忙的脚步，带着一颗好奇的心走进去，再怀着一颗虔诚的心走出来。印象最深的，还是那些成双成对的青年男女，他们相拥于一隅，悄悄地拿出许愿卡郑重地贴到墙上。这使我想起登黄山时看到的纠缠于悬崖链条上的连心锁。那些锁在风雨的侵蚀下早已锈迹斑斑，但情侣们的心依然紧紧相连。这小小的许愿卡，又何尝不维系着一段纯情和浪漫呢?

在这样一处寸土寸金的繁华地段，竟然空出两间屋子，供人们许愿之用，我惊叹不已而又难思其解。这许愿屋的主人究竟是谁呢?又是谁在这里许下了第一个愿望呢?时光如流人亦如流，我们是否想过，疲惫的自己从何方而来，又往何方而去?

滚滚红尘，万家灯火。让我们双手合十，在内心深处许下一个小小的愿望吧，为自己，为亲人，也为心中那尘封已久的爱。

端午情怀

枝头绽放着红艳艳的石榴花，空气中弥散着粽叶和艾蒿的清幽幽的香气……一年一度的端午节又悄然来临了。

一早起来，就不断收到朋友们发来的短信，把节日的气氛渲染得浓郁逼人。我的心情也像窗外的阳光一样灿烂起来。

“粽子香，香厨房，艾叶香，香满堂，桃枝插在大门上，出门一望麦儿黄，这儿端阳，那儿端阳，处处都端阳。”

“淡淡粽叶香，浓浓世间情，根根丝线连，切切情意牵。”

“以芬芳的祝福为叶，以宽厚的包容为米，以温柔的叮咛做馅，再用友情的丝线缠绕，愿你品尝出这五月五的情怀！”

…………

是啊，端午节，该是一种怎样的情怀呢？

对不谙世事的孩子们来说，端午节是饭桌上香甜的粽子和各种美味佳肴。

对恋人们来说，端午节是一次甜蜜的表白和醉人的约会。

对老人们来说，端午节是午后一杯浓酽的茶，在安详中啜饮昔日的繁华与忧伤。

对子女们来说，端午节是对父母的一片孝心。

对父母们来说，端午节是对亲情的一次眷顾。

对客居他乡的人们来说，端午节是对故乡的一次痛彻心扉的遥望。

对文人墨客们来说，端午节是对历史的一次深切的缅怀与凭吊。

对疲惫的劳动者来说，端午节是一次龙舟竞赛中纵情的呐喊与宣泄。

广州的冬天

“少时莫入川，老来莫入广。”这是民间的一句俗语。言下之意，四川的美女很多，年轻人到了蜀地，怕是乐不思归了。而广东气候温暖，最适合老年人生活。

按我的理解，广东的气候温暖，是相对于冬天而言的。当然，我指的是广州，粤北除外。当北方早已经是冰天雪地的时候，广州却依旧温暖如春。你开车出门，不必担心道路结冰，也绝不会赶上雪灾。街上的行人大多轻装上阵，靓仔靓妹们不必将自己裹得严严实实，该显的显，该露的露，身材是不会因季节的变化而走形的。我是个怕冷的人，以前在老家，每到冬天，手指就冻成了胡萝卜。那时候还是单身，学校宿舍里没有自来水，更谈不上洗衣机。冬天洗衣，要到附近的河里。冰冷的河水沁入肌肤，犹如刀割一般。定居广州以后，最大的感受是手上不再长冻疮。我常常在冬天里向别人展示当年冻疮留下的疤痕，言语中透着一种庆幸。

广州的冬天，大部分日子里是有阳光的。这阳光温煦而不灼热，明亮而不刺眼。午后，你可以搬一个藤椅放在阳台上，坐在那里，一边晒着太阳，一边读一本闲书。那是一种慵懒的享受。当然，你也可以走出户外，跑跑步，打打球，出出汗。冬天里，我最喜欢的活动是在晴朗的日子里和家人一起去爬附近的翠云山。说是爬山，实际上相当于散步。因为山并不高，也不陡，只是社区里的一处点缀。山顶有座气象站，一条公路蜿蜒而上。我们就沿着这条公路一直悠闲地走到山顶。两旁的植被很茂盛，像是“微型”的原始森林。冬日的阳光透过罅隙倾泻而下，为植物们带来了无限生机。除了道路两旁有一些干枯的落叶外，你根本感觉不到这是冬天。偶尔从树林深处传来一声鸟叫，更增添了山的幽静。在这里，你忘记了季节的更替，也忘记了尘世的喧嚣。

广州的冬天，是花团锦簇的。街头巷尾，左邻右舍，鲜花随处可见。无论走到哪里，空气中总是弥漫着一股淡淡的花香。倘若到乡间转转，目之所及，往往是大片大片的花圃。花农们守在简陋的工棚里，经营着自己的生活，也经营着这个美丽的世界。随着春节的临近，各地的花市也纷纷亮相了。大大小小的盆花，摆了长长的半条街。远远望去，像是铺上了一层巨大的地毯。那些花种类繁多，色彩各异，以我的孤陋寡闻，叫出哪怕一半的花名来都是件困难的事情。别的且不说，单是菊花，就足以让人眼花缭乱，黄的蕊，白的蕊，红的蕊，黑的蕊，紫的蕊……菊花生命力强，容易打理，价格也便宜，因此深受人们青睐。不过，要说花市的主角，无疑还是金橘。对于爱讨口彩的广东人来说，金橘象征着“大吉（橘）大利”。过年时，在门口摆上两盆金橘，于是，在修剪整齐的枝条上，缀满了金灿灿的惊喜与祝福。

是的，来到广州，你才真正领悟到了“花城”的含义——愿生活如花，四季常开。

我的启蒙老师

由于我小时候身体不好，家里又穷，交不起每学期两元的学费，所以到了上学的年龄却一直没有入学。那年，村小学的一位女老师来到我家，动员母亲让我去读书。在老师的努力下，母亲终于把我送进了学校。后来我才得知，那位老师名叫张专，是从省城合肥来的知青。

记忆中，张老师时常穿一件印有浅蓝色方格图案的上衣，扎着两条短辫，笑起来脸上露出两个酒窝，十分美丽。张老师教我们语文，当我们的班主任。她的声音非常甜润，说一口普通话，又带有一点合肥的口音，以至于我们都竞相模仿。她很爱唱歌，也经常教我们唱歌，什么《洪湖水，浪打浪》《红梅赞》《绣金匾》等，都是她一句一句教会的。因为有了张老师，校园里常常充满了歌声。有时她还会组织一些有趣的游戏，如老鹰抓小鸡、丢手绢等。我们像扭股儿糖似的整天围着张老师转。

张老师对我们的态度非常亲切，她的眼神总是像母亲一样充满了关爱。有一次放学后，我和几个小伙伴偷偷爬上附近村民家的桑树采摘桑葚，鲜红的桑葚汁弄得我胸前脏了一大片。我怕母亲责怪，吓得不敢回家。张老师知道后，把我带到她的宿舍，让我把衣服脱下来，细心地用手搓着，把弄脏的地方洗得干干净净。并且一再叮嘱我，爬树很危险，要注意安全，万一摔下来那麻烦可就大了。对我来说，张老师的话就是“圣旨”，从此我真的再也没有爬过树。

有段时间，我和几个小伙伴发现，总有一个男的来找张老师。经打听，这个男的姓吴，是乡（那时叫公社）中学的一位老师。吴老师的到来让我们很不高兴，因为他“抢”走了我们的爱。于是我们几个小调皮一合计，准备给他一点颜色瞧瞧。下午放学后，我们并没有立刻回家，而是悄悄地在校园附近“埋伏”了起来。果然，过了不久，那位吴老师带着我们敬爱的张老师离开了学校。他们翻过江堤，背对着我们并排坐在江边，好像在说着什么悄悄话。我们实在忍无可忍，每人拾起一块小石子，朝着吴老师的背影狠狠扔过去。谁知“准星”太差，吴老师没击中，反倒击中了张老师。只见张老师大叫一声“哎哟”，随即双手捂住了后脑勺。我们吓得够呛，赶紧作鸟兽散。第二天上课的时候，张老师的头上多了块漂亮的头巾。但她若无其事，像平时一样说说笑笑。下课后，我们几个肇事者主动来到张老师的宿舍承认错误。奇怪的是，张老师好像早就知道是我们干的。她没有责怪我们，只是挨个摸了摸我们的小脑袋，然后叹了口气，说：“你们哪，唉……”

当然，尽管我们不愿意，最终张老师还是嫁给了吴老师。事实上，张老师并没有因为结婚而减少对我们的爱，她还是一如既往地给我们上课，教我们唱歌，演节目，跟我们做游戏。因为我学习成绩一直很好，张老师让我担任班级的学习委员，每学期我都会被评为“三好学生”，在“六一”儿童节那天，我还拿到了一张奖状和一个本子。我感觉张老师似乎对我特别偏爱，有一次还单独把我带到吴老师家，看他们的新房。而四年级时发生的一件事情更让我幼小的心灵深深体会到了师爱的伟大。

那年父亲因为把捕来的鱼偷偷拿去卖钱，结果被村里的干部发觉，他们召开全村的社员大会批斗父亲，说是“割资本主义尾巴”。会场就安排在我们学校，父亲低着头，在台上做着检讨：“我对不起大家，我搞资本主义……”随后，一个“独眼龙”带头喊起了口号：“打倒×××！”而我就坐在台下，真恨不能钻进地缝里。那一年，我没有再被学校评为“三好学生”，而同学们看我的目光似乎也有了些异样。这时候，是张老师挺身而出，充当了我的保护神。只要看见哪位同学有嘲笑我的意思，她马上严加训斥。课堂上她竭力表扬我，鼓励我。有一天她把我叫到办公室，送给我一个日记本，说：“你是最棒的，这个日记本是老师对你的奖励。”摩挲着手里的日记本，听着老师温暖的话语，我的泪水像泄洪一样奔涌而出……

养鱼与教育

最近，学校分了套新居。搬家之日，到附近的水族馆订购了一个鱼缸，一来作为客厅的屏风，二来也为新居增添些生气。鱼缸的前半部分是弧形的，俗称“子弹头”。

送货那天，水族馆的巫师傅熟练地忙碌着：安水泵，铺沙子，布场景，种水草。再看时，鱼缸里已别有一番景致：中间一条蓝色的小河，亮晶晶的河水潺潺而流。河上小桥横卧，桥上牧童骑牛，岸边渔翁垂钓。右侧几块奇石，石上白鹤亮翅；左边一段沉木，木上绿草生姿。灯光闪烁，碧波荡漾，恍如水中瑶台境，宛若龙王后花园。

因为事先说好，买缸时会送些鱼，我小肚鸡肠地问巫师傅：“怎么没见放鱼啊？”

巫师傅笑答：“急不得，急不得。养鱼先养水，过几天再去拿鱼吧。”

于是，过了几天，我去巫师傅的水族馆挑了些热带鱼。金鱼没敢要，因为据说会吃水草。说实话，在此之前，我对养鱼可是一窍不通。小时候倒是常跟在大人屁股后头，在家乡的河沟湖汊中捉鱼，但那是为了物质文明建设，而养鱼则属于精神文明的范畴。为了扫盲，买鱼时我特意带了支笔，把鱼的名字记了下来：虎皮、红箭、板油猫、熊猫仙子、万龙、斑点狗……

从此，算是和鱼儿们结下了鱼水之情。晚上下班回来，第一件事情就是从冰箱里拿出红虫，犒赏三军。久而久之，只要一看见有人开门，鱼儿们就活跃起来，从鱼缸的各个角落钻到水面，摇头摆尾，挤作一团，一副谄媚的模样。喂食的时候，我通常用手指捏住一小块红虫伸到水里。鱼儿们争先恐后地扑上来，胡撕乱咬，啄得手指痒痒的，一直痒到心里。

都说观赏鱼只有撑死的，没有饿死的。你三五天不喂，它照样鲜活着，可要是一次喂得太多，结果会适得其反。我是每日必喂一次，每次三块红虫，定时定量。有时回来迟了，看见鱼儿们突着小眼珠，在鱼缸里急得团团转，楚楚可怜的样子，我深感愧疚。有时出差在外，喂鱼的活儿只能由“领导”代劳了。出门时左叮咛右嘱咐，晚上电话里还要有意无意地提醒一句：“咱家的鱼喂了吧？”为此，没少挨“领导”批评，说我心里只有鱼，没有她。

天有不测风云，鱼有旦夕祸福。养鱼最怕的就是得“鱼流感”，也不知咋整的，一夜之间尾巴就溃烂了，而且溃烂的面积一点点扩大，任你怎么下药也无济于事。叫人看在眼里，痛在心里。要是下班回来，鱼缸里浮着鱼儿的遗体，那就更让人沮丧了。巫师傅送的那批鱼，大多数都是这样壮烈牺牲的。

当然，等鱼减少到一定程度的时候，我会补充一些新的。花地湾是广州一家比较大的花鸟市场，那里的热带鱼品种繁多，价格也很便宜。用塑料袋蓄上水，充满氧气，能养几个小时。塑料袋是透明的，大包小袋地提着，就是提着一道风景，常引得路人频频回首。这放养新鱼也是有讲究的，得连同塑料袋一起放到鱼缸里浸泡一段时间，让鱼适应新的水温。然后用网兜小心地捞出来放进鱼缸，切不可连水一起倒进鱼缸。放了新鱼，最好用青霉素杀杀菌。新鱼一般不要急于喂食，等过两天适应了新的环境后才能进食。热带鱼很娇气，每隔一个月要换一次水，且每次只能换三分之一。

总之，养鱼是一件很费力费神的事情，这是我始料不及的。然而半年多来，养鱼给我带来的快乐远远大于付出。每天读书疲劳之时，上网困乏之际，便会坐到鱼缸前，让紧张的神经松弛下来，静静地欣赏鱼儿们的自由与自在。神仙鱼确实像神仙一样飘逸，半月形的完美身躯，两条长长的胡须，一副慢悠悠的神态，仿佛用实际行动告诉我们什么是与世无争。虎皮又叫四间，因身上有几道黑色的竖条纹而得名。照我看，与其说它们像虎皮，不如说像是京剧里张飞的脸谱。而它们的性格也有点像张飞那样暴躁，喜欢在鱼缸里左冲右突，追逐嬉闹。最有趣的是接吻鱼，它们总是成双成对地游着，若是兴致来了，会嘴对嘴“旁若无鱼”地接吻，而且吻得特别专注，特别深情，丝毫不亚于人类的接吻大赛。鱼儿们的学名很难记，所以有时干脆给它们起个绰号。比如那条“板油猫”，因为通身是黑色的，我们就叫它小黑。小黑刚买来的时候只有指甲盖大小，现在体积增加了好几倍，俨然成了鱼缸中的庞然大物了。小黑属于垃圾鱼，不吃鱼食，专吃垃圾。它似乎对光线比较敏感，喜欢躲在黑暗的地方，一般不轻易离开自己的地盘。它还有一项绝活，就是底朝天倒着游。

养鱼，养的是一种心情。《庄子·秋水》中有一则大家熟悉的故事：庄子与惠子游于濠水之上。庄子说："白儵鱼游得多么悠闲自在，这就是鱼儿的快乐。"惠子问："子非鱼，安知鱼之乐？"庄子反问道："子非我，安知我不知鱼之乐？"两人讨论的虽是严肃的哲学，但表现出来的方式，不正是一种闲情吗？

其实，养鱼跟自己所从事的教育工作有很多相似之处。养鱼需要闲情，教育也一样。"忙"者，"心亡"。看到身边的同事们每天忙忙碌碌，脚不沾地，实在令人担忧——教育需要从容面对、精雕细刻，而不是应接不暇、疲于奔命。

"授之以鱼，不如授之以渔。"而授之以渔，又不如授之以渔场。鱼缸是鱼儿们快乐成长的"生态圈"，良好的学校不就是孩子们快乐成长的"渔场"吗？

广东靓汤：唯有饮者忘不了

初到广东的时候，有朋友在酒店请客。那是第一次吃地道的粤菜，甫一坐定，但见服务员端上来一个热气腾腾的大瓦罐，原来里面盛的是汤。我有些疑惑：怎么菜还没上，就开始上汤呀？朋友在一旁解释道：这是广东的特色，吃饭之前先喝汤。正说着，服务员已经给每人舀了一碗。是海底椰煲竹丝鸡汤，里面还放了无花果、陈皮、淮山之类的东西。我尝了一口，果然是好汤，鲜美清爽，口舌生香，余味无穷。

我的家乡在长江沿岸，也有喝汤的习惯，不过一般在饭后才喝，而且汤的“内容”比较简单，通常是西红柿蛋花汤或青菜豆腐汤之类，看上去一副“洪湖水，浪打浪”的样子。相比之下，广东的汤要货真价实得多，这与广东的地理位置有很大关系。因为广东位处岭南，地气湿热，所以饭菜以清淡为主，而喝汤则成了滋补身体、平衡营养的重要手段。

广东人把喝汤称作“饮汤”。一个“饮”字透出文化的底蕴，它很容易使人想到饮酒。事实上大多数广东人并不爱饮酒，尤其是高度的白酒。而饮汤就无法忽略了，“宁可食无馔，不可饭无汤”，这是广东人的信条。广东人爱喝汤，就像美国人爱喝可口可乐一样。广东人请客吃饭首先要考虑饮什么汤，汤的分量意味着酒席的分量，也意味着客人的分量。

广东靓汤最大的特点是火候足，一般至少要煲四小时以上，称为老火靓汤。走在大街上，路过餐馆时，常会看见门前摆着长长的一溜瓦罐，这些就是今天的“例牌汤”。这些“例牌汤”从早到晚都在微火上炖着，半条街都飘着香气。客人点走了一份，又会补充新的炖上。也有用小一点的盅子炖的，供不同需求的客人选择。

虽说广东的四季不太分明，但汤却格外讲究。春夏秋冬，不同季节有不同的汤。品种之丰富、花样之翻新堪称全国之最。什么莲藕绿豆汤、生鱼西洋菜汤、红萝卜马蹄猪骨汤、霸王花瘦肉汤、鸡骨草生鱼汤、土茯苓老龟汤、粉葛鲮鱼汤、蝎子灵芝汤、海蛇汤、野生乌鸡炖羊胎花、水鸭煲蛹虫草、黄豆煨猪骨、天麻炖乳鸽等等，举不胜举。

学校附近有家“周记茗点居”，里面就有多款靓汤。周末的时候我常带着妻子、女儿去打牙祭，每次点一款不同的汤，直喝得三月不知肉味。后来索性买了只紫砂锅，自己动手学着煲汤。放好汤料，插上电源，从中午一直煲到晚上。这大大提升了我们的生活品质，不过跟广东当地人煲的汤相比，还是逊色不少。

法国人说：“餐桌上是离不开汤的，菜肴再多，没有汤犹如餐桌上没有女主人。”因此煲汤成了所有家庭主妇的必修课。广东的女孩虽然没有北方的女孩长得水灵，但都有一手煲汤的绝活。对于饕餮者来说，能娶个广东女孩也是一种福气。

回乡日记

2007年9月30日　星期日　晴

一夜未眠。列车在黑暗中向北行驶，车厢的连接处发出有节奏的哐啷哐啷声。卧铺轻轻地摇晃着，仿佛又回到儿时，躺在母亲身边的摇篮里。

从被窝里摸出手机，给光平发去短信："凌晨4点10分到达安庆西站。"光平立刻回复："我去接你。"那么早就惊扰老同学，实在有些于心不忍，但内心深处又渴望着早点见到他。毕竟，已经整整20年未曾谋面了。

列车准时到站。走上站台，瑟瑟的秋风送来一丝凉意，但心里却温暖着。远远就看见光平站在出口的右侧，眼睛在人流中来回逡巡。我向他挥手，于是炽热的目光在瞬间撞击，双手紧紧地叠加在一起。

"没想到，你还认得出我！"光平笑道。

"怎么会认不出呢？我们心有灵犀啊！"我也笑了。

灯光下打量好友，他比以前胖了许多。透过近视眼镜，目光贮满了深沉与智慧，这一点依然未变。

出了车站，四周仍被黑暗笼罩着。光平的一个学生开着小车带我们在高河街头兜风，光平则不时向我介绍着两旁的建筑：这是县政府办公大楼，这是独秀公园，这是孔雀广场，这是他新买的商品房……高河再也不是昔日的破旧小镇了，它已成为怀宁县的县城，是一座玲珑精致的崭新小城。跟南方的都市相比，这里少了几分喧哗与浮躁，多了几分静穆与从容。

天近拂晓，我们来到光平所在的学校——高河中学。这是一所有着60年历史的学校，人文荟萃，英才辈出，其中最耳熟能详的恐怕要算"麦地诗人"海子了。"从明天起，做一个幸福的人／喂马，劈柴，周游世界／从明天起，关心粮食和蔬菜／我有一所房子，面朝大海，春暖花开……"一首《面朝大海，春暖花开》让海子名扬天下，而英俊少年卧轨于山海关外，又令多少世人扼腕叹息！随光平在幽静的校园里走走，感受到深厚的文化底蕴。对我们来说，学校是囚笼也是心灵的净土，既然以身相许，就必须在寂寞中坚守。关于这一点，我与光平才是真正的心有灵犀。

手机忽然响起，是二哥打来的。他正从故乡贵池赶来接我。我们在约定的地点会面了。二哥的一位朋友开着小车，同来的还有弟弟和外甥。多年不见，他们都老了许多。“雕栏玉砌应犹在，只是朱颜改。”我知道他们是一面韶华的镜子，镜中有我。此时东方既白，光平做东在附近填饱了肚子，于是动身回家。

车子穿过安庆市区，不知不觉驶上了长江大桥。这座桥是几年前才竣工通车的，当时在央视新闻联播里看到这条消息时兴奋了半天。记得小时候常常骑自行车到安庆买书，骑够四十华里方到达安庆对岸的大渡口，然后坐船过江。如今，“一桥飞架南北，天堑变通途”，哪里是昨日之可比呢？迎面正值朝阳冉冉升起，江面波光粼粼，撒万点金星。回望宜城（安庆），高楼大厦鳞次栉比，振风塔像一个婷婷的少女立于薄薄的晨雾中，风姿绰约，一如当年。

未及细细欣赏，车子早已一阵风似的过了江，上了宽阔的国道。再看窗外，两旁的景致与记忆中更是大相径庭。过去这里是大片的农田，曲折的长江大堤便是天然的公路。现在国道与高速宛如双龙出洞，横贯东西，大大缩短了贵池到安庆的距离。远处的山脚下，海螺集团兴建的大型水泥厂巍峨耸立，运输带一直延伸到江边。村庄呢？早就移民建镇了，一幢幢整齐的小洋楼代替了过去零乱的农舍。几个兄弟和外甥就住在茶园新村，我们一家几乎占了半条街。要不是大家陪同，根本就找不到回家的路了。

“少小离家老大回，乡音无改鬓毛衰。儿童相见不相识，笑问客从何处来。”遥想当年，诗人贺知章骑着毛驴，背着褡裢，在村前的老树前寻寻觅觅，战战兢兢，感叹着生命的流逝与世事的变迁，那份心境谁人能够体会！

亲朋好友知我归来，早已迎候多时。家中顿时热热闹闹，笑语飞声。烟是不抽的，但酒不能不喝，开怀畅饮。中午在二哥家，晚上在四哥家，明天呢？

2007年10月1日　星期一　晴

早饭后B君来电，约我同赴贵池参加同学聚会，我欣然。B君与我不啻同学，还是老乡，从中学一直到师范。从他毕业后分到乡镇中学直到现在，算起来也有十余年未见了。

兄嫂、弟弟及外甥们为我送行，老老少少足有十几人，密密地挤到公路边。B君来了，远远看去，他走路的样子还是没变，肩膀喜欢摇晃着，摆臂很夸张。及至近处，我惊讶了——瘦，且苍老。都说男人四十一枝花，可我看到的分明是“枯枝败叶”。寒暄之后一时无语。

招了辆的士，直奔贵池平天湖酒店。一路左顾右盼，忙煞了双眼，恨不能“一日看尽长安花”。过秋浦河，越杏花村，穿南湖烟柳，池阳胜境纷至沓来。

正自陶醉，已到了目的地。在酒店大堂看见一位同学，情不自禁地大叫一声：“杨一民！”他也认出了我，但随即纠正道：“我叫陶一民。”于是拊掌大笑。一民还像过去那样瘦小精干，只是蓄了两撇“董必武”式的小胡须，有些不伦不类。他领我们到305室报到，老班长光平及其他一些同学已经先行抵达。大家尖叫着彼此打招呼，幸好这次没再叫错名字。

中午时分，该到的差不多都到了，52个同学来了34位，已经相当不错。我是唯一一个来自外省的，算是远客。其他同学分散在各县，其实平时相见也不容易，大部分同学毕业之后是首次见面。20年弹指一挥间，当年的少男少女已经年届不惑，岁月毫不留情地在我们眼角和心头留下了些许看得见或看不见的印痕。有的人胖了，有的人瘦了，有的人变得狂放开朗了，有的人则变得沉默寡言了。

其实，同学聚会，真正特别想见的也就那么几个人。在我特别想见的人当中，著泽无疑是其中之一。当年在师范，著泽、志明与我同好文学，人称“三人行”。志明因故没来，著泽也说要不是为了见我，可能也不会来了。我很理解，也很感动。著泽看上去变化不大，还是那么风流倜傥，温文尔雅。

“还写诗吗？”我问。

“偶尔还写。”他点点头。

这让我欣慰。记得当年著泽的诗就写得很好，毕业时我曾在他的留言册上写下这样的感言：“永远不会忘记／在池师的校园里／有一位瘦弱的诗人／他曾使我在苦闷中欢乐／在欢乐中沉思／他曾指着蓝天／说那是游泳池／他埋怨水清得太活／他谴责山高得太死／他哀叹这世界缺少的是诗／他说他要到女儿国漫游／

行囊里背着他的情痴……”著泽多情，学生时代曾有过青涩而朦胧的初恋，这也许是诗人的共性吧。然而，“人生不相见，动如参与商”。往往最终走过红地毯的并非斯人。著泽说，他的儿子今年读高三。我说，我女儿才读小学四年级呢。

按照同学会行程，下午参观附近的主要景点，感受池阳变化。在古秀山门外，著泽说克飞就住在附近，不如叫过来一起聊聊。不等我回答，早已拨通了克飞的电话。不一会，克飞来了。他也是当年师范的文朋诗友，只不过不跟我们一个班，现在市委宣传部供职，混得不错。见面之后，克飞开着小车载着我们环绕平天湖兜了一圈。平天湖原名白沙湖，位于小城贵池的东侧，是一片美丽的自然生态区。城以湖美，湖以城名，相得益彰。秋阳下湖水平静，渔舟欸乃，别有生趣。

晚宴时请来了当年师范的熊老师和杨老师。熊老师曾教我们文选与写作；杨老师教我们心理健康。见到恩师精神陡增，席间觥筹交错，直至酡颜。

与著泽同室，尽叙别后之情。忽然发现床头柜上放着酒店的便笺，上面竟用铅笔题了一首小诗。原来是著泽所为。悠悠吟来，别有一番滋味在心头：

池阳再相聚，沧桑话别离。
吾已生华发，汝亦损红颜。
未语声凝噎，执手泪迷离。
挥袂从兹去，相期复何年。

池州师范83（1）班毕业20周年同学聚会

2007年10月2日　星期二　晴

上午八时，与老同学结伴回到二十年前的母校。地址未变，校牌却已更改，原池州师范学校易为现在的池州职业技术学院。幸亏当年的老师有些仍在。走进校园，抬头赫然便见一条横幅："热烈欢迎原池州师范83（1）班同学荣返母校"。看来母校对我们的到来是早有准备的了——漂泊了二十年的游子骤然归来，做母亲的焉能不高兴呢？

徜徉在幽静的校园里，面对熟悉的一草一木，仿佛日历刚刚翻过昨天，记忆的闸门打开。在当年的池师，我们度过了人生中最美好的四年时光。这里有昔日的教室，那边是当年的宿舍，这块橱窗曾展览过我们"嘤鸣"文学社的小报，那片草坪还飘荡着我们欢快的笑语……校园的每个角落都留下了我们的足迹，随手就能拾起一串叮当作响的往事。在教学楼后面的半月池上，几位恩师已在迎候我们的到来。拉住恩师的手，打量再打量，问候再问候。退休多年的何校长依旧精神矍铄，而教政治的黄老师早已鬓发皤然。

在半月池上与恩师合影留念。半月池是校园的一道风景，因状如半月而得名。遥想当年，池中一泓清泉，徘徊着天光云影。一片荷叶与几朵荷花在夏日的微风中摇曳生姿。池畔杨柳依依，绿荫冉冉。池中间横了一座精致的石拱桥，将小池一分为二。每天，我们就是穿过这座拱桥去教学楼上课的。星移斗转，廿年转瞬，半月池似乎也像我们一样被岁月的沧桑所浸染。如今桥上的栏杆已锈迹斑斑，池畔的杨柳换成了别的不知名的树，池水不再如处子的明眸般清澈，池里长满了芜杂的蒿草，水面漂着一层浮萍。荷呢？仍稀疏地种了一些，但已枯萎，几株残枝瑟瑟地歪在水里。不由想起李商隐的诗句："竹坞无尘水槛清，相思迢递隔重城，秋阴不散霜飞晚，留得枯荷听雨声。"听雨的雅兴是没有的了，我听到的是自己内心的叹息。

回到当年读书的教室，众人围坐一起畅叙别后之情。教室里的陈设同以前并无二致，只是黑板上多了一条"83（1）班同学毕业20周年聚会"的横幅，恍如隔世。老班长起头，我们异口同声唱起一首二十多年前的流行歌曲《年轻的朋友来相会》。

年轻的朋友们，今天来相会。荡起小船儿，暖风轻轻吹。花儿香，鸟儿鸣，春光惹人醉。欢歌笑语绕着彩云飞。啊，亲爱的朋友们，美妙的春光属于谁？属于我，属于你，属于我们80年代的新一辈。

再过二十年，我们来相会，伟大的祖国，该有多么美。天也新，地也新，春光更明媚，城市乡村处处增光辉。啊，亲爱的朋友们，创造这明天要靠谁？要靠我，要靠你，要靠我们80年代的新一辈。挺胸膛，笑扬眉，光荣属于80年代的新一辈。

嘹亮的歌声在教室里回荡着，不少同学的眼里都噙着泪花。是啊，“再过二十年，我们来相会”。当时只道是寻常，如今竟变成了现实！二十年过去了，社会发生了翻天覆地的变化，同学的命运也不尽相同。有的改行做了编辑，有的当了派出所所长，有的搞起了行政……不过大多数还坚守在三尺讲台，并已成为当地教育战线的中坚力量。大家在一个个平凡的岗位上默默耕耘着，却又创造着一个个的不平凡。老师和同学依次发言，都有讲不完的话，道不完的情。大家心里很清楚，人生中能有几个今日？有人提议，二十年后再聚首。

然而，再过二十年又会是怎样的情形呢？那时我们还能再相会吗？我只能说，那是一个美好的梦。

乌山游洞

唐田有座乌山，盛产水果，“乌山石榴”在当地颇有名气。不过吸引我上乌山的，不是石榴，而是山洞。

乌山上大大小小的石洞极多，其中最具诱惑力的是龙洞和娘娘洞。一个晴和的春日，我与两个同事结伴来到乌山脚下。

碰巧遇到一位熟悉的山民。他把我们请到家中，沏上一壶上好的“谷雨尖”，边品茶，边絮叨。据山民介绍，那龙洞一年四季蓄满了水，深不可测。某年大旱，当地人用一架水车从洞里往外车水。车着车着，忽听洞深处传来瘆人的怪叫声，如虎啸龙吟，似鬼哭狼嚎。众人吓得扔下水车，连滚带爬回到村里，从此再也不敢到洞里取水。这传说乍一听倒真有点传奇色彩，其实从科学的角度来看，洞穴里的吼叫声大约是排水过多，空气骤入引起，并非什么神灵鬼怪。至于那娘娘洞，远看有并列着的两个洞口，嵌在一段巨幅峭壁上，上不着天，下不着地。

娘娘洞里真的有娘娘吗？我们好奇地问。东道主笑着说，我们可没有工夫游那个。不过，听说洞里有三样东西。这一说，我们浑身的细胞顿时都活起来，当下决定弃龙洞而去娘娘洞。

沿山脚行不到半里，就到了绝壁下。果见两个洞口并排生在一起，就像一个长脸的汉子戴了一副小小的墨镜。“墨镜”架在绝壁上，要想进洞，必须先爬山坡，再攀绝壁。

山坡上人迹罕至，一条羊肠小道早被一人多深的白茅草封死。我们就在这茅草丛中钻来钻去，有时干脆四肢着地，像野猪一样往前拱。干硬的白茅像刀锋，芜杂的荆棘像利剑，不时向我们示威。不一会大家就叫苦连天。好不容易穿过这片白茅丛，一个个头发凌乱，脸上、手上到处是血痕，火辣辣的，平日的斯文早就扔到山谷里去了。

钻出草丛，头顶上便是那段刀削般的峭壁。抬头看，洞口竟被凸出的岩石挡住了，但能辨出大致的方位。我们稍事休息，便开始借助岩石的缝隙和杂生的灌木向上攀缘。与刚才的“披荆斩棘”相比，反觉得好受多了。只是不敢回头看，一回头，两条腿就“筛糠”。

上到四五丈高处，洞口赫然呈现在眼前。三个人鱼贯入洞。进去后才发现，两个洞口其实同属一个大洞，中间撑着一根天然的石柱，远远看去就成了“比目洞”。

我们环顾四壁，开始搜寻那所谓的“三样东西”，却什么也不见。至于“娘娘”，更不知芳容何在，只有几块丑陋的石头歪在地上。洞里的空间约有半间屋子大小，仄逼得很。

两个同事连呼上当，懊悔得恨不能从洞口跳下去。我虽觉得与传说和想象中的娘娘洞大相径庭，不过仔细想想，也就明白了一个道理：一切美的东西只停留在那半明半昧的诱惑之中，而生命的要义，往往就在于追求的过程，不一定在于追求的结果。

忽然忆起游黄山时，看到一块石上刻着“大块文章”四个字，心里又是一动：游人之意本不在山水之间，而在读出山水文章的玄妙，受到启迪，这才不枉“到此一游”啊。

后记：唐田是我十余年前工作过的地方。这篇小文写于1993年春，并发表于当年的《池州日报》上。往事历历，犹堪回首。

百尺危楼，千年绝唱

说到五岳之一的北岳恒山，人们一定耳熟能详，但提起悬空寺，可能很多人就不甚了了。其实，悬空寺被人称之为恒山“第一佳丽”。因其悬架于恒山西侧刀削斧劈般的绝壁之上，故称悬空寺。

山西悬空寺（方之武 摄）

悬空寺建于北魏晚期，距今已有1400多年。一座寺庙为何要悬空而建？又何以历经千年而不毁？这与其独特的地理位置有关。悬空寺四面危崖环抱，形成一幽深的“天井”，涧底有一河流蜿蜒而过。据说山洪暴发时，河水暴涨，常常吞没过往的船只。为了祈求平安，人们兴建了这座寺庙。当然，为了避免寺庙被洪水冲走，只好建到半空中了。悬空寺顶上是一片凸出的峭壁，正好可以遮风挡雨。而对面的山崖则如同一面巨大的屏风挡住了阳光，使得悬空寺平均每天只有三个小时的日照。风吹不着，雨淋不着，日晒不着，怪不得悬空寺能雄踞千年了。

登上悬空寺，上有危岩，下临深谷，在双腿颤抖之际领略着飘然欲仙的快感。但见六座殿阁凌空飞峙，以栈道相互勾连，高低错落，迂回曲折，似虚而实，似危而安，实中见巧，危里生安，令人不由触心惊呼：危乎高哉！

与我们一样为之惊叹的还有唐代大诗人李白。当年李白曾夜宿悬空寺，写下了“危楼高百尺，手可摘星辰。不敢高声语，恐惊天上人”的佳句。并在一块巨石上手书“壮观”二字，其中“壮”字还特意多加了一点，可能是认为太壮观的缘故吧。

据说修建悬空寺花费了90年的时间，应该是几代人的共同努力。工匠们像蜘蛛人一般悬索而下，用双手一点一点地开凿山岩，其危险和艰辛可想而知。我们今天见到的悬空寺底部支撑着一些木柱，那是后人所加，当初整个建筑全靠插入山岩的横梁托起，此种设计真可谓巧夺天工！

悬空寺内各种塑像颇多，其中三圣殿将释、道、儒三教始祖同供于一室，更是耐人寻味。

海子：生命的结束与再生

从明天起，做一个幸福的人，
喂马，劈柴，周游世界。
从明天起，关心粮食和蔬菜，
我有一所房子，面朝大海，春暖花开。
——海子《面朝大海，春暖花开》

从海子的故居回来，已经整整一个月了。手里那本《海子的诗》翻来覆去不知摩挲了多少遍，心情却像窗外萧索的秋天一样有些寂寥而哀伤。我想，我是该为海子写点什么了。

关于海子，最先引起轰动的并不是一位诗人的诞生，而是一个生命的结束。海子原名查海生，1964年3月25日出生于安徽省怀宁县高河镇查湾村一个普通的家庭，15岁考入北大法律系，19岁任教于中国政法大学。1989年3月26日，海子在度过25岁生日的第二天，于山海关卧轨自杀。人们在他的口袋里发现了一张纸条："我叫查海生，我是中国政法大学哲学教研室的教师，我的自杀和任何人没有关系，我以前的遗书全部算数，我的诗稿仍请交给《十月》的骆一禾。"他随身携带着四本书：《圣经》，梭罗的《瓦尔登湖》，海雅达尔的《孤筏重洋》和《康拉得小说选》。此外，还有几个没有吃完的橘子……

海子走了，但他的诗歌从此却照亮了诗坛。那些喜欢海子和海子诗歌的人，也从四面八方来到高河镇查湾村，向诗人表达一份由衷的敬意。

那天，我到高河拜访一位老同学。他是高河中学的老师，而高河中学正是海子当年就读的母校。当老同学得知我想去看看海子的时候，立刻找了辆小车，载上我直奔查湾。

不过几分钟的路程，车子拐进了一座村庄。一条窄窄的石子路通向绿阴深处。行不多久，老同学有些疑惑了：好像就在附近啊，前不久还带学生来过的，怎么找不见了呢？下车一打听，原来早就走过了。于是掉转车头，在村口不远处，我们终于看见了海子的故居。这是一间再普通不过的民房，白墙灰瓦，门前的地面铺着水泥，门口停了一辆自行车，还放着一把小木椅。大门两侧贴着一副对联，内容也很普通："祝四季如意吉祥，贺百年荣华富贵。"大门正上方是一位名人题写的"海子故居"几个大字，黑底蓝字，显得凝重幽暗。两旁各挂了一个六角形宫灯，跟题字的颜色比较接近。要不是门上的题字和宫灯，我们无论如何也不会将它与大名鼎鼎的海子联系在一起，怪不得先前走过了。

我们轻轻地走进屋子。这时从房间和厨房走出来两位头发花白、面容清瘦的老人，他们自称是海子的父母。攀谈之际，得知海子的父亲已经75岁了，海子在家排行老大，下面还有几个弟妹，家里只有海子一人上了大学。然而这个唯一上了大学的长子，给父母带来的不是荣耀，而是无尽的苦楚！

我们环顾四周，堂屋的墙上贴满了与海子有关的文字和图片。正中是前言和海子的两张遗像。其中一张是个娃娃脸，可能是学生时代的毕业照；另一张戴着眼镜，头发蓬乱，满脸胡须，笑得很灿烂。左右两边的墙上是海子的作品及参观者留下的笔墨，最醒目的莫过于那首著名的《面朝大海，春暖花开》了。

东边厢房是海子的卧室兼书房。里面放着一张床，一张书桌，几个书柜及一些杂物，显得拥挤而凌乱。书柜里塞满了海子生前的藏书，大概有一千多册。墙角的箱子上放着一个红色的奖盘，奖盘正中是一幅"马踏飞燕"的图案，边缘刻着"第三届人民文学奖1995—2000"字样。从时间上看，那该是海子去世以后才获得的荣誉了。书桌上摆着一本留言册，老人嘱咐我们写点什么，我想了想，提笔写道："永远的春暖，永远的花开。"

海子离开人世已经十八年了，两位老人一直生活在这间屋子里，海子的遗物也像当初一样完好无损地保留着。十八年来，当两位老人每天面对海子的遗像和遗物时，会是一种怎样的心情呢？我想起海子生前写过的一首《死亡之诗》："我所能看见的少女／水中的少女／请在麦地之中／清理好我的骨头／

如一束芦花的骨头／把他装在箱子里带回……但是，不要告诉我／扶着木头，正在干草上晾衣的／母亲”。这真像是一首谶诗，难道年轻的海子早就料到了自己的结局？然而，天真的诗人哪，你又怎能想象出一个母亲失去儿子的悲伤！

我们恳请两位老人跟我们合影留念，老人犹豫了一下，还是答应了。临走，又叮嘱我们别忘了寄一张照片给他们。我们挥手向两位老人告别，然后去拜谒海子的墓地。

海子的墓地在村外的一个荒坡上。没膝深的杂草在秋风中瑟瑟地颤动着，草丛中，一条依稀可辨的小路通向远处的几座坟茔。其中一处种着几棵翠柏，这就是海子的墓冢了。冢前立了一块一米来高的墓碑，上面刻着“显考查公海生（海子）老大人之墓”，可能是海子的侄子辈所立。碑前放着香炉和几束野花。

令人感到意外的是，墓冢的右侧还挖了一个小龛，龛里供着两块绘有佛像的石头。据说是海子生前从西藏背回来的。这两块石头少说也有几十斤重，从遥远的西藏背回两块笨重的石头，这也从一个侧面反映了海子的执着和率真。

作为一位先锋诗人，海子是烂漫的，他对一切美好的事物总是表现出深深的眷恋。他的课很受学生的欢迎，尤其是他的美学课，他在举例说明想象的随意性时说：“你们可以想象海鸥就是上帝的游泳裤！”真是妙不可言！但上帝在赋予诗人以才华的同时，总是也赋予他痛苦。海子先后爱过四个女孩子，其中有一个是她的学生，而每一次的结果都是一场灾难。海子生前并没有幸福地找到属于自己的一席之地，他在贫穷、单调与孤独中写作。在他的房间里没有电视机、录音机，甚至连收音机也没有，他既不会跳舞、游泳，也不会骑自行车。他性格内向，不善言谈，诗几乎是他唯一的声音。

站在海子的坟前，面对萋萋的衰草，海子的诗句又一次从心中升起：“给每一条河每一座山取一个温暖的名字／陌生人，我也为你祝福／愿你有一个灿烂的前程／愿你有情人终成眷属／愿你在尘世获得幸福／我只愿面朝大海，春暖花开。”我不知道脚下的小山是否有一个温暖的名字，但我却惊讶地发现远处有一方池塘，池塘里满是亭亭的荷叶与荷花。难道这方池塘专为海子而设，这些荷花也专为海子而开吗？

当我们恋恋不舍地准备离去时，对面又来了一对年轻人。他们的手里还抱着几本海子的诗集。我们交谈了几句，男孩子说他来自山东，而女孩子跟我一样来自广州，他们都是专门来看海子的。望着年轻人远去的背影，我忽然感到海子并没有死，他正以另一种方式活在人间。正如美国女诗人西尔维娅·普拉斯所说的那样：

“死是一门艺术，诗人的死实际等于诗人的再生。”

作者与海子父母合影

寂寞大地湾

有人说，要了解中国的文明史，1000年的去北京，3000年的去西安，8000年的则去甘肃秦安——大地湾。

这次暑假，我趁着到甘肃义教的机会，终于拜谒了心仪已久的大地湾遗址。汽车出秦安县城驶向东北，山路蜿蜒，群岭绵亘，葫芦河在不远的山谷里时隐时现，河里的水几近干枯。大约行至45公里处，我们到达了目的地五营乡邵店村。可大地湾遗址究竟在哪里呢？没有见到什么明显的标志。我们放慢车速，一边前行，一边向两旁张望。这是一个并不起眼的小山村，一条黄土路横贯村庄，车辆经过的时候，扬起阵阵尘土。路上行人稀少，偶尔会看见几个小摊贩在卖水果，但少人问津。我们向一位老乡打听大地湾遗址的位置，这位老乡笑着冲我们努努嘴，丢了一句："那就是！"我们顺方向望去，可不，路旁闪出一座白色的院子，两扇绿漆的大铁门关得死死的，只是在铁门上又挖了一扇小门，仅容一人通过。铁门上方写着"大地湾遗址"几个大字，字体倒还遒劲。

也许是游人太少的缘故，导游（实际上是附近的村民）回家干活去了。接待我们的是大地湾文物保护研究所的汪馆员。他发给我们每人一张名片，上面印着"中华伏羲文化研究会会员""中国博物馆学会会员""甘肃历史学会会员"等十来个头衔。汪馆员首先把我们带到展览馆，一边看图片，一边给我们解说。毕竟是有学问的人，说起大地湾文化来如数家珍，滔滔不绝，只是那满口的陇上方言听起来有些费劲。

据汪馆员介绍，大地湾遗址是一处规模较大的新石器时代遗址，总面积110万平方米。截至1984年，共发掘面积13800平方米，出土房址241座，灰坑321个，墓葬79个，窑35个，灶台104个，防护和排水用的壕沟9条，各种骨、石、蚌、陶器、装饰器和生活器物近万件。大地湾遗址最早距今7800年，最晚距今4800年，有3000年文化的延续，其规模之大，内涵之丰富，在我国考古史上亦属罕见。

大地湾遗存包含五个文化期。第一期即前仰韶文化，距今7800—7300年，它是迄今为止渭河流域最早的新石器文化。这批最早开发陇原的先民创造发明了我国最早的彩陶，同时种植生产了我国第一批粮食品种——黍。第二期即仰韶文化早期，距今6500—6000年。这里发掘出可称为“陇原第一村”的较完整的原始氏族村落。出土了一批绚丽夺目的彩陶，如著名的人面鲵鱼瓶，通高32厘米，口径4.5厘米，人头形口塑有清秀的五官，整齐的刘海，微鼓的鼻翼，尖圆的下颌，面呈鸭蛋形，双耳有穿孔，口目镂空，显得生趣盎然。瓶身以优美的弧线为轮廓，由弧线三角形和柳叶纹组成流畅的图案，造型优美，动人心弦。第三期即仰韶文化中期，距今5900—5500年。彩陶艺术达到鼎盛阶段，生动活泼的线条、变化无穷的图案、造型与彩绘的完美结合，无不体现出原始艺术大师们的精湛技艺以及对生活的热爱。第四期仰韶文化晚期，距今5500—5000年。此时的聚落由于农业的发展、人口的剧增，迅速扩展到整个遗址，山坡中轴线分布着数座大型原始会堂式建筑，周围为密集的部落或氏族。本期还发现了白灰地面上绘制的我国最早的地画，神秘而古朴。第五期即常山下层文化，距今5000—4800年。这是仰韶文化向齐家文化过渡性质的遗存。

看毕图片，听完介绍，大家都沉浸在对历史的怀想之中。良久，有人问：“仅有图片吗？为什么没有实物呢？”汪馆员尴尬且又无奈地告诉我们，因经费问题，此处的保护措施非常落后，所有实物皆运到兰州等地存放了。等将来条件成熟了，还会将它们再运回来，不过他可以马上带我们去参观一下发掘的现场。于是大家的情绪又激昂起来。

出了展览馆，穿过马路，不远就是一片原始村落的发掘区。只见在杂树丛中掩映着一些大大小小的茅草屋，这就是几千年前先民们居住的房子（复制品）。大地湾遗址的房屋，早期多以半地穴式圆形为主，直径为2～3米，室内有一小火塘。中期的房屋除仍保留了半地穴的形式外，出现了平地起建的房屋，面积增大，地面用料礓石水泥修抹。晚期房屋以平地起建为主，出现了规模宏伟、形制复杂的殿堂式房屋。在这里，我们看到了母系氏族社会生活的痕迹，体会到了先民们在与自然的斗争中所表现出来的智慧与力量。

离开原始村落，我们又来到几里外的山坡上，参观了编号为F901的原始宫殿遗址。这座宫殿距今已有6000多年，总面积达420平方米，由主室、东西侧室、后室、门前附属建筑四部分组成。其中主室131平方米，地面是料礓石泥和人造陶粒轻骨料制成的混凝土，其硬度竟与100号水泥相当。室内采用“八柱九间”式的结构，八根粗大的木柱早已朽绝，但包在它外面的防火层依然完好。汪馆员激动地告诉我们，这座F901创造了多项“第一”，称得上是远古时代建筑的精粹，连人民大会堂的结构都跟它有些相似呢。

在下山的路上，我的思绪不禁穿越时空的隧道，来到几千年前的陇上高原。那时候，这里山川秀美，草木茂盛，清澈的小河潺潺流过。女人们三三两两，背着人面鲵鱼瓶到河里取水；男人们手执长矛，在追赶着林中的猎物；小孩子在茅屋里弯着腰，用力吹着火塘里的火。村子的上空炊烟袅袅，笑语欢声，一派祥和的景象……

然而，几千年过去了，这里的文明与繁华已不复存在。大地湾连同它的灵魂一起沉睡了，这一觉竟睡了几千年！由于受当地经济条件的限制，大地湾遗址的发掘、整理和宣传工作相对比较滞缓，以至于这样一处中华文明的发祥地竟然没有多少人知晓，而能够前来参观者更是寥寥。好在汪馆员临别时告诉我们，当地政府已斥资数千万用来发掘和保护大地湾遗址。在不久的将来，这里将兴建一所现代化的博物馆，还将恢复一座具有史前风貌的原始村落，以吸引更多的游客前来参观。

是啊，抖落千年的尘土，重现昔日的辉煌，大地湾应该有自己的梦想。

掬一抔黄土，凭吊远古的先民，大地湾——我还会再来，希望那时的你不再寂寞！

街亭何处

汽车出秦安县城，在连绵的黄土高坡上匍匐了一个多小时。随后，进入一段狭长的河谷，两岸高山耸峙，地势险要，清水河忽左忽右，忽深忽浅，一路相伴。在汉时，此处就是著名的丝绸之路南大道，是连接长安到陇上的咽喉要塞，也是古代兵家的必争之地。而我们此行的目的就是要去寻访一处三国时期的古战场——街亭。

看过《三国演义》的人，一定还记得街亭之战吧。故事讲的是公元227年冬天，诸葛亮率军驻守汉中，准备伺机伐魏。过了年，诸葛亮采用声东击西的办法，占领了祁山。随后，他派马谡率领二万五千人守卫街亭，作为北伐的据点。马谡不听手下劝告，主动放弃山下的要道，而将营寨设在山岭之上。结果被曹军层层围困，并断绝了山上取水之道。蜀军缺水不战自败，马谡痛失街亭。诸葛亮只好兵退汉中，此次北伐宣告失败，而马谡也被诸葛亮挥泪问斩。

每当我读这段故事的时候，心情总是十分沉重。一方面为蜀军遭遇败绩而难过（因为我是诸葛亮的“粉丝”），另一方面也始终想不通一件事：马谡为什么不坚守城池而要跑到山上去呢？这不是自寻死路吗？其实马谡是一个很有谋略的人，诸葛亮曾经评价马谡为“匡世奇才”。《三国演义》第八十七回写道，诸葛亮在平定南蛮之乱时曾问计于马谡。马谡先对形势做了精辟的分析：“南蛮恃其地远山险，不服久矣；虽今日破之，明日复叛。丞相大军到彼，必然平服；但班师之日，必用北伐曹丕；蛮兵若知内虚，其反必速。”其揣摩、分析和判断的能力确实高人一筹。然后他又向诸葛亮提出自己的对策：“攻心为上，攻城为下；心战为上，兵战为下。愿丞相但服其心足矣。”诸葛亮采用其计，终七擒孟获，收服人心，稳定了后方，使其可以全心全意北伐曹魏。第九十一回，马谡又向诸葛亮献离间计，使曹丕心疑，将司马懿削职回乡，去掉了诸葛亮的一块心病。

这样一位奇才，为什么会在街亭之战中犯下如此低级的错误呢？是因为刚愎自用的性格还是因为缺少实战的经验（马谡一直是诸葛亮的军中幕僚，从未上过前线）？是因为时运不济还是诸葛亮用人失察？我想，最后一个原因也许是主要的，因为诸葛亮后来也因为马谡事件而自贬了三级。

一次改变历史的交战，一个充满争议的人物，令街亭变得更加扑朔迷离，富有魅力。当汽车到达龙山脚下一个繁华的小镇——陇城镇的时候，东道主师先生告诉我们，街亭到了。但因为他也是首次到此，对街亭的确切位置也不甚了了。我们将车子停在静僻之处，然后徒步寻找街亭。我想，街亭总该留下什么遗迹，或者有个什么标志吧？经请教当地的一位村民，我的想法得到了证实。那位村民指着附近的一座小山告诉我们，这里就是当年的古战场，山上还有一座石碑。于是我们沿着一条古旧的小道爬上这座小山。山上到处种满了玉米，一派丰收的景象。极目远眺，只见对面也是一座高高的山冈，两山之间是一大片开阔地，而陇城镇就静静地躺在这片开阔地里。恍惚中，眼前的玉米似乎变成了身披铠甲的蜀军将士，耳畔响起震天的喊杀声……

然而两千多年过去了，岁月早已掩埋了一切。如果不经提醒，我无论如何也不敢相信，这座普普通通的山冈就是当年名震四方的古战场。我们在山冈上转悠了半天，并没有找到所谓的石碑，只好悻悻地准备下山。同行的老樊抱着试试看的心理，敲开了道旁的一所民居，进一步询问街亭石碑的位置。主人答道：石碑在一片玉米地里，沿着山路一直往上走，过了高压电线塔就是。于是我们再次折返，分头搜寻山上的玉米地。那架势，不亚于日本鬼子搜寻藏身的八路。经过一轮“地毯式”搜索，还是一无所获。正在绝望之际，恰好有一位扛着锄头、戴着草帽的老农上山干活。经请求，老人家欣然为我们当起了向导。他带着我们七转八转，然后钻进一片玉米地里。我们用双手扒拉着玉米秆，艰难地前行着。走了几分钟，眼前赫然出现了一座黑色石碑，一米来高，下面是用水泥砌成的底座，石碑上刻着一段有关“街亭简介”的文字。大家像发现了宝贝似的惊呼起来，纷纷上前照相。同时感慨着，要不是这位老农带路，怕是一辈子也找不到这座石碑了，藏得可真深啊！照完相，说说笑笑着准备离开。我忽然想起什么，转到石碑的另一面，这才猛然发现，刚才照相的只是石碑的背面，现在看到的才是正面！上面刻着“三国古战场遗址街亭秦安县人民政府立二〇〇二年八月八日”几行字，其中“街亭”两个隶书的大字格外醒目。

没错！这里就是我们苦苦寻觅的街亭了！然而我又不敢相信，这个昔日“金戈挥日返，银镝逐星飞”的古战场，如今竟被芜杂的玉米地所包裹。其实想想也不觉得奇怪，在面朝黄土背朝天的农民看来，街亭只是一个毫无意义的符号，远不如玉米棒来得实惠。

离开街亭时，天空忽然下起了大雨。据说这里已经很久没有下过这么大的雨了，雨点击起阵阵尘土，滋润着大地万物。透过蒙蒙的雨雾，我的思绪飞越千年，在历史的梦寐中徜徉，徜徉，随口占一绝以记之：

一纸令书大帐前，街亭失守因水源。

诸葛挥泪斩马谡，是非曲直说千年。

娲皇故里

很小的时候，就听过女娲补天的故事。在童年时代最初的记忆里，女娲是个了不起的神仙，她和嫦娥姐姐、观音娘娘一样，是仙界的大美女。

后来上中学的时候，在一本《古文译注》的课外读物中读到了“女娲补天”这一神话故事，更加深了我对女娲的认识。这篇神话出自《淮南子·览冥训》，原文如下：

往古之时，四极废，九州裂，天不兼复，地不周载。火爁炎而不灭，水浩洋而不息。猛兽食颛民，鸷鸟攫老弱。

于是女娲炼五色石以补苍天，断鳌足以立四极，杀黑龙以济冀州，积芦灰以止淫水。苍天补，四极正，淫水涸，冀州平，狡虫死，颛民生。

如果将其翻译成现代文，意思是说：在很久很久以前，但又在盘古时期的开天辟地之后，支撑天地之间的大柱断折了，天倒下了半边，出现了一个大窟窿，地也陷成一道道大裂纹，山林烧起了大火，洪水从地底下喷涌出来，龙蛇猛兽也出来吞食人民。人类面临着空前大灾难。在这样的情况下，女娲带领人民，采用焚烧木材炼五色石的方法，来修补出现漏洞的苍天。斩下一只大龟的四脚，当作四根柱子把倒塌的半边天支起来。女娲还擒杀了残害人民的黑龙，刹住了龙蛇的嚣张气焰。最后为了堵住洪水不再漫流，女娲还收集了大量芦草，把它们烧成灰，埋塞向四处铺开的洪流。经过女娲一番辛劳整治，苍天总算补上了，地填平了，水止住了，龙蛇猛兽敛迹了，人民又重新过上了安乐的生活。

女娲同伏羲、神农并列，被尊为中华民族最初始的“三皇”，而且与伏羲是兄妹俩。女娲除了炼石补天之外，还有造人一说。传说中，女娲抟土造人之后，又遇到一场洪水浩劫，黄土做成的人都淹死了，于是女娲与伏羲兄妹结合，再造人类。唐代《独异志》记载了这个传说："昔宇宙母初开之时，只有女娲兄妹二人在昆仑山，而天下未有人民，议以为夫妻，又自羞耻。兄即与妹上昆仑山，咒曰：'天若遣我兄妹二人为夫妻，而烟悉合；若不，使烟散。'于是烟即合，其妹即来就兄。"伏羲女娲人首蛇身、交尾而拥的图像，大量出现在汉画像石刻和唐代绢画中，证明这一传说早在汉代已相当流行。有学者指出，西汉鲁恭王造灵光殿，始画伏羲女娲二像于壁，是为这个传说见画之始。1928年在新疆吐鲁番出土的唐代绢画，彩绘人首蛇身伏羲女娲二人，伏羲在左，戴巾，张左手执矩和墨汁；女娲在右，面贴金，束高髻，张右手执矩。上身相抱，下尾相交。二人头上有象征日、月、星辰的光环（刘锡诚《中国象征辞典》）。

如此说来，女娲真的就是我们人类的始祖了！但在古代典籍的记载中，女娲的样子却令人不敢恭维。"女娲，古神女而帝者，人首蛇身，一日七十变。"（《山海经》）"女娲氏亦风姓，承庖牺制度，亦蛇身人首，一号女希，是为女帝。"（《太平御览》）。为什么女娲会是一个人首蛇身的怪物呢？难道蛇是远古时期先民们的图腾？女娲的这一形象与我童年的想象大相径庭。

今年暑假，我和几个朋友到甘肃的秦安县参加了一次义教活动。活动结束后，组织者带我们来到位于秦安县北部的陇城镇，参观了那里的女娲祠。女娲祠也许全国各地都有，但据说陇城才是正宗的娲皇故里。何以见得？专家有证：距陇城只有几公里远的大地湾是距今7800年的新石器文化的发祥地，新石器时期属母系氏族社会，而女娲正是母系氏族的产物，此其一。其二，汉代以前，在陇城镇北山上就建有女娲庙，陇城至今还保存有"女娲村""龙泉村""凤尾村"等村名以及用女娲"风"姓命名的"风沟""风茔""风谷""风台"等地名。民间相传女娲"生于风沟，长于风台，葬于风茔"。其三，秦安县北的玉钟峡，还有伏羲、女娲图腾形象遗迹的"白蛇碥"，即宽约2米，长约丈余平整的青色块石。一条由白石天然形成的、形状酷似一条爬行的蛇，与一条褪色石蛇交缠着，两蛇成蜿蜒腾高之势，镶嵌在大青石上。这与汉像砖中出土的伏羲、女娲人首蛇身相交的情形绝妙巧合。

陇城镇是一个十分繁华的小镇，街上商铺林立，熙来攘往，一派热闹的景象。沿着主街道前行，远远就看见一块高大的牌坊立于小镇的尽头，上书四个大字“娲皇故里”。穿过牌坊不远，就是一座气势宏伟的女娲祠。走进大门，里面别有洞天。除了正殿，两旁还有偏殿，形成一座巨大的四合院。正殿前立着一块大石头，上面写着“补天石”几个字。正殿里供奉着女娲的塑像，其造型有些特别，似神，又似数千年前的原始人，双目如炬，神态安详。

我与殿前的那块“补天石”合影留念。不知为何，脑海中忽然想起《红楼梦》里的一首诗来：

无材可去补苍天，枉入红尘若许年。
此系身前身后事，倩谁记去作奇传？

在曹雪芹笔下，这块女娲补天时剩下的奇石，被茫茫大地、渺渺真人携入红尘，历尽了悲欢离合与世态炎凉。

那么，眼前的这块“补天石”是从何而来、又将何往呢？人生短暂，而神话不老。走进娲皇故里，我也走进了一个无限冥想的世界……

夕阳余晖中的余荫山房

余荫山房，又名余荫园，它与顺德的清晖园、东莞的可园、佛山的梁园一道，并称为“广东四大名园”。余荫山房位于广州市番禺区南村镇，离我工作的地方不到两公里。我曾组织本校的学生去参观过一次，这次终于得暇独自去游览了一番。初春的阳光暖暖地照着南粤大地，枝头已是一片新绿。园里的游人并不多，我可以静静地品味这里的花明柳暗、波暖尘香。

余荫山房是清代举人邬彬的私宅，建于清代同治年间，距今已有130多年的历史。邬彬官至刑部主事，任七品员外郎。他的两个儿子也是举人，因而有“一门三举人，父子同登科”之誉。邬彬告老归田，隐居乡里，聘名工巧匠，吸收苏杭庭园建筑艺术之精华，结合闽粤庭园建筑艺术之风格，历时5年，花费白银近3万两，兴建了这座特色鲜明、千古流芳的名园。为纪念先祖的福荫，取“余荫”二字作为园名。至于“山房”则有些令人费解，因为园子并没有建在山上。不过离此地不远处倒是有一座小山，名曰南山。想必故主邬彬羡慕陶令的闲适生活，取其“采菊东篱下，悠然见南山”之意蕴吧。

余荫山房在设计上，采用了“藏而不露”“缩龙成寸”的手法，结构布局十分巧妙。在方圆不足三亩的土地上造出了园中有园、景中有景、幽深广阔的境界，堪称浓缩的岭南园林艺术精华。

穿过朱漆的大门，来到偌大的庭院。几株古木虬枝盘曲，生机盎然。而墙角的榕树则用浓密的根须昭示着岁月的流逝与沧桑。重门昼掩，曲径通幽，小巷深处，绿肥红瘦。雕梁画栋，亭榭楼台、假山池沼，茂林修竹。步步美景，且行且叹，不知不觉来到南苑。这里又是一番独特的景致，因为这里是小姐的绣楼。沿着曲折幽暗的楼梯登上绣楼，抬首只见门楣上写着“醉月”二字。遥想当年，邬家的二八佳人一定就在这座楼台上赏月思春吧？“川原缭绕浮云外，台阁参差积翠间。”这是绣楼上的第一间屋子，不知为何里面放着一排靠背椅。难道邬家的女性竟在这里会客吗？穿过“会客室”，后面是几间绣房，门上都题着雅致的名字，如“玉浣清心”“杨柳楼台”等。室内的陈设比较简单，估计是后人放置的仿古家具。

从绣楼上可以俯视整个后花园。这里是赋诗把酒、吟风弄月的场所。但见小桥流水，风送荷香。兰圃中栽着各种名贵的兰花，鸟笼里养着孔雀。院墙上是玲珑奇巧的砖雕，诸如“为爱鸟声多种竹，知鱼乐且添池”之类，处处透着闲情雅兴。花园中央的地上，有一盘五米见方的象棋残局，上面摆着石头做的棋子。这或许是一种暗示：世事如棋，局局常新，邬氏家族虽盛极一时，但照样有衰微的一天。花园里的一角有一座小亭，亭子旁边的“曲水流觞”甚是有趣。这是古代文人的一种聚雅方式：把酒杯放在弯曲环绕的小溪里，让它随波泛流，酒杯漂到谁的面前碰壁了，谁就拿起来一饮而尽。王羲之的《兰亭集序》对此有一段精彩描述：“此地有崇山峻岭，茂林修竹，又有清流激湍，映带左右，引以为流觞曲水，列坐其次，虽无丝竹管弦之盛，一觞一咏，亦足以畅叙幽情。”后世文人便争相效仿，将其演绎成为中国古典式的文化“沙龙”。

与花园毗邻的是善言邬公祠，乃邬家的祖祠。祖祠里还搭有一座舞台，台上摆着乐谱架。此刻，粤剧的丝竹之声似乎穿越百年隐隐约约地萦绕耳际。这是历史的清音，也是一个家族的绝唱！旁边的侧室里，陈列着鳌鱼舞的道具，墙上画着一位官袍舞者的像，寄寓着“加官晋爵，跃居龙门”。

祖祠外面的广场上树立着两座旗杆夹，似乎在向人们诉说着邬氏家族的无限风光。古时，凡能取得功名的人，都会在祖祠前立一座旗杆夹，并将功名刻在石上，以示光宗耀祖。这两座旗杆夹分别属于光绪己卯科顺天举人邬宝睿及光绪己酉科举人邬宝钰，此二人皆善言公之侄孙。可惜园主人邬彬及两个儿子的旗杆夹均已遗失。

广场旁边是一个狭长的灵龟池。池中雕着一只巨大的石龟。石龟两旁各立一块石碑，左边刻着“灵龟”二字，右边则用白话（即广州话）刻着“掟中龟头，一世唔使愁；掟中龟身，年年行好运”。我发现石龟周围的池水里，散落着无数硬币，大约都是游客们的“赞助”。

步出余荫山房，夕阳的余晖在青灰色的房顶涂上了一层金色，门前的国旗在晚风中轻轻地飘扬，构成一道独特的风景。余荫山房，这座古老的建筑终于带着昔日的梦想和荣光，沉沉睡去。

新马走笔

一、花园城市

早晨5点：乘车离开广州。6点半：到达深圳蛇口码头。8点40分：乘船前往中国香港国际机场。11点35分：飞机起飞。14点半：抵达新加坡。半日之间，跨洋过海，来到另一个国度。

走出机场，满眼尽绿。公路两旁是宽阔的绿化带；高架桥的两侧，吐着鲜红与淡紫色的花朵；远处杂树丛生，荫翳蔽日。新加坡给我的第一印象就是绿。在这里，几乎看不到土壤。除了公路、河流和建筑物，剩下的地方全是植被。新加坡没有四季之分，年平均温度在23和31摄氏度之间，雨水充沛，气候温暖而潮湿，是天然的植物园。85万多株花草树木遍布全岛，加上4868公顷的公园绿地，为新加坡人提供了绝佳的生活休闲享受。新加坡有各种花卉，其中以国花——兰花最为著名，而叶子花则布满了街头巷尾。

新加坡，真无愧于“花园城市”的美誉。走在新加坡的街头，让人赏心悦目，神清气爽。据说，新加坡每年都要举办“植树周”活动，且每年植树的数量、区域都有规定。有计划的植树造林使得绿地众多，而强有力的环保措施也使得新加坡水常绿，天常蓝。导游小姐介绍，在新加坡如果乱扔垃圾，第一次罚款500元，第二次罚1000元，第三次则为2000元。罚款金额成倍增长，严重的还会受到“鞭刑”。

看来，人类的文明有时也需要法制作为保障。想想国内的很多景点垃圾遍地、污水横流的情形，我们真该好好自省了。

二、鱼尾狮像

新加坡是一个城市国家，原意为狮城。

据马来史籍记载，1150年左右，苏门答腊利佛逝王国的王子乘船到达此岛打猎。他来到了一片干净的沙滩。突然，一头长着黑色头颅、白色胸脯、红色身躯的怪兽从王子身边疾驰而过。惊异中，王子忙问侍卫此为何兽，侍卫答，是狮子。王子就此认定这是吉祥之兆，此地是吉祥之地，决定留下来不走了，并称此地为“SINGAPURA”，即马来语“狮子之城”的意思。

鱼尾狮像坐落于市内新加坡河畔，是新加坡的标志和象征。该塑像高8米，重40吨，狮子口中喷出一股清水，是由雕刻家林南先生和他的两个孩子共同雕塑的，于1972年5月完成。在鱼尾狮像背面的一小块场地有四块石碑，碑文讲述了鱼尾狮象征新加坡的故事，近旁还建有一座小鱼尾狮像与之相伴。

站在鱼尾狮像前眺望海港，只见鸥鹭点点，船影朦胧，一派海国风光。

三、财富之泉

在新加坡市中心，有五座奇特的高楼。它们围成一圈，像是五根张开的手指。在“手指”的中央，是一座巨型喷泉，每天定时喷水。这组建筑有一个美丽的名字——财富之泉，是由李嘉诚等人投资兴建的。

顾名思义，“财富之泉”象征着新加坡的财富如泉水般奔流不息。而那环绕的五座高楼就像一只巨手，将“财富之泉”牢牢地攥在手中。我不由惊叹于新加坡人丰富的想象力和朴实的理念。在这个世界上，谁不希望自己拥有财富呢？无论国家还是个人，只有抛开华而不实的高调与空谈，本着务实的态度，脚踏实地，谋求发展，才有可能创造出绵绵不绝的财富。

事实上，新加坡国土小，人口少，资源缺乏，国内市场有限。1965年，新加坡脱离马来西亚联邦，宣布独立。在李光耀总理强有力的领导下，新加坡从实际出发，实行全方位开放，努力把本国经济融合在世界经济之中，推行一系列针对本国现状的经济发展战略。20世纪80年代即一跃成为亚洲的四小龙之一。

中国的改革开放已经将近30年了。30年来，经济日益腾飞，国力日渐强盛。但我们也应该看到，不少地方仍旧没有摆脱贫穷与落后。与新加坡相比，我们要做的还有很多。

四、平民夜色

到达新加坡的首日，入住的酒店与一条热闹的小街毗邻。导游说，这条街上大半住的是外来人口，是新加坡夜生活最集中的地方。这正中我们的下怀，收拾完毕，大家就相约去逛夜市。

走上街头，发现与白天见到的景象大相径庭。如果说，白天我们在导游的带领下看到的新加坡整洁、繁华，透着一股贵族气息的话，那么，此时在这条小街上，我们目睹到的是新加坡的另一面——嘈杂、纷乱而悠闲的平民生活。

街道上车水马龙，人头攒动，五光十色的霓虹灯闪烁着迷离而诡谲的眼睛。骑楼下狭窄的空间里，挤满了各类摊贩，有卖菜的，卖小吃的，卖药品的，卖纪念品的，兑换外币的，可谓五行八作，应有尽有。每到巷口地势开阔处，总会摆满了桌椅，零星地坐了些闲客，或饮啤酒，或看球赛（正值亚洲杯在东南亚诸国开打），或乘凉聊天。小巷深处，灯光暗淡，一群人围着桌子吵吵嚷嚷，像是在赌钱。

回到酒店，我脑海中在思考着这样一个问题：新加坡的魅力究竟体现在何处？以李光耀父子的精明和严谨，为何偏偏要保留这样一条平民化的街道呢？也许，这恰恰说明了一个道理：任何事情都不是绝对的，好与坏，美与丑，文明与落后，总是如影随形，挥之不去。正如孔雀开屏，从正面看赏心悦目，从背面看就露出屁眼儿了。

五、相府王宫

从新加坡出发，经过五个小时的车程，我们到达了马来西亚的首都吉隆坡。这是此行最长的一段跋涉。下车的第一个景点是参观太子广场。广场上最宏伟的建筑莫过于政府首脑的办公大楼——首相府了。从外观看，它有点像中国的人民大会堂，只不过上面多了几个洋葱似的圆顶，显示出伊斯兰教特有的建筑风格。远远望去，隐约可见首相府前人影晃动，进进出出。问是怎么回事，导游说，他们正在工作呀。

第二天，我们又参观了位于吉隆坡街头的苏丹王宫的外景。王宫四周围了一道简陋的栏杆，门口站着一位荷枪实弹的士兵。大门两侧还各开了一个小门，门洞里有一位骑士骑着高头大马站在原地，威风凛凛，训练有素。令我感到惊讶的是，游客们居然把守卫王宫的卫士们当作了一个“景点”，纷纷上前与之合影。而这些卫士们也来者不拒，有的甚至还挺配合的，做出适当的表情和动作。

这时，不知从哪里忽然冒出一小队士兵来。他们在大门的一侧迅速整好队伍，像是要迎接什么人。果然，不一会儿，从王宫里缓缓驶出一辆黑色的小轿车。卫士们顿时来了精神，他们拉开架势，喊着口令，迎接“首长”的到来。几个女兵在现场维持秩序，但也仅仅是把游客们往两旁赶了赶，给小轿车让出了一条道而已。游客们并没有散去，都挤在路边看热闹，成了夹道欢迎之势。当小轿车从面前经过的那一刻，大家都举起手中的相机，快门声响成了一片。

在马来西亚街头与当地小学生合影

小轿车拐了个弯，驶进了车流，而早就等候在街边的一辆警车（我们忙着照相，一直都没注意到）则紧紧地跟在小轿车的后面，迅速离去。王宫的门前又恢复了平静。游客都在猜测刚才出去的是谁，该不会是苏丹（即国王）吧？导游解释道，可能是一位部长级以上的官员。苏丹一般很少离开王宫，每年开斋节的第一天，苏丹王宫会对外开放，苏丹会届时跟前来参观的人见面，并向参观者们赠送茶点。

马来西亚的相府王宫神圣而不神秘，高大而不高傲，就这样真实地存在于百姓们的身边。

六、双子星座

说到吉隆坡的标志性建筑，人们一定会毫不犹豫地想到“双子星座”。以前在电影《偷天陷阱》里曾目睹过它的风采，这次有幸亲临现场，真切地领略了它的神韵。

“双子星座”是马来西亚国家石油公司总部所在地，投资40亿港币建成。共88层，高451.9米，仅次于中国台北的101大厦，位居世界第二。远远望去，双塔并峙，仿佛两把闪着幽幽紫光的巨型利剑，直刺吉隆坡明朗的上空，又像一对横空出世的孪生美女，挺拔而诱人。

双子星座的一至六楼是苏丽雅购物中心，里面金碧辉煌，商品琳琅满目。几位女性团友一边欢叫着一边选购商品去了。我则悄悄地穿过“双子星座”前面的一大片草坪，从远处拍下了它的全貌。可惜不知道是什么原因，导游没有让我们登上双塔的最顶层。

入夜，当我们的大巴经过市区时，我再一次看到了“双子星座”。在无数灯火的映衬下，它变得流光溢彩，更加动人。此时，一种自豪感从我心底油然而生，为马来西亚，也为我们人类。

七、多元文化

无论是新加坡还是马来西亚，都是由多民族组成的国家。其中新加坡有20多个民族，而马来西亚则有50多个民族。按所占的比例来看，新加坡以华人为主，马来西亚以马来人为主，此外印度人、巴基斯坦人、孟加拉人以及欧亚后裔的混血儿也零散地分布于两个国家。多元文化，和谐共存，造就了马来亚半岛独特的人文景观。

在碧波荡漾的新加坡河畔，矗立着一座英国人莱佛士爵士的汉白玉塑像。正是他在19世纪初叶登陆马来西亚半岛，将新加坡建成了一个欧亚之间的自由贸易港。当地人说，谁给新加坡带来过福祉，他们就永远怀念谁。而由莱佛士爵士主持兴建的圣安德列教堂，经历了近两百年的风风雨雨，至今仍完好无损地耸立在新加坡高等法院的近旁。

新加坡的华人居住区有一个奇怪的名称——牛车水。关于这一名称的由来有多个版本。第一个版本：话说在一个多世纪以前，河水暴涨，淹没了这里邻近的大街小巷，居民们盘了水以牛车载走，所以就有人称这为牛车水。第二种说法：当年这一带的居民曾经以牛车载水用来清洗街道，因此就将这地方称为牛车水。还有一个说法：当年的新加坡和马来人常以牛车将安详山的水载来，故称牛车水。如今的牛车水早已变成了现代商业区，这里有新加坡最著名的寺庙，也有很多餐饮购物点。百余年来，牛车水一直默默地陪伴着新加坡河，它走了一段悠长的岁月，见证了新加坡的成长与繁华。

走进马来西亚，到处可见大大小小的清真寺。伊斯兰教是他们的国教，教徒们每天至少要进一次清真寺，向真主安拉虔诚祷告。位于吉隆坡的国家清真寺和位于太子城的水上清真寺是马来西亚最著名的两座清真寺。黄昏时分，我们逗留于太子广场，夕阳的余晖给水上清真寺巨大的圆形穹顶抹上了一层金粉，使之熠熠生辉。通过高音喇叭从寺中传出的祷告声，在广场上空久久地回荡着，显得空阔而辽远……

八、郑和遗迹

到达马六甲，本是冲着久负盛名的马六甲海峡去的，谁知海峡只是在大巴上匆匆一瞥，并没有留下什么印象。而在这里真正触动我心灵的却是一个明代的中国人——郑和。稍懂历史的人都知道郑和下西洋的故事，可是知道郑和与马六甲之间渊源的人恐怕就不是很多了。我也是到了马六甲，才有幸窥探了历史的一角。

据说郑和七次下西洋，曾五次到过马六甲。其中最后一次还带来了一位公主。这位公主嫁给了当地的一位马来王子，她所携带的500名随从也都安家落户，繁衍生息，成为当地“土著”华人的始祖。在马六甲市中心，有一座坡度平缓的小山，叫中国山，是当年郑和驻扎航海部队的营地。进入现代以后，由于这座中国山影响到了城市的规划和发展，当地政府曾一度欲将其铲平，但是遭到当地华人的一致抗议，遂作罢。

“马六甲”在马来语中是一种树的名字，而在中国山上，这种树长得最多，也最茂盛。穿过密密的树丛，我们看到了三口荒废的古井，旁边还立着牌子，上面用马来语记载着古井的兴衰与荣辱。导游告诉我们，这三口古井都是郑和当年亲自开凿的。离古井不远处，有一座小小的寺庙，那是当地的华人为了纪念郑和而专门修建的。正午的阳光晒得人有些眩晕，而小庙里檀香袅袅，佛语声声，俨然两个不同的世界。据说，郑和是在最后一次下西洋的途中染病去世的。倘若人真的有灵魂，那么郑和的灵魂又会在哪里呢？是回归大明故国，还是继续漂流于海外？

告别马六甲，告别中国山，告别郑和，我挥一挥衣袖，不带走一片云彩，而我留下的，却是无尽的幽思与惆怅……

九、邂逅童真

也许是职业的缘故，这次新马之旅只要看到孩子，我都会兴奋异常。特别是在马来西亚，看到一群一群的学生，穿着民族的服装，女孩子裹着头巾，简直是一道亮丽的风景。孩子们见到我们这些“老外”也不怯生，乐呵呵地与我们合影留念。

新加坡和马来西亚都十分重视教育。新加坡强调所谓的“精英教育”；而马来西亚实行12年义务教育制，从小学到高中全部免费。

在街头，我看到孩子们的脸上充满了阳光。

“银河”里那颗寂寞的星

1942年1月22日，萧红在中国香港溘然辞世，年仅32岁。

萧红死后，端木蕻良把萧红的骨灰分为两半，一半葬于中国香港圣士提梵女校的树丛中，另一半葬于中国香港浅水湾。在战乱年代，连碑文都未设立，仅在墓前插了个写有“萧红之墓”的木牌。1957年，在中国作家协会、广东作协分会及中国香港文艺界同人的协助下，萧红位于中国香港浅水湾的骨灰迁葬至广州银河公墓。

2009年秋天，我受一位朋友托付，独自到银河公墓内拍摄了萧红墓。

虽说在广州已居住了十年，但从未到过银河公墓。对于萧红，我也仅限于阅读她的作品，从未想过要去拜谒她的墓地。这一次，既是完成朋友的所托，又能表达自己对这位现代著名女作家的敬意，算是一举两得了。银河公墓位于广州市天河区燕岭路银河园内。早些年这里还是荒郊野外，随着城市的扩容，现在也被繁华和喧嚣所吞噬了。

秋天是广州一年中最好的季节。天高云淡，晴空万里，气候温暖而不燠热，阳光灿烂而不刺眼。大片大片的植被，依然精力旺盛地吐着绿意。

几经周折，我终于找到了银河公墓的入口。公墓依山而建，占地20多万平方米，环境优美。我浏览了公墓的地图和文字介绍，知道这里建有烈士墓40多座，保存烈士遗灰290多盒，还存放了中华人民共和国成立后国家干部、军人遗灰近2万盒。萧红的墓地藏在何处呢？我顺着园中的林阴道一路转向后山，然后沿着台阶爬上了一个山坡。这里是整个园陵的制高点，环顾四周，绿树掩映，树丛中隐约可见一排一排的墓碑。远处高楼林立，街道上车水马龙，熙熙攘攘。在闹市中拥有这方宁静，实属难得。但偌大的陵园内，竟看不见几个人影。周围静悄悄的，肃穆中透着一丝寂寥，幽静中显出几许冷清。我的心顿时沉下去，仿佛沉到了另一个世界。

山坡上有几间房子，门紧闭着，一位阿姨在走廊打扫卫生。我走上前向她打听萧红墓在哪里，她说不知道，让我自己去找。是啊，半个多世纪过去了，谁会在意这里还有个萧红呢？更何况是一位扫地的阿姨。

我像一个游魂，在大大小小的墓碑间穿行着。终于，在一排高约两米的整齐的墓碑间，我一眼就认出了萧红。墓碑上方镶嵌了一张萧红的半身相片，那相片在很多书上曾经见过。齐耳的短发，苍白瘦削的脸，脸上带着忧郁的笑容。照片下方，刻着“女作家萧红同志之墓”几个红色的大字，隶书繁体。下面还有三行小字：“一九一一年生于黑龙江呼兰区”“一九四二年卒于中国香港原葬中国香港浅水湾”“一九五七年八月十五日迁骨灰安葬于银河公墓”。同为隶书繁体。

墓碑四周，围着一道低矮的水泥栏杆。我发现离墓碑不远的栏杆旁，横躺着一束鲜花。花瓣已有些枯萎了，外面包着一层紫色的塑料纸。不知道是谁随手抛弃在此，还是被风吹到此地的。这是这片墓地唯一的一束鲜花，这束鲜花是属于萧红的，它就陪伴在“主人”的墓碑旁，左邻右舍们则无缘享此殊荣。

我捡起那束鲜花，掸去上面的灰尘，将它端靠在墓碑的正前方，然后向这位我所敬仰的女作家深深地鞠了一躬。

萧红的一生，是短暂的，更是寂寞的。

1911年6月1日（农历五月初五），萧红生于黑龙江呼兰河畔一个官僚地主的家庭。因当地以农历五月初五生女孩犯忌，只好将生日改为农历五月初六。十九岁那年，萧红因反抗父母包办婚姻而逃出了封建家庭。但后来迫于生计，只好屈从。萧红的婚姻生活是不幸的。她先是被那位父母包办的男子所抛弃，随后与萧军之间的爱情又由浪漫而渐生龃龉，进而分道扬镳。1936年，为了逃避感情和病痛的双重折磨，萧红只身东渡日本，在那里度过了孤寂的半年。期间得知鲁迅先生逝世的消息，悲恸万分，写下《海外的悲悼》，痛悼这位文坛的引路人。在生命的最后几年，她先后遇到了端木蕻良和骆宾基，这两个男人也没能在萧红活着的时候带给她多少快乐，倒是在她死去之后才互相责备……

在现代女作家中，人们喜欢将萧红与冰心、丁玲相提并论。鲁迅先生在接受美国记者斯诺采访时，曾说过这样一段话："田军（即萧军）的妻子萧红，是当今中国最有前途的女作家，很可能成为丁玲的后继者，而且她接替丁玲的时间，要比丁玲接替冰心的时间早得多。"我个人认为，萧红的名气虽然没有冰心、丁玲大，但文学才华却在两位大姐之上，也许只有张爱玲可出其右。萧红的《生死场》《呼兰河传》堪称现代文坛的不朽之作。

可惜，战争的灾祸，婚姻的不幸，生活的漂泊，疾病的折磨，夺去了萧红年轻的生命。而直接导致她英年早逝的，是肺结核和恶性气管扩张。由于在中国香港每年跑马地养和医院被误诊为喉瘤，结果喉管开刀，使病情恶化。当然，她的病与不良的生活习惯也有一定关系。萧红喜欢吸烟，许广平的文章中有过记录。我还见过一张萧红与萧军在上海的合影，萧红靠在萧军的怀里，嘴里就顽皮地衔着一支烟斗。

萧红临终前喉管被痰阻塞，已不能说话，只好在纸上写下遗言："我将与蓝天碧水永处，留下那半部《红楼》，给别人写了。""半生尽遭白眼冷遇……身先死，不甘，不甘。"有人说，端木蕻良后来潜心研究红学，是受了萧红那句遗言的影响，或许有一定道理。《红楼》是个悲剧，不知萧红是真的希望自己成为那撰写《红楼》的人，还是将自己比作《红楼》中某个薄命的女子？《红楼》一梦，草木一秋，谁又能迈过生命的这道坎？

明年是萧红一百周年诞辰，听说广州银河烈士陵园的萧红墓要迁至黑龙江呼兰区萧红的故乡。萧红生前颠沛流离，死后应该有一方属于自己的净土。而故乡，无疑是最好的归宿了。生于斯，葬于斯，世事轮回，因果无定。莫非冥冥之中，恰恰印证了她人生的"生死场"？

有白山黑水的陪伴，有故乡人民的呵护，有海内外热心读者的眷顾，萧红九泉之下亦可安息了。想到这里，我赶紧拿出数码相机，从不同角度拍下了萧红的墓地。如果明年萧红遗灰真的迁回东北故里的话，我的这些照片也许将成为萧红留给银河公墓，留给广州人，也留给现代文学史最后的一段记忆了。一阵秋风徐徐吹过，树叶儿沙沙作响。我再次向萧红深深地鞠了一躬，然后默默地转身离去。

愿这位百年才女，从此不再是浩瀚银河里那一颗寂寞的星，也不再是萧萧衰草中那一抹寂寞的红。

故乡，故乡

同事们有时爱和女儿开个玩笑，问她到底是哪里人。女儿总是眨巴着明亮的大眼，面露难色。因为她生在四川，落户广东，祖籍安徽，究竟该算哪里人，她也拿不准。不过，由于种种原因，女儿满十岁了还从未去过安徽。“该带她回去认祖归宗了。”我对自己说。于是这个寒假，我们开始了期盼已久的“寻根之旅”。

傍晚，飞机降落在合肥骆岗机场。侄儿宝园前来迎接。合肥的气温明显比广州低，但并不像想象的那样冷。大街上华灯竞放，一片璀璨。

在侄儿处住了一宿，第二天与好友程君约见。程君在合肥电视台工作，我们从城东转道城南，再至城西，费了不少周折。不过好友相聚，倍感欣喜。遥想当年，我和程君同在山中“修炼”，常骑车互访，抵足夜谈，不知东方之既白。一转眼，我们已成了拖家带口的人，不觉有了“昔别君未婚，儿女忽成行”之叹。程君在酒店订好包间，又约了几个老校友作陪，于是千言万语潜藏到了杯底，在殷勤把盏之间得到了尽情的释放。

辞别好友，乘车南下。从合肥经安庆，过长江大桥，南岸就是故乡池州了。耳畔响起《梦江南》那柔美的旋律：“草青青，水蓝蓝。啊，白云深处是故乡，故乡在江南……”今天，这梦终于变成了现实。目光被车窗外的景致深深吸引，感觉故乡的一切都是那么熟悉，又是那么陌生。过去狭窄弯曲的沿江公路已经淘汰了，代之以宽阔、笔直的高速公路。过去零散、杂乱的村庄，现在已经移民建镇，错落有致地分布在公路两侧。远处是海螺水泥厂高大的厂房，一条巨大的蓝色管道临空飞架，从姥山脚下一直延伸到长江边，绵延数公里，那是水泥运输专线。

车子停在“茶园新村”，几位兄弟早已在路旁等候。他们用家乡最隆重的礼节——鞭炮欢迎我们的到来。噼噼啪啪的鞭炮声震撼了整个小镇，我们的血也开始沸腾。屋子里挤满了人，我一边给妻子女儿介绍，一边感叹着长辈们的渐次老去，惊诧着小字辈们的长大成人。

回家的次日，我们提出要去拜山。兄弟们知道我们旅途劳顿，劝我们先歇歇，但在我的坚持下还是同意了。其实父母的坟地离此并不远。我买好香纸，二哥准备了些酒菜，一家大小十几口人骑着摩托车，组成一支浩浩荡荡的祭拜队伍，沿着似曾相识的山路来到父母的坟前。这里原属牛头山茶叶厂的领地，背山面湖，环境宜人，漫山的茶树环绕着这片幽静的坟地，真是逝者的福气。父母合葬在同一座墓冢，墓碑上刻着一副对联："明月千秋照，清泉万古流。"这是活着的人对另一个世界的冥想和祝愿。小时候父母常对我说："人死如灯灭。"那么又何来明月，何来清泉呢？我知道，所谓祭拜，不过是一种自我安慰罢了。父母一生清苦，把我们姐弟七人拉扯大真的不易。如今大姐夫妇也已先后病故，大哥在南京，我则阴错阳差地跑到了广州，好在二哥、三哥、四哥、六弟还有几位外甥仍在故乡，每年的清明、冬至，都是他们前来尽孝。紧邻父母坟冢的，是四哥前妻的坟，她是因难产而离去的，那是四哥永远的痛。近旁还埋着一对姓沈的五保户老人。记得小时候我们亲热地叫他们沈爹爹、沈奶奶。沈爹爹是个驼背，沈奶奶缠着小脚，都干不了重活，加上老两口无子嗣，于是村里人都成了他们的后代。沈爹爹爱看小人书，常到我们家借书。有时带着我们一帮小孩在池塘里钓鱼，给了我们许多快乐。神奇的是，老两口竟然同一天离世，一个死于早晨，一个死于晚上。这或许是上苍的安排，让他们在天国也好有个伴。大姐、姐夫的坟在另一个小山岗上，坟前掩映着苍松翠柏，一片静穆。我们按照故乡的习俗，逐一祭拜。女儿是第一次参加这样的仪式，磕头的时候显得很认真、很虔诚。也许她还不能真正体会"认祖归宗"的意义，但她毕竟亲眼所见了，自己的名字已经跟家族的其他成员一起，刻进了爷爷奶奶的墓碑。

接下来的几天，我们俨然成了座上客。几位兄弟和外甥轮流做东，天天陪着我们喝酒、打牌。我说："你们不能因为我连活也不干啊。"他们说："都快过年了，哪有什么活干啊？"确实，现在是农闲的时候。这些年，他们或成了种田大户，或成了养殖专业户，或在附近的工厂打些零工，家家住上了小洋楼，日子越过越红火。眼下春节临近，年货也办得差不多了，是该享享福了。当然，我们的到来也让他们真的高兴，毕竟一别多年，毕竟血浓于水。

不过，这种“醉生梦死”的生活让我很不适应，也让我很是过意不去。于是我决定出去走走。先是来到安庆，拜见了我的老师黄复彩先生。先生亲自下厨给我们做饭，那道红烧肉肥而不腻，叫人回味无穷。饭后领着妻子女儿游览了迎江寺，登上了著名的振风塔。这座建于明朝的砖塔，我小时候不知攀登过多少次，几乎每次到安庆都要攀登一次。其实它并没有什么特别的吸引人之处，甚至墙壁已被一些低俗的游客涂画得面目全非，但我就是喜欢它。我喜欢在塔内探寻迷宫似的变化莫测的楼梯；我喜欢倾听塔角的铃铛在风中发出清脆悦耳的声音；我喜欢登上塔顶，俯视大江滚滚东流……

在安庆玩了一天，我们来到贵池。这座昔日的小县城现在越发出落得玲珑标致，宛如江南的小家碧玉。几个以前的学生闻讯赶来看我。陈静、潘海苗、杨新兵……二十年过去了，这些名字依然如数家珍，现在他们都已成家立业。据说他们每次聚会的时候都会提到我这个当年的语文老师兼班主任，感激我对他们的教育和影响。席间，他们说了许多当年我并未觉察的细节，令我感动。作为一名教师，我真的无怨无悔了。

大哥打来电话，说他和大嫂专程从南京赶回来与我们见面。他们也几年未回老家了，因为两个儿子一个在南京，一个在合肥，平时跟儿子在一起生活。大哥的旧房子离“茶园新村”有段距离，这栋小楼还是1998年故乡闹水灾时，乡政府为了迎接朱镕基考察而统一修建的。因长期不住人，屋里的陈设十分简陋。最“豪华”的家电莫过于那台14寸的黑白电视机了，至少有二十多年的历史了吧？记得很小的时候就守着它看《霍元甲》。想不到这台古董居然还能用，可惜只能收到一个安徽台。大哥家的环境没有其他几个兄弟好，但我待在这里却特别亲切、自在，有一种真正回家的感觉。也许是因为大哥大嫂一向是“随意”的人，也许是因为骨子里还保留着“长兄为父，长嫂为母”的思想。

十多天的故乡之行即将结束，我们从合肥飞回广州。恰巧侄儿宝园的岳父遭遇车祸，正在合肥住院。于是，大哥大嫂和我们结伴同往合肥。临行前，妻子塞给大嫂1000元钱，让她代我们去医院看望侄儿的岳父，顺便在合肥检查一下自己的关节炎。大嫂死活不肯收，经过一番拉扯，钱还是被强行塞进了大嫂的衣兜。没想到，登机前接到大哥的电话，说那1000元钱他们只收了100元，剩下的悄悄放进女儿田田的口袋了。我大吃一惊，伸手摸摸女儿的口袋，果然在！

东航的银燕腾空而起，故乡顷刻被挡在云层之下。我闭上眼睛，回乡的一幕幕情景在脑海中重新闪过。这就是故乡，我魂牵梦萦的故乡！不知道下一次回来，会是什么时候呢？

嘤其鸣矣，求其友声

嘤鸣文学社成员合影

今年是我师范毕业20周年。老同学从安徽打来电话，说准备利用国庆黄金周组织一次同班同学的聚会，问我能不能回去一趟。我一听惊喜莫名，这样的聚会一生能有几次呢？岂可错过！放下电话，心情久久不能平静，思绪早已飞回20年前，飞到远在千里之外的故乡。

当年就读的师范是一所具有悠久历史的省重点师范，位于美丽的江南小城池州。万里长江浩浩汤汤划城而过。秋浦河与清溪河宛若两条洁白的丝带缠绕在小城两侧。齐山与白沙湖交相辉映，美不胜收。唐代大诗人李白曾游历池州，写下《秋浦歌》17首与《清溪行》若干篇。另一位唐代诗人杜牧曾任池州知府，并写下了著名的《清明》一诗："清明时节雨纷纷，路上行人欲断魂。借问酒家何处有，牧童遥指杏花村。"宋代的岳飞、包拯也都曾在池州驻足流连，留下过佳句墨宝。

也许是杏花春雨滋润过我们的灵魂，也许是唐宋诗篇启迪过我们的心智，我们那一届的学生格外用功。因为是全省唯一的四年制师范，所以课程安排比较宽松。大家除了完成本身的专业课外，还有充足的时间来发展个性，可谓八仙过海，各显神通。有的爱好体育，有的醉心于书画，有的擅长吹拉弹唱，而我们一批人却迷上了文学。20世纪80年代正是文学热的时候，王蒙、莫言、贾平凹等就是那时候开始走红的。那时文学期刊也很多，我们从每月20元的生活费中省下钱来，订书刊，买杂志，一有好的作品就互相传阅。

不知是谁最先提议：既然大家都爱好文学，不如成立一个文学社吧！于是几个文学爱好者真的凑到了一起。记得那是一个冬日的下午，我们借了老师的一间办公室开会。西斜的阳光透过窗户照进屋子，我的心里暖融融的。首先建立组织机构，大家一致推选我担任社长，这让我有点受宠若惊。接下来讨论文学社的名称，大家想了很多，其中包括我在内的好几个人不约而同地想到了“红杏”，因为“红杏枝头春意闹”“一枝红杏出墙来”都是现成的名句。更重要的是，杜牧笔下的“杏花村”就在离我们学校不远的地方，这“红杏”之名除了我们，还有谁更有资格享用呢？但也有人表示反对，嫌太俗。大家七嘴八舌，一时拿不定主意。这时平日爱好古典文学的小戴说，用“嘤鸣”二字如何？《诗经》上有“嘤其鸣矣，求其友声”的句子，意思是说小鸟在树上嘤嘤地叫着，寻求朋友的和声。我们成立文学社不就是要呼朋引伴，寻求同道者吗？小戴的一番话让我们眼前一亮。“嘤鸣”——新颖典雅，意蕴深远，再也没有比这更好的名字了。

就这样，“嘤鸣”文学社正式成立了。我们的活动很频繁，经常在校园里找一处幽静的草坪，大家席地而坐，交流最近读了什么好书，写了什么文章，互相点评一下。有时候也请老师给我们开讲座，比如黄复彩老师（注：当年池州师范的老师，现供职于安庆日报社，知名作家和佛学教授）就给我们介绍过他是怎样走上文学创作之路的，对我们触动很大。为了使自己的文章能够“发表”，我们还创办了“嘤鸣”小报。因条件有限，我们的小报不是印刷的，而是一份四开的手抄报。稿子由大家提供，至于设计、排版、誊抄、美工，基本上都由我一人完成。“创刊词”都说了些什么，小报上都刊登过些什么文章，现在已经全然忘却了。只记得我们的小报办得很精致，每一期都要放在学校的宣传橱窗里展览。有一次美术老师拿去参加省青少年科技作品展，居然还获了个奖。

可惜由于种种原因，现在我的手里没有留下一张“嘤鸣”小报。唯一感到欣慰的是，相册里还保存着一张“嘤鸣”文学社部分成员的合影。记得是班上一位爱好摄影的同学帮助拍照、冲洗的，右下角的题字是我自己所写。不知为何，还有几位文学社成员没有参加，而照片上的这十三人，现在仍与我保持联系的仅剩下程铖一人（注：程铖君现在合肥电视台工作，其博客名“闹市钓雪”，文章篇篇精彩），有的竟连名字也想不出了。

想到再过几天，又能见到阔别多年的同学了，我的心跳已开始加速，我的热血已开始澎湃。“嘤其鸣矣，求其友声。”我仿佛又一次听到了那来自灵魂深处的熟悉的声音……

“野味读书”别有味

孙犁（1913—2002年），现代著名作家，“荷花淀派”的创立者。汪曾祺曾说，中国只有三个人会写小说：鲁迅、沈从文、孙犁。这话虽带有个人的感情色彩，但也从某种程度上说明了孙犁的影响和地位。

最近，读了孙犁的《野味读书》（东方出版中心，2008年8月第1版），方知孙犁不仅小说写得好，而且一生嗜书如命，藏书甚丰。

孙犁将自己的读书生活划分成四个阶段。中学六年为第一期，那时学业负担并不重，孙犁把大部分时间用在读课外书上，学校阅览室、图书馆成了他最常去的地方。中学毕业后在北平流浪、教书的三年为第二期，通常利用晚上时间，一边读书一边做笔记。抗日战争和解放战争为第三期，这合起来是十一个年，由于是战争年代，“读书，也只能是游击式的，逮住什么就看点什么”。这也正是他将这一时期的读书生活称为“野味读书”的原因所在。中华人民共和国成立后，进城生活的四十多年为第四期，这期间大量购书，无论在读书的数量还是质量上，都有了很大的飞跃。

孙犁对读书是很虔诚的。自称：“我之与书，爱护备至，污者净之，折者平之。阅前沐手，阅后安置。温公（司马光）惜书，不过如斯。”文人，在很多方面显得心胸开阔，不拘小节，但在对待书籍方面往往敝帚自珍。正如有些人在书架上贴上标语“书与老婆概不外借”一般，孙犁对喜爱的那些书，也格外吝惜，连自己的孩子都不能乱动。

孙犁读书，不是走马观花，而是潜入书中，作深层思考，经常写出精妙深邃的读后札记（自谓“耕堂曰”）。如在读了《刘半农研究》后，不由感叹道：“安史乱后，而大写杨贵妃；明亡，而大写李香君；吴三桂降清，而大写陈圆圆；八国联军入京，而大写赛金花。此中国文人之一种发明乎？抑文学史之一种传统乎？不得而知也。有人以为：通过一女子，反映历代兴亡，即以小见大之义，余不得而明也。当然，文学之作，成功流传者亦不少见。《长恨歌》《桃花扇》《圆圆曲》，固无论矣。即《孽海花》一书，亦不失为佳作，然失败无聊之作，实百倍于此，不过随生随灭，化作纸浆，不存于世而已。而当革命数十年之后，人民处太平盛世之时，此等人物，又忽然泛滥于文艺作品之中，此又何故使然欤？”真可谓一针见血地揭示了中国文人的痼疾。

又如，在读了《义门读书记》之后，写道：“耕堂曰：文人与官人，性格多不同。官人与官人之间，矛盾又很多。因此名士多与贵官相处日久，必争论失欢。贵官或被仇家告讦，名士则易成为‘东家’的替罪羊。伴皇子读书，则很容易被看作参与了皇统之间的明争暗斗。雍正皇帝上台，何焯幸已早死，不然，确实要够他受的了。”此番话，对文人们来说，无疑是一种善意的忠告。

孙犁读书，也是“择善而从”的。在谈到今人之书时，他奉行“三不读”政策：

一、言不实者不读。例如，昨天还在为了某种目的，极力在历史垃圾中搜求、探索、描述、研讨、渲染、暴露“民族弱点”的人，今天又大言不惭地声称：要“弘扬”民族文化了。这种人的文集、文章，不读。

二、常有理（常有理为赵树理小说里的人物）者不读。这种人，“文革”时造反有理；动乱时，动乱有理；安定团结时，还是有理。常有理的人，最可怕，文章也最不可读，因其随时随地在变化也。

三、文学托姐们的文章，不可读。她们把不正确的，说成是正确的；把不对头的，说成是对头的；把没有个性的，说成是有个性的；把没有影响的，说成影响很大；把赔钱的，说成销路很广，或是已经脱销，或是已行销国外……这种人的文章，尤其不可读，最没有价值。

孙犁立志做一名“藏书家”，凡经史子集、农桑畜牧、金石图画等各类书籍，无不收入囊中，其中不乏珍本、善本。我一直认为，真正的文人是属于书斋的，那种坐拥书城的幸福感，是金钱所买不到的。

孙犁虽只有中学的学历，但凭着对书籍的热爱，“野味读书”，别具滋味，矻矻以求，终成大家。看看现在的社会，又有多少人愿意静下心来，长年累月地坐冷板凳呢？我们总是一味地抱怨当代文坛出不了大师，比照孙犁，个中原因也就不言自明了。

禅外参禅（二则）

无　欲

（宋）道潜

寄语东山窈窕娘，好将幽梦恼襄王。

禅心已作沾泥絮，不逐春风上下狂。

道潜，俗姓何，字参寥，宋代高僧，大文豪苏轼的挚友。曾住杭州智果禅院，因写诗语涉讥刺，被勒令还俗。后得到平反昭雪，再次削发为僧。

关于此诗的来历，有一段趣谈。据载苏轼任徐州太守时，道潜和尚自钱塘来访。东坡一时兴起，在酒席上令一个风尘女子向道潜求诗。道潜当即口占一绝，满座闻之大惊。从此，道潜和尚名扬海内。

若将这首诗译成现代文的话，大意是说：东山那位窈窕的姑娘，总是喜欢用轻佻的幽梦去招惹生性风流的楚襄王。可惜我老和尚的心早已化作沾泥的杨絮，不会再随着春风上下癫狂。此情此景，真可谓落花有意，流水无情。我猜想东坡与在场的风流骚客们一定会感到很失望。

本人对佛教向无研究，但也略知佛门的一条清规戒律，即不近女色。道潜和尚心如止水，坐怀不乱，态度决绝地以沾泥之絮自比，恐怕不仅仅是囿于佛门戒律，乃是达到了一种真正的禅定之境。这一点实在难能可贵。

不过关于禅，我总喜欢生出一些无稽的冥想。佛教主张众生平等，行善积德，所以不杀生，这比较好理解。然而女色之戒似乎有悖人性。一句“万恶淫为首”剥夺了多少饮食男女正当的床笫之欢，也扼杀了无数纯洁美好的爱情。难道出家人就非得舍弃人间真情吗？佛教的终极目标是普度众生，是祈求人间多一些快乐、少一些苦难，而事佛者自己却泯灭人欲，苦心修行，这与佛教的宗旨是否矛盾？或许，舍弃今生的目的在于换取来世。然而我想说，今生尚且不珍惜，又遑论来世呢?

多年前看李连杰主演的电影《少林寺》，里面的一句台词至今仍铿锵在耳。那是方丈给觉远剃度时问的一句话：“尽形寿，不淫欲，汝今能持否？”这句话让觉远如同遭受电击，骤然呆住。他抬头看了看藏在殿柱后面的无瑕姑娘，那可是他梦中的女神啊。记忆的大门沉沉开启，往事历历涌上心头。从相识、相知到相爱，觉远与无瑕真是天造地设的一对。我当时年龄虽小，心里竟也莫名其妙地盼望着这对有情人能成为眷属。谁知觉远经过激烈的思想斗争，最终还是用坚定的声音回答了方丈：“能——持！”觉远的话让无瑕姑娘眼中炽热的爱情之火瞬间熄灭，两行清泪夺眶而出。影片就此结束，留给观众的是悠长而无奈的叹息。

如果说道潜的“无欲”是一种禅的境界的话，那么觉远的“无情”就是一种对禅的向往。古往今来，参禅者不计其数。可是禅哪，谁又能真正参透?

无 言

言默吟

（宋）邵雍

当默用言言是垢，当言任默默为尘。

当言当默都无任，尘垢何由得到身。

邵雍是北宋的一位隐士，据说朝廷屡次授官皆不赴。

这首《言默吟》，与佛门的“不妄语”有异曲同工之妙：该静默时却言语，言语就是污垢；该言语时却静默，静默就是尘泥。言语也罢，静默也罢，若能做到无拘无束，恰如其分，那么尘垢又怎能沾染其身呢?

言与默是一种矛盾，何时该言？何时该默？实在难以把握。

有人戏言：上帝给了人类两只耳朵一张嘴，就是要让我们多听少说。可惜现实生活中，倾听的耳朵实在太少，包括宁静的心。我们整天被热闹所包围着，久入鲍鱼之肆，故而不闻其臭；久闻聒噪之声，渐渐迷失了自我。

《菜根谭》中说：“水流任急境常静，花落虽频意自闲。”那真是一种大境界!

“诗画合一”的艺术

王维（公元701—761年），字摩诘，盛唐诗人，太原祁（今山西祁县）人。王维出生于一个官僚地主家庭，多才多艺，不仅诗歌造诣很高，诗名很盛，而且精通书画和音乐。王维一生仕途坎坷，曾官至尚书右丞。他的思想以四十岁左右为界限，分为前后两期。前期具有一定的向往开明政治的热情；后期则寄情山水，过着亦官亦隐的闲适生活。

王维的诗，保留下来的有400多首。其中艺术成就最高的是他归隐后所写的山水田园诗。苏轼在《书摩诘兰田烟雨图》中说：“味摩诘之诗，诗中有画；观摩诘之画，画中有诗。”其高度概括了王维诗“诗画合一”的艺术特色。那么，诗与画这两种艺术形式何以能够做到“合一”呢？王维诗为什么会取得这种神奇的艺术效果呢？他以画入诗的高妙笔法，又体现在哪里呢？

一、诗与画这两种艺术形式的美学特质及内在联系

我们应当承认，诗与画这两种艺术形式，属于两种不同的艺术门类，它们之间是有本质区别的。《辞海》中说，诗歌“是最早产生的一种文学体裁。它按照一定的音节、声调和韵律的要求，用凝练的语言、充沛的情感、丰富的想象，高度集中地表现社会生活和人的精神世界”。而绘画，则是“造型艺术之一。用笔、刀等工具，墨、颜料等物质材料，在纸、木板、纺织物或墙壁等平面上，通过构图、造型和设计等表现手段，创造可视的形象”。

文艺复兴时期，意大利著名画家达·芬奇就曾在自己的画论笔记中阐述过诗与画的不同特点。1766年，德国美学家莱辛发表了巨著《拉奥孔》，副标题是《论绘画与诗的界限》，从“艺术即模仿”这一西方传统的美学思想出发，详尽分析了诗与画的区别。他认为，诗是“时间艺术”，而画是“空间艺

术”，从而提出了著名的“诗画异质说”。

但诗与画这两种艺术形式又不能截然分开，它们是相融相通的。绘画是二度空间艺术，绘画所描绘的形象虽然是平面的，但是它通过色彩、明暗、线条、透视等技巧的运用，使人感到它所描绘的形象是立体的，它可以把我们带到绘画所表现的空间中去。这种带有空间感的绘画美是一种视觉的美。在这种美的欣赏中，视觉想象起着主导作用，因此色彩、线条、形体对于绘画美的形成是十分重要的。同样，诗歌的形象也会唤起这带有空间感的绘画美。不过这种绘画美不是直接靠色彩、线条和形体的，而是靠诗句所唤起的表象来形成的，把虚的、不可见的内在感情和心境转化为实的、可见的、外在的感性形象。通过这种具体的感性形象才能引起我们的美感。诗的这种感性形象是借视觉联想传达出来的，同绘画所形成的美是相类似的美。这种美同样是以视觉想象为主导的，带有强烈的空间感、形体感和色彩感。由此可见，诗歌和绘画之间具有一种天然的密切联系。

早在古希腊时期就有诗人谈诗歌与绘画的关系，比如被称为“希腊的伏尔泰”的西摩尼德斯就说过：“诗为有声之画，画为无声之诗。”这是西方最早探讨诗歌和绘画关系的理论。德国大诗人歌德也说：“绘画是将形象置于眼前，而诗是将形象置于想象力之前。”总之，描绘性的形象是以提供五官的知觉和感觉信息为主的。绘画是靠色彩、线条、明暗等变化来描绘形象、反映生活的诉之于视觉的造型艺术。它比之于诗歌，显然更富于形象的直接性、具体性和立体感。富于绘画美的诗歌正是在以文字塑造的形象中，大量撷取了绘画的上述特点，最大限度地突破了文字形象的间接性局限，缩短了读者由文字概念演化为具体形象的思维过程，从而使诗歌中所描绘的客观物象更具体、更生动、更鲜明、更感人，更迅速地为读者所把握，从而产生出一种强烈的绘画美感。

诗画有机地结合，这也是中国传统美学的审美理想和标准。宋代张舜民在《画墁集》中说：“诗是无形画，画是有形诗。”黄庭坚也说：“诗成无象之画，画出无声之诗。”诗与画虽是两种不同的艺术，但精神与意念的审美意识是一致的。诗和画都以自然客体为对象，都需要通过主观与客观进行交流、交融，从而提炼所要表达的意象。在绘画上，意象是抽象的笔墨组合；在诗歌创作上则是诗意的载体，意象有时是静态的，有时是动态的，有比喻性的，也有象征性的。而意象的表述，在画上是以最恰当、最少的笔墨表达物体最多的精神内涵，可谓惜墨如金；而在诗上，同样注意用最恰当的、最少的笔墨描摹诗的意象而产生意蕴，可谓语言精粹。两者都以最经济的笔墨语言抒情达意，这也再次证明了诗画是彼此相通的。

前文说过，王维不仅是一位诗人，还精通书画和音乐，自称“宿世谬词客，前身应画师”。他深知诗与画应该相互渗透的道理，而他创作的山水诗，自身特点又恰恰适合“诗中有画”的意象方式，因此王维的“诗画合一”就是一个必然的果实。正如钱钟书所说的：“南宗画创始人王维也是神韵诗的大师，用‘诗画是孪生姐妹’这句话来品评他最贴切不过了。”

二、王维诗的色彩之美

诗歌虽然不能像绘画那样直观地再现色彩，却可以通过语言的描绘，使诗歌呈现出绚丽多姿、千变万化的色彩美，构成一个个色彩缤纷的艺术境界，从而生动如画地抒发诗人的情怀。

王维山水诗中，表现颜色的词出现的频率是非常高的，如“青”“白”“粉”“红”“绿”“黄”等。而其中尤以“青”“白”二色使用最多。据统计，王维山水诗中出现的“白”字共91次，“青”字共62次，而且“青”与“白”在诗中常对举使用。如“白云回望合，青霭入看无”（《终南山》）、“山临青塞断，江向白云平”（《送严秀才还蜀》）、“青孤临水映，白鸟向山翻”（《辋川闲居》）、“日落江湖白，潮来天地青”（《送邢桂州》）、“九江枫树几回青，一片扬州五湖白”（《同崔傅答贤弟》）等等。

色彩有暖色与冷色之分。人们通常把红色作为暖色，而把青和紫作为冷色。王维的思想和创作以天宝初年为界，可以分为前后两个时期。前期他依靠宰相张九龄，热衷政治，奋发有为，是比较进步的人。为此，那时表现在诗作中的色彩是热烈明快的调子。如《桃花行》：

渔舟逐水爱山春，两岸桃花夹去津。
坐看红树不知远，行尽青溪不见人。

诗人用艳丽的色调，描绘出一幅渔舟逐水、春光明媚的暖调子山水画。在这里，由于受到环境色的影响，冷色的“青”也变得暖和了。又如：“雨中草色绿堪染，水上桃花红欲燃”（《辋川别业》），“新丰美酒斗十千，咸阳游侠多少年”（《少年行》）等，通过明丽的色调反映诗人当时的进步思想和开朗性格。王维在他诗歌的文字上尽情缀彩，这是为其感情抒怀服务的。

王维后期诗作中的色彩调子明显有别于前期作品，一反暖调子为冷调子。原因是张九龄被贬以后，李林甫和杨国忠等小人专权，唐朝政治日趋黑暗。王维不愿同流合污而又无力反抗，只好走上了消极遁世的道路，从此过着寄情山水的生活。所以，他后期的诗作中，往往明显地渲染上冷色调。如《书事》诗中写道：“轻阴阁小雨，深院昼慵开。”诗句开头就显露出作者阴沉狭隘的情绪，“小雨”“深院”即灰冷阴暗色调。又如：“日色冷青松”（《过香积寺》），“与君青眼客，共有白云心”（《赠韦穆》），“湖上一回首，青山卷白云”（《欹湖》），等等，诗句中时不时地出现“青”“白”纯色，不仅给人造成极其鲜明的视觉感受，而又表现出这类色彩所引起的寒冷和宁静之感，反映出作者在过着隐居山野的禅寂生活时的苍凉心态。

王维除了在诗歌中常用绘画的冷暖色调来点缀文字、抒发情感外，有时也会用“以光缀色”的绘画手法来描写景物。如：“返景入深林，复照青苔上”（《鹿柴》），可以说是王维诗中以光缀色的精彩之句。那一大片幽暗的深林，那一束束投射在青苔上的斑驳光影，形成了小小光点和大片幽深的强烈对比，仿佛向世人呈现了一幅令人心醉的“点彩派”画图。

色彩不是无情物，它往往具有浓烈的表情作用。正是因为如此，嵌色彩于诗句，成了诗人在抒情写意中的一种极为重要的表现手段。如《相思》：

红豆生南国，春来发几枝。
愿君多采撷，此物最相思。

诗中借助红豆强烈的艳丽色彩和动人传说，以含蓄而深情的叮咛语气，表现出炽热的爱情与入骨的相思。这里红色的热烈、温暖和思妇的情思紧密相连，使诗中炽热的感情猛烈地燃烧。这种“着色的情感”具有绘画的鲜明性和直观感，仿佛使人可以触摸，从而产生了动人的力量。

在色彩处理上，王维诗不是油画似的浓墨重彩，而是水墨画的淡雅、清新，尽显自然之美，尽得自然之趣。如《山中》：

荆溪白石出，天寒红叶稀。
山路元无雨，空翠湿人衣。

诗人以“白”状“石”，以“红”状“叶”，以“翠”状山林。写出深山中的绿树浓荫、翠色欲滴，富有画意，写景抒情都极真切自然，不用辞藻涂饰，得到了“天然之趣”。

三、王维诗的线条之美

绘画艺术离不开线条，中国画更是如此。清代大画家石涛说：“夫画者，形天地万物者也，舍笔墨其何以形之哉？”又说“我有是一画，能贯山川之形神。”这里的“笔墨”“一画”可以看作线条的代名词。这说明中国画的线条具有高度的概括力和表现力。王维的诗也善于用极其简练而又和谐的线条来“形天地万物”“贯山川之形神”。如：“大漠孤烟直，长河落日圆。”（《使至塞上》）广袤延展的“大漠”与长空相交一线；“孤烟”是纵向的高，与沙漠、江河构成一直角。辽阔的沙漠是长与宽，如丝的烟是纵向的高，长、宽、高三者组合成一个立体的实境。这个实境仅用了极为简单、粗犷豪放的线条，就传神地表现出边塞沙漠雄浑开阔的景象。

“大漠孤烟直，长河落日圆”还体现了绘画线条的“横斜平直”相生相破的美学原理。“大漠”在人的视平线里可以说是“一横”，给人感觉线条太单调，故诗人在“一直”加上了“孤烟直”，这样把人的视线引向上去，让人想象到字句之外的苍天黄云。同样，“长河”基本上是一条横线，这也容易使人的眼睛感到单一，所以诗人又以“落日圆”破之，把人的视线引向远方，让人觉得落日圆像车轮似的滚入长河的尽头。于是画面顿时改观，显得既单纯又丰富，二者相得益彰。正如熟谙画理的曹雪芹在《红楼梦》第四十八回里，借香菱之口说：“我看他《塞上》一首，那一联云：‘大漠孤烟直，长河落日圆。’想来烟如何直？日自然是圆的。这‘直’字似无理，‘圆’字似太俗。合上书一想，倒像是见了这景的。若说再找两个字换上，竟再也找不出两个字来。”这就是“诗的好处，有口说不出来的意思，想去却是逼真的。有似乎无理的，想去竟是有理有情的”。这段话可算道出了这两句诗高超的艺术境界。

从绘画角度来看，就是通过恰到好处的线条组合，表现了山川的形神。

王维还善于用曲线来描绘形象。如《青溪》中的“随山将万转，趣途无百里”。溪水随着山势盘曲蛇行，千回万转，颇为蜿蜒多姿，在动态中表现了曲线美和一种幽深的情致。

此外，他还用错综复杂的线条来勾勒画面，如“系马高楼垂柳边”（《少年行》），画面上绿柳垂挂，高楼耸立，在人们眼里，都是竖线，未免太单调，但柳边以骏马一横，不但点破了线条单一，而且衬托了侠少的英武豪迈气概。

四、王维诗的构图之美

绘画是“空间艺术”，讲究“经营位置”或“布局”，王维也把这种绘画的技巧运用到诗歌中，他特别注意所写事物之间的关联，善于处理画面的虚实布置，使诗歌具有构图美。

王维山水诗中的景物描写，就十分注意这种结构层次，如先铺写背景，再按由大到小，由远及近，从整体到局部、再从局部到细节的顺序进行描绘，等等，使得全诗顺序清楚，层次宛然。以《终南山》为例：

太乙近天都，连山接海隅。
白云回望合，青霭入看无。
分野中峰变，阴晴众壑殊。
欲投人处宿，隔水问樵夫。

太乙，是终南山主峰，这里代指整个终南山，事实上，终南山西起甘肃天水，东至河南陕州区，离海尚远，但作者为了突出终南山的雄浑巍峨，有意写得高远不尽，辽阔无边，并以此作为整个画面的大背景。第二联，写山河的云雾。人行山中，四望的白云转眼之间在身后合拢，远处青青的云气走近了却无法看到。这两句写云雾缭绕在山间的迷离变幻，仍是为了表现山之高峻。颈联写人行至峰巅所见。群峰因由阴阳高下而形成的阴晴与明暗变化，尽收眼底。尾联是一个西部的特写，画面上出现了人物形象，“隔水”二字，尤其写得饶有趣味。综观全诗，我们不难发现，作者先写终南山的大背景，次写云霭迷茫的山间，再写明暗阴晴的峰壑，最后写山路行人。其间的层次，非常清楚。此外，《山居》《过香积寺》《汉江临泛》等，写法都与此诗相同，可以明显看出诗人在诗歌创作过程中借鉴绘画构图方法的痕迹。

中国古代山水画构图，往往使用“散点透视”的方法，即在一幅画里，从不同的时间，不同的视点，多角度地表现山水景物。王维的《终南山》一诗，第一联写仰望高山，视点在山下；第二联写山间云雾，视点在山中；第三联写俯瞰群峰，视点在山巅；第四联写流连山水，欲投宿人家，从“隔水”二字，可知视点又移至山谷。这种不断移动视点的构思方法，很显然是受了山水画的构图方法的影响。王维山水诗中，以“散点透视”的方法来描写景物，构思全篇的相当多，如《青溪》一诗就很明显：

言入黄花川，每逐青溪水。
随山将万转，趣途无百里。
声喧乱石中，色净深松里。
漾漾泛菱荇，澄澄映葭苇。
我心素已闲，清川淡如此。
请留磐石上，垂钓将已矣。

在这首诗里，诗人采用移步换景的手法，通过多个视点，写出了青溪随山万转的百里趣途：溪水穿过山间变得湍急，在乱石中发出一片喧响；流经松林时又变得十分安静，与幽深的松色相映；流入平阔的平野，水面微波荡漾，菱叶、荇菜一片碧绿；再往前流，两岸芦苇夹生，倒映水中，生动如画。这里的每一个画面，都是在一个新的视点上观察所得的结果，而全诗的景物描写，就是由这一连串画面衔接而成的。其受山水画的“散点透视”的影响，是显而易见的。

五、王维诗的意境之美

传统绘画不仅追求画内的形式美，而且还追求画外的意境美。意境是客观与主观相熔铸的产物。是情与景，景与境的统一，它是衡量艺术美的一个标准。南朝宗炳在《画山水序》中说：“夫以应目会心为理者。类之成巧，则目亦同应，心亦俱会。应会感神，神超理得。”所谓“应目”就是要观察客观物象；所谓“会心”就是要对眼前的物象倾注自己的思想感情。这说明画家在描绘物象时，不要纯客观地描绘自然，而要体现画家本人的情思。这深刻的艺术见解在王维的诗作中同样得到印证。如《鸟鸣涧》：

人闲桂花落，夜静春山空。
月出惊山鸟，时鸣春涧中。

这首诗写春山的静，不是正面写春山如何静，而是动静结合，以动衬静。读了这首诗我们仿佛身临其境：好像听到了静的"声音"，看到了那纷纷散落的桂花，闻到它的一丝丝芬芳；听到了幽涧中的鸟鸣，寂寞感立刻转化为一种富于生活情趣的幽静之美，使人赏心悦目。

王维诗的艺术成就还在于语言的自然秀润、明净淡雅和风格的闲淡清远，创造了山水田园诗工巧精细与自然浑成的意境。如《山居秋暝》：

空山新雨后，天气晚来秋。
明月松间照，清泉石上流。
竹喧归浣女，莲动下渔舟。
随意春芳歇，王孙自可留。

诗歌用"空山""明月""翠松""清泉""浣女""渔舟"等意象组成了一幅清新、宁静、富有山村生活气息的秋夜图，表达了诗人对远离尘俗、回归乡村质朴生活的向往。细细琢磨，体会其中的意境，会令人有一种心胸为之悠然清净的感觉。全诗清新自然，不事工巧，近人高步瀛评曰："随意挥写，得大自在。"

总之，王维将他对绘画艺术的深切体验与对人生、自然的感悟融为一体，注入诗中，他注重色彩、线条、构图的美感，善于营造恬静淡雅的意境，达到了绘画的艺术境界，创造出"诗中有画"这一独特的艺术风格，拓展了诗艺的发展空间，具有极高的审美价值，对于后代山水诗的创作产生了深远的影响。

亲情无价

“养儿防老，积谷防饥”是中国人的传统观念。但凡对自己的人生或事业不太满意的人，总是把希望寄托在儿子的身上：“儿子，好好读书，前三十年看父敬子，后三十年看子敬父，老爸的下半辈子就靠你啦！”

其实，随着社会的发展，这种旧式的父子关系正在逐渐改变。养儿育女的目的不是为了“孝顺”“报答”，更不应该是一种“长线投资”。

《你为什么是穷人》一文（见《读者》2006年第21期，作者优游）中的“小叔”就给了我们很好的启示。他经常握着女儿柔软的小手，轻声道谢：“孩子，感谢你来到我们家，每一天你的一颦一笑，都是对爸妈最好的报答。”他发誓会给这女孩18年最美好的光阴，18年后，她是一只金光灿烂的凤凰，还是一只啁啾的小云雀，都不要紧，最要紧的是能健康飞翔。

这位“小叔”的思维方式确实很特别，且不管他是贫穷还是富有，年迈之后要不要女儿赡养，单看他对父女亲情的重视和理解就非常令人敬佩。

在我看来，男女双方结为夫妇，这是一种缘分，而孩子来到人间，加入这个小家庭，这也是一种缘分，是平等的“人”与“人”之间的缘分。孩子不是你的财产，更不是你饲养的牲口，而是一个鲜活的生命。生命与生命之间，需要相互尊重、相互理解、相互支持、相互关心。漫漫人生，有亲情相伴，那是最大的幸福和快乐。

与其用“棍棒”去培养“孝子”，不如用亲情去培养亲情。

青山依旧在，寂寞杨升庵

滚滚长江东逝水，浪花淘尽英雄。是非成败转头空：青山依旧在，几度夕阳红。

白发渔樵江渚上，惯看秋月春风。一壶浊酒喜相逢：古今多少事，都付笑谈中。

——罗贯中《三国演义》

读过《三国演义》的人，相信对这首《临江仙》一定印象深刻。词中表现出来的悲壮与旷达，为世人所称道。其实这首词的作者并不是罗贯中，而是明代的杨升庵。这是升庵先生所著《廿一史弹词·说秦汉》中的一节，后被清初毛宗岗修订《三国演义》时选为卷首语。20世纪80年代，台湾作家琼瑶一部以《几度夕阳红》为题的小说，流行一时。如今这首词更是随着电视剧的热播而广为传唱，但真正的原创作者杨升庵却知者寥寥。

杨升庵（1488—1559），名慎，字用修，四川新都人。明代著名的学者、文学家。父亲杨廷和当时任翰林院检讨，后来历官少师兼太子太师，首相两朝，声威显赫。

身为相门公子的杨升庵，自幼聪颖好学，擅长吟诗作对。在新都老家，祖父教读艰深的《易经》，他仅用半个多月就能背诵。相传升庵五六岁时在池塘游泳，县令经过，他竟不回避。县令怒言："本县令出副对子，如果你能对得出，饶你不敬之罪！"上联是：千年古树为衣架。谁知升庵脱口而出：万里长江做浴盆。县令叹服，赞其神童。另有一次，叔父在观画时问他："'景之美者，人曰似画；画之佳者，人曰似真'哪个说法正确？"升庵以诗作答："会心山水真如画，名手丹青画似真。梦觉难分列御寇，影形相赠晋诗人。"

他用战国列御寇所撰的《列子》一书，巧妙地回答了叔父提出的问题。叔父听后很高兴，称赞他："只此四句，大胜前人矣。"他十三岁时，随父入京，沿途写有大量诗篇，轰动京华。当时的文渊阁大学士李东阳见了之后赞不绝口，立刻将其收为徒弟。

二十四岁那年，杨升庵参加会试，结果殿试第一，成为明代四川唯一的状元，被授予"翰林院修撰"。

按理说，这位少年才俊一定会沿着"修齐治平"的道路，青云直上，前程似锦。然而，恃才放旷、桀骜不驯的性格让他在官场吃尽了苦头。有人这样概括杨升庵的一生：生于蜀，祸于京，成就于滇。他的祸就是"议大礼"事件。

那么，"议大礼"到底是怎么一回事呢？据著名学者、诗人钟树梁考证，所谓"议大礼"，其实是围绕嘉靖皇帝继统与入嗣"典礼"的礼制问题所展开的一场大辩论。嘉靖皇帝（明世宗）朱厚熜是明武宗朱厚照的堂弟，明武宗之父明孝宗的侄子。因武宗无子，故由朱厚熜继承皇位。按照封建王朝旧例，朱厚熜应该为明孝宗的儿子，尊称明孝宗为"皇考"，而称自己的亲生父、已故的兴献王为"本生父"或"皇叔父"，绝不能称为"皇帝"。多数大臣，包括杨廷和、杨升庵父子的意见都是这样。但也有少数阿谀拍马的大臣认为朱厚熜是入继大统不是入嗣为人后，故应称本生父为"皇考"，而称明孝宗为"皇伯考"。朱厚熜为了证明自己的"合法地位"，自然非常赞同后一种意见，并责问杨廷和等人说："难道父母可以移易吗？！"双方各执一词，互不相让。

嘉靖三年七月的一天，杨升庵鼓动百官，大呼："国家养士一百三十年，仗节死义，正在今日。"反对派二百多位官员，跪伏在左顺门等处进行哭谏。嘉靖顿时大怒，把一百三十四人抓进牢狱，廷杖了一百八十多人，也就是当众扒下裤子打屁股，有十七人活活被打死。升庵也在十天中两次被廷杖，好在命大，又死而复苏。后与"带头闹事"的另外七人一道，受到编伍充军的处治，被贬逐到云南永昌。

按照作家汪曾祺的说法，杨升庵犯的是"言论自由罪"。今天看来，不过是关于皇帝家事的论争，没有多大意义。但杨升庵在这件事情上能够不迎合皇帝旨意，也不向权贵低头，廷杖算什么？贬谪又如何？文人也有文人的铮铮傲骨。总之，“议大礼”事件成了杨升庵人生的转折点。

他收拾好行囊，辞别已经退休的老父亲杨廷和，踏上了去云南的征程。而陪伴他一路南下的，是他的夫人黄峨。黄峨，字秀眉，四川遂宁人，长诗词，尤擅散曲，风格缠绵悲切，有“曲中李易安”之誉。婚后夫妇二人感情甚笃，在家乡桂湖之滨过着诗情画意、相敬如宾的甜蜜生活。当升庵因仗义执言遭遇横祸时，黄峨对丈夫不仅毫无怨言，而且曲意劝慰，殷勤照顾。

嘉靖三年一个冬天的夜晚，天寒地冻，朔风呼啸。黄峨陪伴着骨瘦如柴、身带枷锁的杨升庵，行至江陵的驿站。升庵看到妻子满面风尘，疲惫不堪，再也不忍心让她向前护送了，力劝妻子回四川新都老家。临别之际，升庵填了一首《临江仙·戍云南江陵别内》，情辞凄楚，催人泪下：

楚塞巴山横渡口，行人莫上江楼。征骖去棹两悠悠，相看临远水，独自上孤舟。却羡多情沙上鸟，双飞双宿河洲。今宵明月为谁留？团团清影好，偏照别离愁。

黄峨回到新都，看到桂湖景物依旧，物是人非，不禁悲从中来。她写了一首《七律·寄外》，以表达对丈夫的思念之情：

雁飞曾不到衡湘，锦字何由寄永昌。
三春花柳妾薄命，六诏风烟君断肠。
曰归曰归愁岁暮，其雨其雨怨朝阳。
相闻空有刀镮约，何日金鸡下夜郎？

此后，黄峨曾跋山涉水，到云南永昌探望升庵，并在戍所住过两年多的光阴。后因父亲杨廷和去世，升庵回新都奔丧，与妻子又有过短暂相聚。但在圣旨的催促下，升庵不得不匆匆与妻子分别返回云南。这一别竟是永诀！

在长达三十多年两地分居的日子里，两人的苦苦思念，是难以用语言表达的。升庵曾写下散曲《罗江怨》，赠给妻子：

空庭月影斜，东方亮也，金鸡惊散枕边蝶。长亭十里，阳关三叠。相思相见何年月？泪流襟上血，愁穿心上结。鸳鸯被冷雕鞍热。

而黄峨也以《罗江怨》为题，回赠丈夫：

青山隐隐遮，行人去也，羊肠鸟道几回折？雁声不到，马蹄又怯，恼人正是寒冬节。长空孤鸟灭，平芜远树接，倚楼人冷栏杆热。

两人都以冷与热的强烈对比，反映内心的一片深情。此外，黄峨还有一首散曲《南商调黄莺儿·苦雨》，写得凄婉动人，成为传诵的名作：

积雨酿轻寒，看繁花树树残。泥途满眼登临倦。云山几盘，江流几湾，天涯极目空肠断。寄书难，无情征雁，飞不到滇南。

故园万里，鱼雁尺素，想必此时的升庵心中一定充满了惆怅。嘉靖三十八年七月六日，杨升庵病逝于云南，时年七十二岁。

杨升庵半生流放，直到“七十余生已白头”。但他并没有因此沉沦，而是以积极的态度面对人生。这有点像宋代大文豪苏东坡，虽然屡遭贬谪，颠沛流离，但他俯仰天地，豪放不羁，“回首向来萧瑟处，一蓑烟雨任平生”。

流放期间，升庵潜心治学。其研究范围举凡经史、金石、声韵、文字、词曲、文学评论、诸子百家无所不包，以及天文、地理、医药、动植物学都有所研讨和著述。还写了大量反映边疆风土人物，揭露封建暴政的诗文，一生著述有四百余种。《明史·杨慎传》称其“明世记诵之博，著作之富，推慎为第一”。

下面撷取杨升庵几篇不同题材的作品，略加赏析。

宿金沙江

往年曾向嘉陵宿，驿楼东畔阑干曲。
江声彻夜搅离愁，月色中天照幽独。
岂意飘零瘴海头，嘉陵回首转悠悠。
江声月色那堪说，肠断金沙万里楼。

这首诗是杨升庵谪居云南时所作，全诗采用今昔对比的写法。前四句写昔年北上赴京会试，夜宿嘉陵驿楼时的情景：彻夜不息的嘉陵江水声，搅乱了离人的心绪；中天皎洁的月光，照着孤独的游子。只是那时候年少轻狂，多少有一点“少年不识愁滋味”的意思。而后四句写当前贬谪云南的情景，是危难遭遇。同样是嘉陵江边，同样是夜宿驿楼，同样的月色撩人，但心境却有了天壤之别。诗笔用“岂意”一转，逼出瘴海飘零的悲剧。遥想当年意气风发，如今肝肠寸断，不堪言说也。

双调驻马听·和王舜卿舟行

明月中天，照见长江万里船。月光如水，江水无波，色与天连，垂柳两岸净无烟，沙禽几处惊相唤。丝缆停牵，乘风直上银河畔。

这是一首散曲，作品表现作者月夜泛舟长江所见到的幽美景色及由此引起的幻想，意境邈远辽阔，语言明净华美，与初唐诗人张若虚的《春江花月夜》有异曲同工之妙。开头两句，写天上月与江中船，一个“照”字，将上下连为一体。三、四句把镜头拉近，第五句则又将画面推开，描绘出一个月光、江水、天色相互交融的美妙境界。六、七两句写树木和水鸟，动静结合。结尾两句写作者的遐想：让我们乘风把船驶到天上的银河中，去感受仙境的美丽吧！作品笼罩着一片空灵之气。如果说《春江花月夜》是一部月夜畅想曲的话，那么这首小令就是小巧玲珑的月夜咏叹调。

在杨升庵众多的著述中，我想特别介绍两种。一是本文开头提到的《廿一史弹词》。该书又名《史略词话》，历代有多种版本，共三万余言，分为十段，故又称《十段锦词话》。其内容从开天辟地、三皇五帝、秦汉三国、两晋南北朝、隋唐五代，直到辽宋金元。每段前均有诗、词和叙说，正文为十字韵文。杨升庵的《廿一史弹词》中，除著名的《临江仙·说秦汉》外，其他词也意境佳绝，堪称妙品。如：

西江月·总说

天上乌飞兔走，人间古往今来。沉吟屈指数英才，多少是非成败。

富贵歌楼舞榭，凄凉废土荒台。万般回首化尘埃，只有青山不改。

南乡子·说三代

携酒上吟亭，满目江山列画屏。赚得英雄头似雪，功名。虎啸龙吟几战争。

一枕梦魂惊，落叶西风别唤声。谁弱谁强都罢手，伤情。打入渔樵话里听。

我要介绍的另一部杨升庵的著作是《升庵诗话新笺证》。该书分上、中、下三册，洋洋九十万言。他的诗话“淡而不俚，讽而不虐，玄而不虚，幽而不诡。其事核，其说备，其词达，其义明，自称一家之言”。（明程启充《升庵诗话序》）

如《隋炀帝野望诗》篇写道：“‘寒鸦飞数点，流水绕孤村。斜阳欲落处，一望黯销魂。’此诗见《铁围山丛谈》，秦少游改为小词。”这是对隋炀帝《野望》诗的最早记录。

又如《李太白论诗》篇：“李太白论诗云：‘兴寄深微，五言不如四言，七言又其靡也。况使束于声调俳优哉？’故其赠杜甫诗有‘饭颗’之句，盖讥其拘束也。余观李太白七言律绝少，以此言之，‘未窥六甲，先制七言’者，视其可省矣。”这段话对李白为什么很少写七言诗，作出了一个比较合理的解释。

杨升庵一生，在传播中华文化，促进云南少数民族与中原汉民族大家庭的融合方面可谓居功至伟。

云南古称滇国，明初破梁王，灭大理，设土司治理。当时云南与西藏、新疆、蒙古情况略同，处于一种“蒙昧”的状态，其中只有云南在明代完成了与中原文化的融合。有学者指出，这有赖于两个重要的因素：一个是卫所移民，一个就是杨升庵的文化传播活动。

明朝于洪武十四年（1381年）攻取云南以后，建立卫所屯田制度，先后移民汉族人口三四百万到云南，使云南人口的民族结构产生了变化。至于杨升庵，从三十七岁遭贬到七十二岁去世，三十多年在云南设馆讲学，游历考察，广收学生，孜孜不倦地写作和研究，出版了大量轰动一时的学术著作。加上他百科全书型的知识结构和不畏强权的人格魅力，使得云南各族人民在杨升庵之后形成了一股学习中原文化的巨大潮流。

杨升庵在云南期间，每行至一地，辄留意山川形势，风土人情，征集民谣，著为文章，发为歌咏。他在《滇程记》中记载了戍旅征途沿线的地理情况和民族风俗等，为后人了解西南边疆情况提供了重要的历史资料。

升庵写昆明的诗也不少，有一首说：“春城风物近元宵，柳亚帘栊花覆桥。欲把归期卜神语，紫姑灯火正萧条。”（《春望三绝》之一）据说昆明称“春城”，最早见于此诗，或许就是杨升庵的发明。

尤为难得的是升庵在放逐期间，仍然关心人民疾苦，不忘国事。如当他发现昆明一带豪绅以修治海口为名，勾结地方官吏强占民田，化公为私，敛财肥己，坑害百姓时，不仅正义凛然地写了《海门行》《后海门行》等诗痛加抨击，还专门写信给云南巡抚，请求制止如此劳民伤财的所谓水利工程。

正是由于这些文治教化，才使得云南这片“蛮夷”之地的文明进程比较顺利。以至于到了清初雍正四年（1726年），在云南大部分地区废除了土司制度，实现了与内地一样的府县行政管理制度。所以直到今天，在云南老百姓中最受崇敬的三个神（或人）就是观音、诸葛亮和杨升庵。

升庵死后，隆庆初年，追封号为“光禄少卿”。天启中朝，追谥“文宪”。人们对那些死去的有功之臣，总是怀有深深的敬意。在云南，建有升庵祠和杨升庵昆明纪念馆。在四川桂湖，也建有升庵祠。

桂湖是当年杨家的花园，是杨升庵青少年时代读书和游玩的地方，他与夫人黄峨新婚所居住的榴阁就在桂湖之滨。湖以桂名，湖上的桂花自来就很多。但濒临解放的那几年，桂树多遭砍伐，日渐凋残，有些遭了虫蛀，长叶而不发花，一片凄凉景象。中华人民共和国成立后，新添桂树数千株，桂湖也成为公园，对游人开放。公园门前有郭沫若书写的一副对联：“桂子飘香，美哉乐土；湖光增色，换了人间。”想必郭老在写这副对联时，心情一定是轻松愉悦的。

“青山依旧在，几度夕阳红。”不知道在流连桂湖的美景时，有几人会想起数百年前的风云变幻、悲欢离合？更有几人会为桂湖昔日的主人洒下一掬同情之泪？是啊，“古来圣贤皆寂寞”，又岂独升庵所能幸免乎！生活在那样的一个皇权时代，宦海沉浮，殊难逆料，但其不屈的精神和超迈的人格，亦足以烛照汗青。

苍洱有情，不忘高士；桂湖无恙，常忆斯人。后世曾有人题联赞曰：

罢翰林，谪边陲，敢问先生：在野在朝可介意？

履春城，赴滇池，若言归宿，有山有水应宽怀。

却话枞川夜雨时

才送走教师节，又迎来中秋节。难得的三天假，可以好好享受一下闲暇与清静。因为刚刚开学工作太忙，很少上网，也很少访问朋友们的空间。但朋友们似乎并没有将我忘记，今天打开博客，竟收到足足一箩筐“月饼”，还有不少“中秋快乐”的小字条。这其中就有老乡兼博友“又见青藤”的节日问候，而我的书桌上，正放着两本她寄来的《枞阳杂志》。

我与“青藤”素未谋面，更谈不上“又见”了。想象中，她应该是一位充满活力的女性，待人真诚、热情，文字细腻、清新。忘记是在谁的博客上认识的了，或许是因为老乡的关系，彼此多了几分关注。尤其是像我这样客居异地的人，在网络上遇到乡党，常常会有一种“他乡遇故知”之感。于是，我机缘巧合地加入了“又见青藤”管理的圈子“枞川夜雨”。

应该说，“枞川夜雨”是个很有品位的圈子，藏龙卧虎，高手云集，其中包括我所敬仰的著名作家黄复彩老师。浏览之际，我得知故乡枞阳县三月份轰轰烈烈地成立了作家协会。在这个物欲横流，文学土壤日渐贫瘠的年代，居然还有人如此执着地坚守着文学的最后一片净土，令人敬佩。看见他们探幽三公山，寻梦登岱鳌，吟诗作赋，快意人生，我徒有羡鱼之情。

有一天，青藤告诉我，《枞阳杂志》要推出一期“枞川夜雨”特刊，这期特刊将由她担任编辑，而我采集的一首江南民歌有幸初步入选。这是我第一次听说《枞阳杂志》，很想一睹为快。不过后来青藤又满怀歉意地告诉我，因版面原因，我的那首民歌最终未能刊出。也许是为了安慰我，她说如果我想看的话，可以寄份杂志给我。我当然求之不得，其实发不发文章并没有什么关系，只要能看到家乡的杂志，我就很满足了。

不久，散发着墨香的今年第2期《枞阳杂志》真的寄到了我手中。我如获至宝，摩挲翻阅，不忍释手。没想到家乡的杂志竟办得如此之好，其内容之丰富、品质之优秀、印刷之精美均出乎我的意料。尤为难得的是，它从里到外浸透着故乡的风土人情与历史文化，让我这位远方的游子倍感亲切。青藤说：“如喜欢，我会每期都寄给你。”我说：“如果方便的话，我当然希望每期都能得到您的惠赠。”不过我在心底却有一丝不安，因为毕竟无功不受禄啊。我不知道这份杂志需要多少钱一本（上面找不到定价），我也不知道邮资是否由青藤个人所出，我甚至不知道从她的住处到邮局需要花费多少时间。她不提，我也不便去问。一问，倒显得太俗了。

暑假期间，青藤告知，已为我寄出了第3期《枞阳杂志》，提醒我注意查收。随后，又发字条问我收到没有。我因为住在校外，直到九月份开学才忙里偷闲取回了杂志。本期的内容依旧精彩纷呈，其中“情系汶川，枞阳在行动”系列让我感受到了家乡人民的大爱，“走进朱光潜故里”系列让我触摸到了家乡厚重的文化底蕴，而“教育之梦”系列则让我看到了家乡的希望和未来。

月上中天，清辉万顷。我的思绪不由飞到了千里之外的枞川大地。很小的时候我就知道，自己的祖籍在安徽省枞阳县石矶镇，可惜我却从未去过。听青藤说，石矶镇现已划归枞阳镇了。从杂志的图片上看，那是一个山川秀美的地方。我要真诚地感谢青藤，是她为我送来了这份浓浓的故乡情。我更希望将来有一天能够踏上故乡的土地，去领略那青峰萃聚、碧水环绕的迷人风光。

何当共赏故乡月？却话枞川夜雨时。

我是人间惆怅客　知君何事泪纵横

纳兰性德（1655—1685年）：清代著名词人。原名成德，字容若，号楞伽山人，满洲正黄旗人。年少聪颖过人，文武全才。可惜英年早逝，三十岁时就因寒疾而殁。我总以为，“纳兰容若”这四个字有一种阴柔之美，倒像是女孩子的名字。而作为词人，这名字本身就透着一种婉约之风——这是巧合还是天意？

一

第一次读到纳兰词，是在梁羽生的武侠小说《七剑下天山》中。小说的故事情节已记不真切了，但那首缠绵悱恻的《沁园春》却深深地印在脑海里：

沁园春

（清）纳兰容若

瞬息浮生，薄命如斯，低徊怎忘。记绣榻闲时，并吹戏雨；雕阑曲处，同倚斜阳。梦好难留，诗残莫续，赢得更深哭一场。遗容在，只灵飙一转，未许端详。

重寻碧落茫茫。料短发、朝来定有霜。便人间天上，尘缘未断；春花秋叶，触绪还伤。欲结绸缪，翻惊摇落，减尽荀衣昨日香。真无奈，倩声声邻笛，谱出回肠。

纳兰容若在荒凉的塞外，以马头琴弹奏着这首哀歌。身旁的美女冒浣莲闻听之下，心旌摇荡，早已痴绝。

这是一首悼亡词。丁巳年即康熙十六（1677）年，二十三岁的容若刚刚丧妻。就在重阳节的前三日，容若与妻子卢氏在梦中相会。卢氏淡妆素服，执手哽咽，恍惚之间向纳兰吟道：“衔恨愿为天上月，年年犹得向郎圆。”梦醒时分，纳兰已泪流满面。从此，每年亡妻的忌日均有词作怀悼。如今当着冒浣莲的面再次想起亡妻，不念新人念故人，这份真情与执着又有几人堪比？

蝶恋花

（清）纳兰容若

辛苦最怜天上月，一夕如环，夕夕都成玦。若似月轮终皎洁，不辞冰雪为卿热。

无那尘缘容易绝，燕子依然，软踏帘钩说。唱罢秋坟愁未歇，春丛认取双栖蝶。

这首《蝶恋花》同样是为他逝去的妻子卢氏而作。卢氏十八岁嫁给容若，两情相悦，举案齐眉，却无奈尘缘易绝，仅仅共同生活了三年，卢氏便死于难产。“十年生死两茫茫”（苏轼），“此恨绵绵无绝期”（白居易），举头望月，低头思人，容若心中塞满了孤独与苦楚。再看这首《浣溪沙》：

浣溪沙

（清）纳兰容若

谁念西风独自凉，萧萧黄叶闭疏窗。沉思往事立残阳。

被酒莫惊春睡重，赌书消得泼茶香。当时只道是寻常。

一句“当时只道是寻常”，于恬淡之中蕴含着无限的情趣。回忆当年，常与妻子在闺阁之中玩一些雅致的游戏，就像李清照与赵明诚那样，两人打赌背书，看谁的记性好，胜者可饮茶庆贺。有时一不小心，茶水泼湿了衣裳，于是小两口打情骂俏，笑作一团，这是何等的快乐！可惜这一切已不复存在。面对孤馆寒窗，西风残照，茶凉，心也凉。

但容若毕竟是一位贵族公子，玉树临风，才华横溢，他的身边并不缺少佳人，他的梦中偶尔也会闯进一些自己心仪的女孩：

采桑子

（清）纳兰容若

谁翻乐府凄凉曲？风也萧萧，雨也萧萧，瘦尽灯花又一宵。

不知何事萦怀抱，醒也无聊，醉也无聊，梦也何曾到谢桥。

百无聊赖之际，何妨在梦中与谢家娇娘暂享鱼水之欢？只是不知，这谢家娇娘是指现实生活中的谁，纳兰又是否有勇气说出心中的爱。

也许是纳兰对“情”看得过重了，稍有不慎，便使自己受到伤害。比如说：

木兰花令　拟古决绝词

（清）纳兰容若

人生若只如初见，何事秋风悲画扇？等闲变却故人心，却道故人心易变。

骊山语罢清宵半，泪雨零铃终不怨。何如薄幸锦衣郎，比翼连枝当日愿。

自称是“拟古决绝词”，因何决绝？与谁决绝？我们不得而知。但我们读出了词中的哀怨——假如时光能够倒流，人生能够重回当初，也许，爱情就不会是这样的结局。不怪别人，只怪命途多舛，彼此有缘无分。

山花子

（清）纳兰容若

风絮飘残已化萍，泥莲刚倩藕丝萦；珍重别拈香一瓣，记前生。

人到情多情转薄，而今真个悔多情；又到断肠回首处，泪偷零。

纳兰有一方闲章，章上刻的四个字就是“自伤多情”。是啊，“多情总被无情恼”，这是苏轼春心荡漾时的感叹。“早知今日，何必当初？”这是黛玉对宝哥哥的质问。“问世间情为何物，直教人生死相许。”原来情是一把双刃剑，多情的代价往往是“自伤”，是“断肠”。

二

纳兰容若是清武英殿大学士明珠的长子，出身名门，康熙进士，官至一等侍卫，常随驾出巡边塞。算得上是少年得志，意气风发，其渴望建功立业的雄心壮志定会比别人更强烈。但纳兰容若性格内向，耽于冥想。在纳兰词中，我们不难发现，容若对戎马倥偬的生活常常感到厌倦和无奈。

长相思

（清）纳兰容若

山一程，水一程，身向榆关那畔行，夜深千帐灯。

风一更，雪一更，聒碎乡心梦不成，故园无此声。

这首《长相思》现已收录于小学语文教材。词写于康熙二十一（1682）年，容若随康熙帝出榆关（即山海关），祭祀长白山。在风雪交加的夜晚，容若躺在灯火阑珊的军帐中，心绪难平。他想起了自己的故乡，那里和平、安宁，阳光灿烂；当然，家里还有自己心爱的人。这与其说抒发了容若对故园的留恋，不如说表达了容若对平静生活的向往。

容若心向佛门，常怀慈悲，自号楞伽山人。楞伽是佛教中的一座宝山，险峻难入。传说佛祖曾在此说大乘经，这就是《楞伽经》的来历。容若既是一位御前侍卫，一位随康熙大帝南征北讨的军人，同时又是一位吟风弄月的词人，一位有出尘思想的佛教徒。这是一个矛盾的结合体，致使年轻的容若心中充满了郁结，这或许正是他早逝的原因之一。

蝶恋花出塞

（清）纳兰容若

今古山河无定据。画角声中，牧马频来去。满目荒凉谁可语？西风吹老丹枫树。

从前幽怨应无数？铁马金戈，青冢黄昏路。一往情深深几许？深山夕照深秋雨。

我倒觉得，纳兰容若的这首《蝶恋花》可与辛弃疾的《破阵子》相媲美："醉里挑灯看剑，梦回吹角连营。八百里分麾下炙，五十弦翻塞外声，沙场秋点兵。马作的卢飞快，弓如霹雳弦惊。了却君王天下事，赢得生前身后名。可怜白发生！"只不过辛弃疾于鬓发皤然之际，仍想着建功立业，报效君王；而纳兰容若却面对深山夕照，满目荒凉，流露出悲天悯人的情怀。在容若看来，江山无定，朝代更迭，这是历史的必然，又岂独金戈铁马可以改变的？看看黄昏中昭君的青冢吧，几多凄凉，几多幽怨。为什么现实生活中，不能平息战争，使黎民百姓过上幸福安宁的日子呢？

在另一首军旅题材的词《菩萨蛮》中，我们更能直截了当地看到纳兰容若的满怀愁绪：

菩萨蛮

（清）纳兰容若

白日惊飙冬已半，解鞍正值昏鸦乱。冰合大河流，茫茫一片愁。

烧痕空极望，鼓角高城上。明日近长安，客心愁未阑。

冬日的黄昏，朔风卷草，群鸦乱飞。行累了，解开马鞍，想让马饮水休息片刻。可是大河冰封，茫茫一片。放眼望去，满目疮痍，到处是战火的痕迹。虽然明天就能回到繁华的京城了，然而心中的抑郁，却丝毫没有消减。

这首词写于纳兰在执行一次军事任务的归途中。当时清廷准备与罗刹（今俄罗斯）交战。康熙于是派出容若等八旗子弟远赴黑龙江，刺探军情。正是由于容若等人的辛苦侦察，康熙最后赢得了这场战争的胜利。其时容若已死，康熙不忘他的功勋，特地派人到他的灵前祭告。可惜，康熙并不知道容若对战争的真正态度，否则当初就不会委以重任了。

品读纳兰词，容易让人想起南唐后主李煜。他们的词都有一种华贵的悲哀，一种优美的感伤。这是两个比较另类的男人——多情，多才，多愁，多难。怪不得清初词人陈维嵩这样评价纳兰词："哀感顽艳，得南唐后主之遗。"梁启超也说："容若小词，直追后主。"我们不妨随便挑一首比较一下：

于中好

（清）纳兰容若

独背残阳上小楼，谁家玉笛韵偏幽。一行白雁遥天暮，几点黄花满地秋。

惊节序，叹沉浮，秾华如梦水东流。人间所事堪惆怅，莫向横塘问旧游。

稍加辨析，我们就能从这首词中看出李后主《虞美人》的影子："春花秋月何时了，往事知多少。小楼昨夜又东风，故国不堪回首月明中。雕栏玉砌应犹在，只是朱颜改。问君能有几多愁，恰似一江春水向东流。"同样的小楼，同样的东流水，同样的春花秋月，同样挥之不去的忧愁。作为男性词人，能把一个"愁"字演绎得如此凄美动人，纳兰与李煜，可谓双峰并峙。

纳兰生前给自己的词集取名《饮水词》，寓意"如鱼饮水，冷暖自知"。他的词集问世后，曾形成"家家争唱饮水词"的局面。王国维就十分推崇纳兰词："纳兰容若以自然之眼观物，以自然之舌言情，此初入中原，未染汉人习气，故能真切如此。北宋以来，一人而已。"

据说纳兰的父亲明珠罢相后，在家中读起儿子的词，忍不住老泪纵横，叹息道："这孩子什么都有了啊，为什么会这样不快活？"他不明白儿子何以有如许的惆怅。连纳兰的父亲尚且不解，我们又怎能猜透纳兰的心曲呢？还是让纳兰自己来回答吧：

浣溪沙

（清）纳兰容若

残雪凝辉冷画屏。落梅横笛已三更，更无人处月胧明。

我是人间惆怅客，知君何事泪纵横。断肠声里忆平生。

（2009年4月18日于广州，本文已被新浪文化博客读书随笔栏目收录）

周国平《尼采的鞭子》

尼采一生中只有一次真正堕入了情网，热烈地爱上了一个比他小18岁的姑娘，名叫莎乐美。我们现在仍能看到一张照片，照片上，尼采和莎乐美的另一个追求者保尔·勒埃在并肩拉一辆牛车，而莎乐美则侧身站在牛车上，手执一根鞭子。据说，这个画面是尼采设计的，他认为如此才准确地反映了三人的真实关系——两个男人俯首甘为一个女人的牛。

几个月后，尼采开始写《查拉图斯特拉如是说》一书，书中有一句名言："你到女人那里去吗？不要忘了带你的鞭子。"

此话写在失恋之后。莎乐美拒绝了尼采的求爱，并且断绝了与他的来往。甘愿在心爱的女人鞭打下做一头驾车的牛，此愿未遂，便相反朝全世界的女人扬起了鞭子。那么，哲学家的眼光是否含了太多一己的恩怨？或者，我们可否假设，尼采甘居轭下只是一时情感的冲动，即使他的求爱终于被接受，婚后生活的平庸仍会使他举起他的著名的鞭子。

——周国平《尼采的鞭子》（选自周国平《永恒之女性》，中国华侨出版社，2006年10月第一版，第61页）

尼采是德国伟大的哲学家，他的权力意志哲学和超人哲学惊世骇俗。

"你到女人那里去吗？不要忘了带你的鞭子。"这是尼采式的狂妄。不过，我倒以为，尼采的愤激之言恰恰流露出内心的自卑。尼采自幼性格孤僻、多愁善感。虽然尼采一生没有享受到爱情的幸福和快乐，但他对女性的渴望并未停止过。除了追求莎乐美以外，晚年神志不清的尼采甚至把音乐家瓦格纳的妻子视为自己的梦中情人。

女性使尼采充满了矛盾与痛苦。他在自传《瞧，这个人》中写道："我了解这些可爱的狂野的女人……啊，多么危险的、伪善的、隐蔽的小肉食动物！同时又多么令人愉快！”而失恋又使尼采对爱情彻底绝望。他说：“你们听过我给爱情下的定义吗？这是唯一值得哲学家来下的定义。——爱情的手段就是斗争，爱情的基础就是两性间极大的怨恨。”

我很赞同周国平先生的观点，以尼采的个性，即使与莎乐美结合了，两人的婚姻也未必幸福。事实上，莎乐美同样是一位婚姻的叛逆者。这位来自俄罗斯的美女多才多艺，聪明绝顶。她嫁给了安德烈亚斯，却与对方约定不过夫妻生活。这桩奇特的无性婚姻居然维持了43年，直至生命的终结。而与此同时，莎乐美却与众多杰出的男人保持着非同寻常的交往。其中就包括思想家保尔·勒埃，哲学家尼采，诗人里尔克以及精神分析学家弗洛伊德。

也许爱情原本就是男女双方的对立统一，爱与恨、征服与屈服常常交织在一起。“男人靠征服世界来征服女人，女人靠征服男人来征服世界”，这从某个侧面道出了两性的生存哲学。不过，爱情毕竟是美好的东西。有一首大家都很熟悉的民歌《在那遥远的地方》，歌词就非常浪漫：“我愿流浪在草原跟她去放羊，每天看着那粉红的小脸和那美丽金边的衣裳。我愿做一只小羊跟在她身旁，我愿她拿着细细的皮鞭不断轻轻打在我身上。”同样是鞭子，此刻却抽得男人浑身舒坦。

如果说尼采的鞭子包含了对女性的蔑视的话，那么莎乐美的鞭子则说明了男人的自轻自贱。面对物欲横流、爱情贬值的今天，我不禁想问：男人和女人，究竟谁更需要“鞭子”？

杨绛《人有灵魂》

我首先要说，人有灵魂。每个人都有一个身体，而身体具有生命，称灵魂。灵魂是看不见的，但身体有没有生命却显而易见。死尸和活人的区别看得出，摸得着。所以每个活着的人，有肉体，也具有生命。上文已经说过，人的生命不是草木、虫蚁的生命，也不是禽兽的生命，我们称一条人命或一个灵魂；名称不同而所指同是人的生命。下文我避免用“一条人命”而采用“一个灵魂”，因为在我国文字里，“命”字有两重意义。生命（life）称命；命运（fate）也称命，例如“薄命”“贫贱命”“命大”“生死由命”等。同一个字而所指不同，在思维过程中容易引起混乱，导致错误。灵魂是否不灭，可以是问题；而活着的人都有生命或灵魂，是不成问题的。可以肯定地说：人有两部分，一是看得见的身体，二是看不见的灵魂。这不是迷信，是不可否认的事实。

——杨绛《人有灵魂》（选自杨绛《走到人生边上》，商务印书馆2007年8月第一版，第25页）

《走到人生边上》是杨绛先生在96岁高龄时写成的一部自述，它与钱钟书先生的《写在人生边上》遥相呼应，珠联璧合。在这部自述中，杨绛先生对生、老、病、死进行了探讨，对生命的价值进行了追问，对灵与肉的挣扎进行了考量。

我是个无神论者，对“灵魂”一说向来持怀疑态度。以前读过一篇文章，说西方的科学家曾做过一个实验，结果发现人在死亡的那一瞬间身体忽然变“轻”了。为什么会变“轻”呢？那是因为“灵魂”离开了身体。这个实验是否真有其事，我也一直将信将疑。不过读了杨绛先生上面的这段文字，我改变了自己的看法：人确实应该由两部分组成，一是看得见的身体，二是看不见的灵魂。身体即佛教所言的“臭皮囊”，而灵魂则是人的思想和精神的化身。

我想，假如人真有灵魂的话，那么它与身体应该是同时降生的。只是有一点还是不太明白：人死了，灵魂还在吗？这一点杨绛先生并没有作出回答，她在这本书的前言中道出了同样的困惑：“有人说，灵魂来处来，去处去。哪儿来的，又回哪儿去呢？说这话的，是意味着灵魂是上帝给的，死了又回到上帝那儿去。可是上帝存在吗？灵魂不死吗？”

这个问题恐怕没有人能够回答。

那些早逝的文学英才

近日读书，读到“诗鬼”李贺的选集，深深折服于他的奇崛想象和神来之笔，同时又不禁为他的忧郁困窘、英年早逝而扼腕叹息。这位文学天才只在人间度过了二十六个春秋。也许是不经意之间，贾谊，王勃，夏完淳，纳兰性……这些名字接二连三地在脑海中闪现，他们的命运何其相似乃尔——都是旷世英才，又都不幸早逝。在稿纸上粗粗罗列了一下，竟有十多个。于是，干脆学学那些“标题党”，凑个整数，录以备考。

1. 贾谊（前200—前168），西汉初期政论家、文学家。死于32岁。

贾谊18岁即有才名，20余岁被文帝召为博士，旋被破格提为太中大夫。但因遭群臣忌恨，被贬为长沙王的太傅。后被召回长安，为梁怀王太傅。梁怀王坠马而死后，贾谊深自歉疚，郁郁而终。贾谊是汉代骚体赋的代表作家，代表作有《吊屈原赋》《鵩鸟赋》。在西汉政论散文的园地中，贾谊的散文也堪称文采斐然。最为人称道的政论作品是《过秦论》和《治安策》。其中《过秦论》一文分析了秦国灭亡的原因，鞭辟入里，一气呵成。在《治安策》中，他提出了“疏者必危，亲者必乱”的著名观点和居安思危的重要思想，毛泽东曾评价该文“是西汉一代最好的政论。”后世咏吊贾谊的诗文较多, 我最喜欢的还是李商隐的那首《贾生》：“宣室求贤访逐臣，贾生才调更无伦。可怜夜半虚前席，不问苍生问鬼神。”

2. 曹植（192年—232年）字子建，三国时魏国诗人，曹操第三子。死于40岁。

说起曹植，人们自然会想起一个成语“才高八斗”。那是山水诗人谢灵运对曹植的评价：“天下才分十斗，曹子建独得八斗，我得一斗,天下人共用一斗。”人们还会想起著名的《七步诗》：“煮豆持作羹，漉菽以为汁，其在釜下燃，豆在釜中泣，本是同根生，相煎何太急。”传说那是曹氏兄弟争权夺利的见证。曹植自幼颖慧，出口成章，深得曹操喜爱，几欲立为太子。但他行为放任，屡犯法禁，引起父亲的震怒，最终曹操还是立曹丕为太子。曹丕称帝后，曹植的命运发生了根本改变，处处受限，多次迁封，最后死在自己的封地。曹植是建安文学的集大成者，对于后世的影响很大。其《白马篇》中有名句：“捐躯赴国难，视死忽如归。”其《洛神赋》中有“翩若惊鸿，婉若游龙”的绝美描写。

3. 嵇康（223年—262年或224年—263年）字叔夜，“竹林七贤”的领袖人物，三国时魏末文学家、思想家与音乐家，魏晋玄学的代表人物之一。死于39岁。

嵇康幼年丧父，以打铁为生。长得身材高大，仪容俊美。但嵇康性格孤傲，不喜做官。有位叫钟会的官员想结交嵇康，轻衣肥乘，率众而往。但嵇康与朋友在树阴下打铁，对于钟会不予理睬，让钟会十分扫兴。景元二年，同为“竹林七贤”的山涛（字巨源）一片好心举荐嵇康做官，嵇康却断然拒绝，并写下了著名的《与山巨源绝交书》以明自己的心志。后来，嵇康受奸人陷害入狱，并被判处

死刑。临刑前，嵇康神色不变，在刑场上抚了一曲《广陵散》。曲毕，嵇康把琴放下，叹息道：“《广陵散》于今绝矣！”然后从容就戮。他的《广陵散》被誉为我国十大古琴曲之一。他的《声无哀乐论》《与山巨源绝交书》《琴赋》《养生论》等作品亦是千秋相传的名篇。

4. 王粲（177年—217年）字仲宣，东汉末年著名文学家，“建安七子”之一，因其文才出众，被称为“七子之冠冕”。死于40岁。

王粲出身于官宦家庭，从小博闻强记，过目不忘。别人写的碑文，他读过一遍就能背出来。别人下过的围棋，他能完整地复盘。有一次，左中郎将蔡邕家里高朋满座，十分热闹。这时，年轻的王粲前来求见，蔡邕连鞋子都没有来得及穿就跑出去迎接。只见王粲身材矮小，其貌不扬，众宾客非常吃惊，纷纷询问蔡邕为何如此敬重王粲。蔡邕回答：“此子有异才，吾不如也。”（见《三国演义》第四十回）。王粲才高名重，十七岁那年进入刘表幕府工作，后转投曹操，官运亨通，不断升迁，一直被曹操委以重任。王粲以诗赋见长，

《初征》《登楼赋》《槐赋》《七哀诗》等是其作品的精华。

5. 萧统（501年—531年）字德施，小字维摩，南朝梁代文学家，梁武帝萧衍长子、太子，死于30岁。

萧统少时即有才气，且深通礼仪，性情纯孝仁厚，喜愠不形于色。十六岁时，母亲病重，他就搬到母亲的住处，朝夕侍疾，衣不解带。母亲去世后，他悲切欲绝，饮食俱废。他父亲几次下旨劝逼，才勉强进食。萧统性爱山水，不好音乐。有一次泛舟摘芙蓉，不慎落水，被救出时伤到大腿，未及即位而卒，谥昭明，世称昭明太子。萧统对文学颇有研究，招集文人学士，广集古今书籍三万卷，编集成《文选》三十卷。《文选》是中国古代第一部文学作品选集，选编了先秦至梁以前的各种文体代表作品，影响较大。旧时读书人有“《文选》烂，秀才半”的说法。其“事出于沉思，义归乎翰藻”的选文准则，为后世推崇。

6. 王勃（649年或650年—675年或676年）字子安，唐代诗人，与杨炯、卢照邻、骆宾王并称“初唐四杰”。死于26岁。

王勃才华早露，14岁，应举及第。上元二年，王勃南下探亲，渡海溺水，惊悸而死。王勃诗文俱佳，在扭转齐梁余风、开创唐诗上功劳尤大，为后世留下了一些不朽名篇。他的五言律诗《送杜少府之任蜀州》成为中国诗歌史上的杰作，久为人们所传诵，“海内存知己，天涯若比邻”已成为千古名句。而王勃最为人所称道、千百年来被传为佳话的，是他在滕王阁即席所赋《滕王阁序》。序文以华丽的辞章描绘了登阁远眺的景色：“落霞与孤鹜齐飞，秋水共长天一色。渔舟唱晚，响穷彭蠡之滨，雁阵惊寒，声断衡阳之浦……”“老当益壮，宁移白首之心？穷且益坚，不坠青云之志”等句更是豪情满怀，催人奋进。

7. 李贺（790年—816年）字长吉，唐代诗人，世称“诗鬼”“鬼才”。死于26岁。

李贺一生愁苦多病。因为父亲名进肃，为了避讳，礼部官员竟取消了他考进士的资格。李贺仕途失意，万念俱灰，就把全部精力用在写诗上。外出时背一破囊，每得佳句，即写投囊中，暮归足成诗篇。他的母亲见他作诗辛苦，心疼地说：“是儿要当呕出心乃已尔。”李贺的诗想象丰富奇特、语言瑰丽奇峭，独具一格。如“羲和敲日玻璃声”“银浦流云学水声”“玉轮轧露湿团光”等匪夷所思的奇语，比比皆是。他留下的名句也很多，如“雄鸡一声天下白”“少年心事当拏云”飞“石破天惊逗秋雨”“男儿何不带吴钩”。“天若有情天亦老”等。“文革”时期，毛泽东诗词中就引用了多处李贺的诗句。

8. 夏完淳（1631年—1647年）原名复，字存古，明末清初爱国志士和诗人。死于16岁。

夏完淳可以说是中国古代最短寿也是最悲壮的一位文学天才。说他最短寿，是因为他只活了16岁；说他最悲壮，是因为他参加反清复明的活动而被杀。夏完淳受父亲影响，矢志忠义，崇尚名节。抗清失败被捕后，洪承畴亲自讯问并劝降，但夏完淳言辞怒斥，不屈不挠，在狱中谈笑自若，写下大量慨世、伤时、怀友和悼念死者之作，集为《南冠草》。其中比较著名的有《别云间》：“三年羁旅客，今日又南冠。无限河山泪，谁言天地宽！已知泉路近，欲别故乡难。毅魄归来日，灵旗空际看！”夏完淳还写过-篇感人肺腑的《遗夫人书》。可叹夏完淳的妻子秦篆，结婚才几个月丈夫即被捕入狱。丈夫惨遭杀害后，她生下一个男孩，但很快也夭折了。年仅十八九岁的秦篆只好削发为尼，在青灯古佛前孤独地度过了一生。

9. 纳兰性德（1655年—1685年）字容若，号楞伽山人，满族，清初著名词人。死于30岁。

关于纳兰性德，我曾专门写过一篇博文《我是人间惆怅客，知君何事泪纵横》。我像很多发烧友一样，喜欢纳兰词。纳兰性德出身于名门之后，他的父亲是武英殿大学士明珠。但纳兰性德性格内向，喜爱吟风弄月，对官场并不感兴趣。妻子病逝以后，忧郁成疾，终于追随而去。纳兰性德以词闻，现存349首，哀感顽艳，有南唐后主遗风，悼亡词更是情真意切，令人不忍卒读。王国维曾评价：“北宋以来，一人而已”。如他的《玉楼春·拟古决绝词》，就让无数痴男怨女们绝倒：“人生若只如初见，何事秋风悲画扇？等闲变却故人心，却道故人心易变。骊山语罢清宵半，夜雨霖铃终不怨。何如薄幸锦衣郎，比翼连枝当日愿。”

10. 苏曼殊（1884年—1918年）原名戬，字子谷，法名博经，法号曼殊，笔名印禅、苏湜，清末民初作家、诗人、翻译家。死于34岁。

苏曼殊生于日本横滨，父亲是广东茶商，母亲是日本人。早年留学日本，学成后回国，任上海《国民日报》的翻译，不久即于惠州出家为僧。1907年赴日组织亚洲和亲会，公然反抗帝国主义，后与鲁迅等人合办杂志《新生》，但未成功，此后远赴爪哇。辛亥革命后归国，对现实悲观失望。苏曼殊一生能诗擅画，通晓日文、英文、梵文等多种文字，可谓多才多艺，在诗歌、小说等多种领域皆取得了成就，后人将其著作编成《曼殊全集》（共5卷）。作为革新派的文学团体南社的重要成员，苏曼殊曾在《民报》《新青年》等刊物上投稿。他的诗风“清艳明秀”，别具一格，在当时影响甚大。他的《七绝·过若松町有感示仲兄》可以说是其一生的自况：“契阔死生君莫问，行云流水一孤僧。无端狂笑无端哭，纵有欢肠已似冰。”

这些文学奇才们虽然天不假年，但他们的作品却在文学史上留下了属于自己的光辉一页。我们常常叹息逝者如斯，不舍昼夜，却不知道我们虚掷了多少光阴。生命的意义不在于长度，而在于宽度：写作的目标不在于数量，而在于质量——这是我从他们身上受到的启发。

（2009年8月12日于广州，本文已被新浪文化博客读书随笔栏目收录）

附　录

江门区域总校长方之武：让教育走向大美

2014年，中秋佳节，皓月当空。在博实乐江门区域总校长、五邑碧桂园中英文学校校长方之武眼中，那一年的月亮似乎格外圆、格外亮，因为首届参加中考的毕业生带来了振奋人心的好消息：总平均分在全区名列榜首，黄芊莹同学以满分的成绩勇夺全市英语单科状元！对于这所刚刚建校五年的学校来说，能取得这样的成绩，殊为不易！

此情，此心，此景，此境，让方之武感慨万千，一首《水调歌头》在他的心中酝酿成型：

名校几时有？情系碧桂园。历尽艰苦创业，今夕五周年。我欲举杯邀月，又盼高歌一曲，佳节不胜欢。起舞弄清影，恰似回童年。捧丹心，洒汗水，夜难眠。不应有爱，何事杏坛执教鞭？家有妻儿老小，校有莘莘学子，忠孝古难全。但愿人长久，桃李谱新篇！

方之武校长对文学怀有一份真诚的热爱。1985年，还在师范上学的方之武就倡导成立了学校文学社，并被推选为社长，从组稿编排、刻写蜡纸到油印出版，皆出自他一人之手。文学社小报在华东地区师范学生手工制作大赛中获奖，并被学校永久收藏。

“文学即人学”，1987年，初窥文学门径的方之武走上了教书育人的岗位，他开始用文学的浪漫和深刻书写教育的大美，一字一句，推敲斟酌，一章一节，千锤百炼。

一、从爱开始，让爱延续

“2011年，我来到博实乐五邑碧桂园中英文学校担任校长。博实乐五邑碧桂园中英文学校是一所‘有温度’的学校。2008年，汶川地震，举国同悲。危难之际，碧桂园集团董事局主席杨国强先生以大爱之心接纳了灾区桑坪中学的1500名师生来此异地复课，费用全免。时任广东省委书记汪洋等领导先后前来看望、慰问灾区同学。杨国强先生的义举为这所学校植入了‘大爱’的基因，确立了学校向善向美的大方向，这是学校弥足珍贵的记忆和资源。”

方之武校长历来主张，学校文化应当是有根的、内生的，而在这方面，博实乐五邑碧桂园中英文学校恰好具有得天独厚的优势。为了让“大爱”基因得到显性表达，为了让学生体悟到爱之大美，他用了不少心思。

2011年的教师节，学校的每位老师都收到了一份特殊的礼物——学生亲手制作的贺卡。上面写着祝福的话，还有全班同学的签名。课间操时间，全校老师站成一排，学生代表在歌曲《每当我走过老师的窗前》的深情伴奏下，同时上前赠送贺卡，场面热烈动人。

博实乐五邑碧桂园中英文学校教师团队

2013年，学校举行读书节暨赠书桃源小学活动，学生将所捐书籍整理造册，并安排专人将书籍寄给安徽省东至县胜利镇桃源小学。

此外，方之武校长还将目光瞄向了运动会。运动会难道只是让学生跑跑跳跳吗？可不可以让运动场也变成一个表达爱、传播爱的地方？思考带来转变，学校设计的各种亲子运动项目、同学合作项目不仅有趣味性，更有爱的味道。

学校还依托家委会组织美食节爱心义卖活动。开幕式上，方之武校长用他的文学底蕴传达着对爱的理解："爱，是春日的芳菲，沁人心脾；爱，是夏日的清风，抚摩面颊；爱，是秋日的雨露，滋润禾苗；爱，是冬日的阳光，温暖大地。让我们一起行动起来吧，用一朵朵爱的浪花，汇聚成心中奔涌的暖流；用无数的小爱，汇聚成人间大爱！同在蓝天下，让爱伴随我们一路成长！"

"2020年，是注定要载入中华民族的史册的一年，突如其来的新冠肺炎疫情肆虐神州，中华民族经历了一场惊心动魄、艰苦卓绝的大考。逆行而上的白衣天使们，在守护生命的日日夜夜里，给我留下了太多的感动。我在想，我们能做点什么呢？"天天关注疫情的方之武校长渐渐萌生出一个想法：博实乐五邑碧桂园中英文学校要用具体行动向奋战在抗疫一线的医护人员表达最深的敬意。

几经商讨，几经协调，在博实乐教育集团的大力支持下，学校决定：凡参与江门本地或驰援湖北抗疫的一线医护人员，其子女享受减免学杂费的政策，直至该学段毕业！

学校的善举在五邑大地引起了强烈反响，《江门日报》等多家媒体进行了深度报道。经家长申报、学校确认、集团审批，学校"暖心助学"计划落地实施，符合条件的共有7名学生，学校发放奖学金共计50余万元，其中个人最高奖学金为12万余元。"作为民办学校来说，减免学费就意味着收入减少，但是，充盈在学校的大爱是不能用金钱来衡量的，传播大爱是博实乐五邑碧桂园学校永恒的使命！"说起学校的这一举措，方之武校长的眼中满是温润。

在写给家长的一封信中，方之武校长饱含深情地写了这样的文字："您守护人民的健康，我们守护您的孩子。"在奖学金颁发仪式上，方之武校长慷慨陈词："苟利国家生死以，岂因祸福避趋之"，力挽狂澜，精忠报国，我辈英勇无畏！心怀感恩，大爱无疆，天下大美！

家长代表温清艳医生动情地说："博实乐五邑碧桂园中英文学校坚守教

育初心，勇担育人使命，用实际行动教育孩子们什么叫有责任、有担当。感谢博实乐五邑碧桂园中英文学校为抗疫医护人员做实事。我的孩子从幼儿园开始就在这里就读，至今已经五年了，把孩子交给你们，我放心！”

二、从一个学科的探索到一所学校的生态

“我是1996年加盟博实乐广东碧桂园学校的。当时学校小学部一共有三个部门，采用不同的教材进行对比实验。那时我用的景山版教材，刚开始还不太适应。学生在课堂上热热闹闹，开开心心，但‘双基’往往没有得到有效落实，学校开展‘百词赛’，我所带的班级没有取得理想的成绩。我是一向不服输的，当时看到成绩感觉自己的脸上火辣辣的。”虽然事隔多年，然而说起当日之得失，方之武校长仍然面带严肃，丝毫没有说笑的意思。

“有了这次的教训，我脑海里刻下了两下字——有效，我开始在提高课堂有效性的路上进行深入探索，在这个过程中，对我影响最大的是两个人：一位是上海著名特级教师贾志敏，其‘问题基本不提，训练全部到位’的教学理念让我耳目一新；还有一位是著名特级教师支玉恒，当时他也在博实乐广东碧桂园学校任课，我拜师学艺，潜心揣摩教学之道。”方之武说。

除了向两位名师学习，方之武还迷上了看教学录像，有一段时间，看录像成了他每天晚上下班后雷打不动的固定活动。“毫不夸张地说，学校电教馆里储存的所有教学录像带，没有我没看过的。看遍行家成行家，当我遍观这些教学实录后，不敢说自己成了行家，但感觉心中就有了底，接下来需要做的就是融会贯通，为我所用。”当年的方之武就是用这种方法来自我砥砺，提升专业技能的。

很快，方之武就有了一次展示的机会，博实乐广东碧桂园中英文学校与广州市的一所重点小学进行交流活动，他执教的公开课大受好评。此后，在与北京东城区名师的教学交流活动中，他执教的公开课再展新境界；在学校举办青年教师优质课比赛中，他连续两次获得了一等奖……方之武在课堂教学方面瞄准了追求的目标，找到了精进的路线，一步一步，登堂入室，渐入佳境。

方之武深知，课堂教学质量是学校发展的命脉。在走上校长岗位后，他反复琢磨的一件事就是在教学改进上有所作为。“我的追求很简单，六个字：

轻负担、高质量。”方之武校长的话不多，但凡是做教育的人都知道这六个字的分量，这是教育界的“哥德巴赫猜想”，面对这道难题，方之武校长将会拿出怎样的破解方案？

“生态学认为，一个群落之中，各个种类都有区别于其他的时空位置和功能地位。这种兼具自然属性和社会属性的生态位，与教育视域下的‘因材施教’‘发挥学生主体作用’的理念不谋而合。我认为，课堂应当是一个开放的生态系统，学生、教师、教学信息、教学媒体等要素要多元交互、协同进化。如果我们认同课堂是一个生态，那么，何不把我们的课堂命名为‘生态课堂’？教学质量是生命线，维系这条生命线的应当是和谐共生的生态系统，不应当是杀鸡取卵式的破坏性开发。让生龙活虎、天真烂漫的学生困于题海，国家政策不允许，我的良心过不去！生态课堂具备六大特点：民主平等、自然和谐、自主与合作、探究与生成、开放与选择、多元评价与个性发展。这六大特点涵盖了生态课堂的思想基础、基本原理和运行机制。”

听方之武校长解析“生态课堂”，盘踞在心头的一些关于学校发展的疑问，不待人解而自解。

为什么这所学校能连续六年获得中考成绩“特别奖”？

为什么这所在区位上并不占优势的学校能具备超强的吸引力？

为什么这所学校的教师总是充满青春的活力？

为什么这所学校的学生那么自信、那么快乐？

…………

是的，因为这所学校在课堂这个核心地带呈现出开放包容、和谐共生的生态之美。于是我们看到：

教师循循善诱，但是绝不越俎代庖，因为他们要培养学生的主体人格；

学生身处校园，但是他们与社会环境并不脱节，因为他们主动把目光投向世界；

教材是知识的载体，但是师生并不会“唯教材”，因为他们致力于探索更为辽阔的思想空间；

学校的课堂充满活力，但是并没有虚假繁荣的弊病，因为每一名学生都能通过自主与合作、展示与交流、反思与建构寻求自我的“蝶变”。

三、让您的孩子比您更成功

一直以来，博实乐五邑碧桂园中英文学校就把“具有中国灵魂、国际视野和独特个性的未来成功人士”作为培养目标。2020年4月，学校从历史的积累中沉淀形成了一套纲领性文件《“现代成功教育”实施方案》，这套方案是学校成功教育的集大成之作。何谓现代成功教育？方之武校长有自己独到的理解：

现代成功教育以现代人才学和成功学为基本理论，追求学生潜能的发现、发展，追求学生自我教育能力的提高。

现代成功教育是为每个学生的成功创造机会，以学生获得学习上的成功为途径，以表扬、鼓励为主要手段，以全面提高学生素质为目的的素质教育。

现代成功教育以激励全体师生追求并获得成功为价值取向，以培养师生成功心理为突破口，以开发师生主体潜能为着力点，强调因材施教和主体参与，注重开发学生潜能。

现代成功教育以激励和引导师生把追求成功的过程与道德养成、知识内化、潜能开发的过程结合起来，通过不断获得成功体验而形成源源不绝的内动力，从而培养起有利于终生发展的自我增值能力。

如果说以上对于现代成功教育的解读专业意味比较浓厚的话，那么下面这些话语可能会更加通俗明白：

让您的孩子比您更成功！

每天进步一点点，进步就是成功！

相信每一个学生都有成功的愿望和潜能！

“强调‘成功’的同时，我们还特别强调自信和快乐。我们的校训是‘我自信，我成功，我快乐’，三个主谓式词组联合成一句话，体现的是学生的主体地位，看上去很普通，实际上是回归教育本源，为了儿童，尊重儿童，发展儿童。成就事业要有自信，有了自信才能产生勇气、力量和毅力；成功意在引导学生关注学生学有目标、敢于挑战；快乐意在引导学生关注自我体验和感受。”

在方之武校长的解读中，我们发现，自信是基础，成功是目标，快乐是状态，它们有着各自独立的意义，但又相互依存，缺一不可，这是博实乐五邑碧桂园中英文学校在师生的精神层面构建起的和谐生态。

“现代成功教育的理念实施需要相应的课程来支撑。目前，学校将把现有的80多个课程项目按照必修项目、选修项目、特长生培养项目、跨学科项目进行科学分类和完善。我们要用高品质的课程体系为现代成功教育铺路。”

2018年5月，学校起草并实施了《“现代成功教育”课程方案》，以“现代成功教育”为统领，从“中国灵魂、国际视野、独特个性”三个方面构建课程体系，并将中国学生九大核心素养“社会责任、国家认同、国际理解、人文底蕴、科学精神、审美情趣，身心健康、学会学习、实践创新”有机地融入课程体系，实现国家课程校本化、校本课程特色化。

方之武校长为博实乐五邑碧桂园中英文学校题写的育人目标

“绿色，生机盎然，象征着以人为本的理念生根发芽；红色，炽热浓烈，象征着家国情怀代代相传；蓝色，理智深沉，象征着师生放眼全球，引领未来；黄色，明亮典雅，象征着师生个性张扬、与众不同。”

聆听方之武校长阐释课程体系中包含的“色彩学”，眼前的课程图仿佛拥有了运转不息的生命力，在这种生命力的激发下，全体师生自觉自发地成就着教育的大美。

四、远方，并非只有遥远

“在我的教学生涯中，有一名学生给我留下的印象最深，他的情况比较特殊，今隐其名。他身患三种先天性疾病，九岁才入学。那时我是学校的德育主任，当时我的想法是，这个孩子已经承担了太多的不幸，我要让他在学校里得到加倍的温暖！”

方之武是这样想的，也是这样做的，他发动全校老师、同学都以赞赏与敬佩的态度接纳、关爱那名学生：教室、饭堂、宿舍，在校园的每一个角落，总有同学陪伴在他的身边；上楼时，总有同学牵着他的手，有时高年级同学干脆背他上楼。在全校师生的呵护下，那名同学深深爱上了学校，脸上时常洋溢着乐观与自信的笑容。

“他的理想是环游世界，小学六年级的时候，他出版了一本书，里面收录了二十多篇游记，他亲笔签名，送了我一本。他自强不息的精神也打动了当时的中国残联主席张海迪，张海迪曾给他写过一封信，信中写道：‘疾病虽然给我们痛苦，但却让我们懂得了什么是爱——爱生活、爱学习、爱亲人、爱朋友。’我读了这几句话，深受触动，也引发了我对教育的思考。”

说到这里，方之武校长抬头看了看远方——或许他望去的那个方向有他永远的牵挂。

“教育人要爱天下的学生。早在2007年，我就和几个朋友一起来到甘肃省天水市秦安县的一所山村小学去开展义教活动。学校地处陇南山区，交通闭塞，教育落后。义教开学当天，秦安县县长、政协主席、教育局局长及乡镇各级领导纷纷亲临现场。村里的乡亲们也都赶到学校瞧个热闹……”

在方之武的描述下，我们很容易就能还原当时的场景：

夏日雨后，时有山间清风带着花草清香轻轻拂过，操场上满是泥泞，然而挡不住热情的人群，他们将目光投向主席台，只见台上一位精干老师正在动情地演讲：“我们几位只是普通的教育工作者，我们所拥有的只是一腔激情和一颗诚心。此行的目的只有一个，那就是为中国的教育事业贡献绵薄之力。希望同学们能通过这次活动，对世界多一些了解，对学习多一份兴趣，对人生多一种志向……”人群中有人轻声问道：“这位老师叫什么名字？”知情者回答："方之武。"

接下来的两个多星期，方之武和他的团队为孩子们开设了语文、数学、英语、综合实践等课程，还帮助学校兴建一个小型图书馆。课余时间，几位义教老师组织孩子们开展趣味运动会、集体游戏、才艺展示等活动。每天的这个时候，校园里热闹非凡，欢声笑语飘过一道道山梁……

"在醉心于文学的年龄，我为自己取了一个笔名'远方'，诗人海子曾说：'远方除了遥远一无所有。'然而，在我心里，远方除了遥远还有梦想、信念以及理想，所以我更喜欢的一句诗是：'既然选择了远方，便只顾风雨兼程。'"

到如今，方之武校长的笔名仍然叫"远方"。

五邑大地，蓬江之滨。春华秋实，岁月峥嵘。丹心育人献大爱，碧桂园中桃李秾。优美环境，优质教育，优良服务，三优并重。五邑碧桂园中英文学校，让您的孩子比您更成功。啊——五邑碧桂园中英文学校，让您的孩子比您更成功。

心系侨乡，放眼苍穹。中西文化，融会贯通。同学少年风华茂，碧桂园中书香浓。学会做人，学会做事，通情达理，与众不同。五邑碧桂园中英文学校，让我们翱翔在梦想的天空。啊——五邑碧桂园中英文学校，让我们翱翔在梦想的天空。

这是博实乐五邑碧桂园中英文学校的校歌，由方之武校长亲自作词。校歌从学校传扬开来，飘荡在五邑大地、江门侨乡，还有更远的地方。一唱一和，一咏一叹，似乎都在诉说着教育的大美。

（博实乐集团教育科学研究院 供稿）